湖北省教育厅哲学社会科学研究重大项目——"农业供给侧改革中湖北省家庭农场经营机制创新的机理和路径研究（17ZD021）"研究成果

我国家庭农场高质量发展路径探究

杨孝伟　编著

华中科技大学出版社
中国·武汉

内 容 简 介

家庭农场已成为我国现代农业发展的重要力量,它对实施乡村振兴战略、推进我国农业高质量发展都具有十分重要的作用。本书对家庭农场的基本理论和农业高质量发展以及家庭农场高质量发展的相关理论进行了较全面、系统的讨论,对我国近年来家庭农场取得的成绩进行了系统梳理和总结,探寻了家庭农场在高质量发展中存在的主要问题和障碍,并从主客观两方面进行了较全面的分析研究,为探寻解决问题的途径和办法提供有力的理论支撑,本书还吸收和借鉴了国外(如美国、法国、日本、新西兰)家庭农场发展的经验,为我国家庭农场的发展提供了有益的参考,结合新形势、新要求和我国当前家庭农场发展实际积极探究实现我国家庭农场高质量发展的新路径与新对策,以期对家庭农场高质量发展提供有益的参考。

图书在版编目(CIP)数据

我国家庭农场高质量发展路径探究/杨孝伟编著. —武汉:华中科技大学出版社,2020.9
ISBN 978-7-5680-6577-1

Ⅰ.①我… Ⅱ.①杨… Ⅲ.①家庭农场-农业经济发展-研究-中国 Ⅳ.①F324.1

中国版本图书馆 CIP 数据核字(2020)第 162907 号

我国家庭农场高质量发展路径探究
Woguo Jiating Nongchang Gaozhiliang Fazhan Lujing Tanjiu

杨孝伟 编著

策划编辑:李家乐 李 欢
责任编辑:李家乐
封面设计:刘 婷
责任校对:张会军
责任监印:周治超

出版发行:华中科技大学出版社(中国·武汉)　　电话:(027)81321913
　　　　　武汉市东湖新技术开发区华工科技园　　邮编:430223
录　　排:华中科技大学惠友文印中心
印　　刷:武汉科源印刷设计有限公司
开　　本:710mm×1000mm　1/16
印　　张:13.5
字　　数:253 千字
版　　次:2020 年 9 月第 1 版第 1 次印刷
定　　价:69.80 元

本书若有印装质量问题,请向出版社营销中心调换
全国免费服务热线:400-6679-118　竭诚为您服务
版权所有　侵权必究

前　言

　　家庭农场高质量发展既是我国现代农业发展的新实践,也是我国家庭农场发展的新要求,更承载着我国亿万农民的新期盼。自《中共中央国务院关于加快发展现代农业进一步增强农村发展活力的若干意见》首次提出"扶持联户经营、专业大户、家庭农场"以来,家庭农场在我国广袤的农村大地如雨后春笋般出现,方兴未艾。

　　2017年12月,习近平总书记指出,实现高质量发展是保持我国经济社会持续健康发展的必然要求,是适应当前我国社会主要矛盾变化并全面建设社会主义现代化强国的必然要求。高质量发展是我们当前和今后一个时期确定经济发展思路、制定经济发展政策、提升宏观调控能力的根本要求。农业高质量发展是在经济高质量发展的背景下提出的又一新观点,是转变我国农业发展方式的根本要求,也是实施乡村振兴战略的重要工作。农业农村部将2018年确定为"农业质量年",制定并开始落实国家质量兴农战略规划,全面实施质量兴农、绿色兴农、品牌强农发展战略,吹响了提高农业质量效益竞争力的进军号。家庭农场作为我国现代农业的重要力量虽然取得了不小的成绩,但毕竟处于发展的起步阶段,尽管数量增长快、质量有提升,但仍被一些困难缠身,被一些亟待解决的问题困扰,特别是发展质量还不高、扶持政策还不给力、带动能力还有待增强等问题十分突出,政策体系不够健全、管理制度不够规范、服务体系不够完善等问题也一直困扰着家庭农场的高质量发展。因此,推进家庭农场高质量发展是高效率实施乡村振兴战略的重要工作,是实现我国农业供给侧改革的重要内容,也是建立巩固脱贫攻坚成果长效机制的重要举措,它对实现我国农村第一、第二、第三产业融合和提高我国农业国际竞争力都具有极其重要的作用。

　　近年来,笔者对我国新型农业经营主体的发展进行了一些研究探讨,主持了湖北省教育厅哲学社会科学研究重大项目"农业供给侧改革中湖北省家庭农场经营机制创新的机理和路径研究",主持并完成了教育部人文社会科学研究项目"新型农业经营主体建设中的龙头企业与农民合作社紧密联结机制研究"、湖北省第三次全国农业普查项目"湖北省新型农业经营主体及职业农民培育问题研究"、湖北省社会科学基金项目"湖北省家庭农场产业链延伸影响因素及实现途径研究"等,取得了一些阶段性研究成果。在本书的撰写前后,我们进行了深入调研,收集并吸收了大量国内外相关的理论研究成果,丰富了知识，开阔了思路，为研究工作奠定了较坚实的理论基础，并从中受益，在此对各位研究者的辛勤劳动表示诚挚的谢意。为获取第一手材料，我们对国内的家庭农场进行了深入调研，得到当地有关部门和家庭农场的大力支持与帮助。在此也要向那些提供大量信息的家庭农场主、员工和有关部门的领导及管理人员表示衷心的感谢。没有他们在家庭农场建设中的不懈努力，就没有今天所取得的丰硕成果；没有他们在研究工作中给予的热心支持与帮助，就不可能取得今天的研究成果。

全书由杨孝伟主笔，提出了该书的整体框架和基本思路，并对全书内容进行了编写，对全书进行修改并最终审定。在书稿的编写过程中，韩昆、余声、张雨晨等研究生做了大量辅助性工作。感谢武汉轻工大学经济与管理学院给予的大力支持与帮助，感谢武汉市农业农村局经营处、湖北省黄冈市粮食局、汉川市农业农村局的领导和同仁对研究工作的悉心指导和支持，特别要感谢家人的理解和全力支持。回想书稿撰写过程，没有他们的关爱、关心、支持、理解和帮助是不可能顺利完成研究工作和书稿撰写的。还要感谢华中科技大学出版社的李欢、李家乐编辑认真辛劳的工作，使该书得以顺利出版发行。

我们深知，我们的研究才刚刚起步，随着我国家庭农场的不断发展，我们必须与时俱进，不断探索，不断创新，不断丰富和完善我们的研究成果。如果我们的研究成果能对我国家庭农场高质量发展有一点帮助，那将是我们最大的荣幸和安慰。由于时间有限，我们的研究可能存在不足之处，还望专家、领导和各位读者给予批评指正，以便改进和完善我们的研究工作。

最后，祝我国农业高质量发展再上新台阶！祝愿我国家庭农场高质量发展取得新业绩！

杨孝伟
2020 年 6 月 21 日于武汉

目录

第一章 家庭农场基本理论概述/1
第一节 家庭农场的内涵、特征及类型/1
第二节 我国家庭农场的由来/5
第三节 家庭农场在新型农业经营主体中的重要地位/13
第四节 家庭农场高质量发展的主要理论/19

第二章 家庭农场高质量发展概述/24
第一节 农业高质量发展/24
第二节 家庭农场高质量发展的内涵与意义/31
第三节 家庭农场高质量发展的指标体系/41

第三章 我国家庭农场建设与发展实践/48
第一节 我国家庭农场建设实践回顾/48
第二节 我国家庭农场建设中取得的主要成绩/72

第四章 我国家庭农场发展中存在的主要问题、障碍及原因分析/101
第一节 我国家庭农场发展中存在的主要问题和障碍/101
第二节 对我国家庭农场发展中问题和障碍的原因探析/116

第五章　国外家庭农场发展经验借鉴与启示/129

  第一节　国外家庭农场发展概况/129

  第二节　国外家庭农场发展的经验与启示/143

第六章　我国家庭农场高质量发展路径探究/159

  第一节　我国家庭农场高质量发展的基本原则/159

  第二节　我国家庭农场高质量发展的路径及对策研究/165

参考文献/202

第一章
家庭农场基本理论概述

家庭农场是我国新型农业经营主体的重要组成部分,特征鲜明,类型多样,它的产生与发展有客观原因,也有雄厚的理论基础,它在我国现代农业发展中具有不可替代的作用并引起了全社会的高度关注。

第一节　家庭农场的内涵、特征及类型

一、家庭农场的内涵

家庭农场一词起源于欧美,在一些欧美国家,家庭农场发展的历史较为悠久。对于家庭农场的定义,中外学者纷纷进行了认真研究,有过不少精彩的论述。如美国农业部在对家庭农场(family farm)进行解释时更强调家庭农场应当是未雇用经理,也不含非家庭成员的法人或合作组织的农场。1998年《美国农业年鉴》中指出农场应该能生产和销售一定数量的农产品,这些农产品必须是社区认可的,农场要有能维持家庭和农场正常运行的收入和能力,具有偿还债务的能力,有管理人员和一定数量的劳动力,也可以雇用长期工或短期工,以满足农场生产经营的需要。20世纪90年代初期,俄罗斯大力鼓励和扶持家庭农场发展,专门颁布了《家庭农场法》,在《家庭农场法》中对家庭农场作了明确解释,认为家庭农场是由农民个体及家庭成员组合而成的从事农业生产经营活动的组织,该组织终生占有并继承农场的所有资产,并承担其法人的权利和义务。加拿大的农业较为发达,根据其家庭农场发展的实践,把农业生产的规模化、集约化、市场化、组织化作为家庭农场的基本特征。

我国家庭农场的发展历史不长，属于新型农业经营主体当中的新生力量，有许多新情况、新问题尚在研究探索之中。因此，对家庭农场定义也有多种解释。比较有代表性的有以下几种：黎东升等（2000）认为，家庭农场是以农户所在家庭为基本的组织单位，以市场需求为导向，以追求利润为目标，从事农、林、牧、渔的生产、加工和销售并具有一定规模的，实行自主经营、自负盈亏、自我发展、自我约束和科学管理的企业化经济实体。房慧玲（1999）认为，家庭农场是在适应现有生产力水平与市场要求情况下进行专业化生产并具有适度规模经营的农业种养的农户企业。朱博文（2004）则认为，家庭农场是我国土地体制改革创新的产物，是更好地实现适度规模经营的一种新型组织形式。张晓丽（2001）认为，家庭农场的农作制度使农户的生产因农产品可交易量的改进而彻底改变了农户把农业视为收入稳定来源的观念，而是把农业视为收入增长的来源或致富的渠道。袁赛男（2013）认为家庭农场以家庭经营、适度规模、集约化、商品化、以农业收入为主要特征。

从我国家庭农场发展的实践来看，我国现行的家庭农场是在农村改革实行家庭联产承包责任制的基础上产生的，是伴随我国农垦系统全面改革的推进而逐步形成的。也就是说，家庭农场的产生与发展和家庭联产承包责任制的组织形式是有着本质区别的，它和家庭联产承包责任制的主要区别就在于其所具有的商品化生产的特征。农村改革之初推行家庭联产承包责任制的主要目的是调动广大农民的生产积极性、尽快解决温饱问题。那么，家庭农场的出现则带有明显的市场经济属性。因此，我们认为家庭农场的定义应该包括两个主要方面的内容：第一，家庭农场是以"家庭"为基础的，家庭是从事农业生产经营活动的最基本单元，即家庭对土地有着强烈的依赖性，土地是他们得以生存发展的主要经济来源，具有典型的"家庭"属性；第二，家庭农场与其他一般农户是有区别的（后面会有详细分析），农场的概念表明它是从事农业生产经营活动最基层的经济组织，具有明显的"经济"属性。不具备这两个基本要素和属性的也就不称其为"家庭农场"了。综合以上两点，可以说家庭农场应该是一个具有现代商品意识和运营能力的企业。因此，我们认为家庭农场是建立在家庭这个基本生产单位基础上的，将适度规模的土地等作为主要劳动对象，以高效率的劳动、商业化的资本和现代化的技术为生产要素，以追求经济效益为主要目标的生产经营企业。这里所指的"适度规模的土地"是一个变动的概念，其"度"应根据我国不同地区、不同发展阶段的生产力状况而定，但基本原则应该是超过当地的平均规模水平。这种说法不仅反映了我国农业发展对土地的依赖程度较高，而且也反映了目前我国农业劳动生产率水平不高的客观事实。经济发达国家对家庭农场规模的界定也有不同的做法，如美国农业部对家庭农场的规模是以年销售额来划分的（正如世界500强的划分标准一样），将年销售额在25万美元以下的确定为小型家庭农场;年销售额在25万—50万美元的确定为大型家庭农场;年销售额在50万美元以上的确定为超大型家庭农场。这种以年销售额定规模的方法不仅能反映家庭农场当年创造的劳动价值,而且准确地反映了它实现的价值水平,是一个较为科学合理的界定标准。

综上所述,家庭农场是指以家庭成员为主要劳动力,从事农业生产经营活动,家庭收入主要来源于农业生产经营所得,具有规模化、集约化、商品化特征的新型农业经营主体。

二、家庭农场的基本特征

(一)家庭是家庭农场最基本的生产经营单位

根据我国的实际情况,分散在全国各地的承包农户是农业生产经营的主要参与者,农民在农业农村发展中居于核心地位。经过家庭联产承包责任制的改革,以家庭为基本生产经营单位的格局已经形成,家庭成员利益高度一致,责任心强,劳动积极性高,并能根据市场信息果断做出决策,在一定程度上降低了管理和监督成本。目前家庭农场经营者一般具有农村户籍(在我国户籍制度改革完成以前),并以户籍上的家庭成员作为主要劳动力,也可以根据农场发展情况聘用一定数量劳动力,但其数量一般要少于家庭成员务农人员数量,家庭成员是家庭农场的主要力量。

(二)农业是家庭农场获取持续稳定收入的重要来源

家庭农场是以农业生产经营活动为主业,和以非农收入为主的兼业农户是不一样的,农场经营者应当是既懂生产又会管理的高素质现代农民,农场是他们的主要劳动场所,农业生产经营所得是他们的主要收入来源,这部分收入包括两个内容,一是家庭成员劳动后所得到的带有"工资"性质的报酬,二是家庭农场经营成果所获得的"利润"报酬。随着经济形势的不断变化,今后家庭农场可能会实现产业链的延伸,从第一产业逐步向第二、第三产业发展,实现第一、第二、第三产业的融合。但不管怎么变,以农业为主导产业和基础产业的基本格局是不会也不可能改变的,否则就失去了家庭农场最本质的东西了。

(三)适度规模经营是当前家庭农场经营的核心

规模经济是农业和其他产业的共同特征,从国外家庭农场的发展实践看,家庭农场规模存在逐渐扩大的趋势,具有规模经济的特征。目前,由于我国家庭农场所经营的土地规模普遍较小,造成其生产效益偏低。根据我国人多地少的国情,我国家庭农场的经营规模只有与家庭成员的劳动生产能力和经营管理能力相匹配,才能提高生产效率,这个"度"要确保家庭农场人均收入高于当地城镇居民的人均收入水平,要确保家庭农场能在现有基础上进一步得到发展。鉴于我国不同地区在土地资源禀赋和经济技术水平方面客观上存在的差异，不同地区、不同类型的家庭农场的"适度规模"也应该有所区别，这是其获得理想经济效益的客观要求，是国外家庭农场发展的宝贵经验。

（四）家庭农场在经营方式上具有连续性

家庭承包责任制是我国农村的一项基本政策，是农村农业改革的重要基础。家庭承包经营责任制极大地调动了广大农民的生产积极性，推动了我国农业的发展。要改变千百年来小农经济对我国农业发展的负面影响，一定要创新家庭经营方式，将过去各家各户小块土地的分散经营转变为将土地相对集中的适度规模经营。家庭农场正是实行土地集中、规模经营的产物，是以往农业经营方式的一次延续和扩展。家庭农场是建立在家庭承包经营责任制的基础上的，无论是分散经营还是适度规模经营，都没有改变它的本质特征，它在保留家庭承包责任制诸多要素的前提下，又注入了大量现代农业的元素。所以，家庭农场在经营方式上具有极强的连续性特征。

（五）家庭农场具有较强的适应性

家庭农场的适应性具有两方面的内涵：一是家庭农场的发展与我国的基本国情相适应。虽然我国农业发展历史悠久，但农业生产力并不高，在一些地方还没有完全摆脱传统落后的生产方式，高新技术的应用明显不足。加之我国地域辽阔，全国各地的自然条件不一样，经济发展水平悬殊，在这种极其复杂的情况下，农业经营规模普遍不可能太大，而作为新型经营主体之一的家庭农场正好适应了这种经营规模的需要，它在因地制宜和灵活多变方面优势明显，真正适应了我国农村的生产力发展水平。二是家庭农场的发展与农民的思想状况相适应。由于我国农民受小农经济思想影响，长时期处于独立的小生产状态，家庭承包责任制赋予了他们土地经营的自主权。当农民掌握了土地的经营权后，就可以根据自己的意愿在承包的土地上开展生产活动，由此产生的结果是在自身获得现实的经济效益的同时也推动了农业生产的发展。实践中农民担心政策多变，如果现在不再采用家庭承包责任制而组建公有制农场，势必会极大挫伤农民的积极性，严重影响农业生产的持续发展。因此，发展建立在家庭承包责任制基础上的家庭农场正是和现阶段我国农民思想状态相适应的。

三、家庭农场的基本类型

（一）按经营方式分类

1. 雇工型家庭农场

该类家庭农场除依靠家庭成员从事农业生产的作业与管理外，还短期或长期雇用一定数量的外来人员。雇工型家庭农场一般规模较大，从事的生产经营领域相对较广，必要时必须雇工才能满足生产经营需要，从总体看，它的经营规模较大，机械化水平较高，管理有一定难度。

2. 无雇工型家庭农场

这种类型农场在家庭农场发展初期非常普遍，只需要自己家庭成员就能完成农业生产的作业与经营管理工作。无雇工型家庭农场的规模一般较小，要解决的问题相对简单，家庭成员在一般情况下能满足其生产经营的需要，组织成本和监督费用较少。

（二）按经营内容分类

1. 专一型家庭农场

专一型家庭农场是指在生产经营的种类比较专一，在现行的农、林、牧、渔业中只从事某一种行业经营的家庭农场，实践中又往往分为种植型家庭农场和养殖型家庭农场两种类型。种植型家庭农场主要从事水稻、小麦、果蔬、茶叶、苗木、花卉等的种植；养殖型家庭农场主要从事水产养殖和畜禽养殖。由于这类家庭农场从事的是比较专业化的生产，在实施机械化作业和集中力量采用新技术、新品种、新工艺方面具有明显优势，能更好地开展科学种田，逐步实现规模经营，从而获得理想的经济效益。

2. 综合型家庭农场

这种类型的家庭农场现在已经比较普遍，它是集农、林、牧、渔于一身或其中某几个部门兼而有之，一般以种养结合型居多和综合型为主。种养结合型家庭农场既从事一定规模的农作物种植，又从事一定规模的畜禽养殖，可以形成良好的生态食物链，提高资源利用率，改善产品品质，提升经营效益。综合型家庭农场不仅从事各种不同类型的农产品生产和初加工，还涉足乡村旅游、观光农业、休闲农业的生产经营活动。它能有效地提升农业资源的利用率，使其生产结构优化，减少农业经营风险。

第二节　我国家庭农场的由来

一、我国家庭农场的产生

通过对家庭农场研究成果的梳理，我们发现许多主流媒体和专家学者的解读中均提到"2013年中央一号文件中明确提出'坚持依法自愿有偿原则，引导农村土地承包经营权实行有序流转，鼓励并大力支持承包土地向专业大户、家庭农场和农民合作社流转，发展多种形式的适度规模经营'，第一次提到家庭农场概念"。但是从对新中国成立后农业发展的历史考证中不难发现，不论是在理论研究还是在农业实践中，"家庭农场"并不是第一次出现。现在我们所讨论的家庭农场可回溯到20世纪80年代的"职工家庭农场"。新中国成立后,国营农场担负起我国农业生产的重任,成为我国农业生产的"国家队"和主力军。但由于体制机制方面的原因,后来国营农场经营困难重重,效益不理想,为了挽救当时的国营农场,国家提出在其土地权属、经营规模、经营单位、产品导向等方面进行改革。改革开放后,我国农业形势发生了巨大变化,农村劳动力向城市的大量流动、农村土地流转后产生大量的种粮大户,为增强小农户在市场上的竞争力,各种类型的合作经济组织开始出现,并且在扩大生产经营规模、提高生产的专业化水平、提升农业生产经营过程的现代化管理水平等方面取得了许多成绩,积累了一些经验,为我们现在讨论的家庭农场的正式出现奠定了较扎实的理论基础和丰富的实践经验。

20世纪80年代初,中央有关文件和有关领导的批示上已经提到了家庭农场(注:当时是指职工家庭农场)。1983年8月,中央主要领导在视察新疆国营农场时就指出:"国营农场最大的问题,一个是死(注:没活力),一个是穷(注:没效益)。……(国营)农场与各专业户之间应通过经济合同联系起来,农场成为专业户的纽带,这样农场就活了,也可以说,这是大农场套小农场。农场什么办法都可以试一试,干脆每户划50亩、100亩,搞家庭农场。"1983年8月,全国农垦工作会议作出决定"在国营农场中兴办职工家庭农场"。1984年,中共中央下发了《关于一九八四年农村工作的通知》,在通知中明确提出"国营农场应继续进行改革,实行联产承包责任制,办好家庭农场"。这是在中央一号文件中第一次提到家庭农场。1984年9月,在原农牧渔业部颁布(1988年更名为农业部,2018年农业部组建为农业农村部)的《国营农场职工家庭农场章程(试行草案)》中,从政府的角度对职工家庭农场进行了解释:家庭农场是在全民所有制性质的国营农场领导下,以家庭为基本生产经营单位,实行家庭经营、定额上交、自负盈亏的经济实体组织。这一阶段的家庭农场是典型的"大农场下的小农场",即在国营农场内部开办职工家庭农场,这种职工家庭农场与国营农场之间依然存在着千丝万缕的联系。

职工家庭农场是20世纪80年代中国农村改革的产物,和当时的农村改革有着密不可分的联系。自提出实行家庭联产承包责任制以来,我国农村生产力得到空前的解放,农民的劳动热情高涨,劳动积极性得到极大提高,农业劳动生产率有显著上升,在许多农村较好地解决了农民的温饱问题,同时也为城市改革和广大城市居民的生活改善提供了较丰富的农产品。但与此形成鲜明对比的是国营农场的发展却依然举步维艰,如何办好职工家庭农场、充分调动国营农场职工积极性已成为一个必须妥善解决的重要问题。1991年8月,根据当时国营农场发展的实际,国务院发布了《国务院批转农业部关于进一步办好国营农场报告的通知》,通知中明确规定,国营农场实行统分结合的双层经营管理体制,并且将这一体制作为国营农场生产经营管理的一项基本制度长期执行下去。在这一通知精神的指导下,我国农垦系统的农场改革逐步完善并向纵深发展。改革开放后又出现了农民专业合作社这一新型农业经营模式,极大地增强了我国农业生产经营的力量,但直到2006年国家才出台《中华人民共和国农民专业合作社法》(2017年修订)。这其中一方面是由于农民专业合作社本身发展缓慢,另一方面是我国的市场经济发展比较缓慢,外部环境还不能很好地满足农民专业合作社的发展需要,政策供给不可能在一个有效的稳定预期内持续开展,以致发展速度较慢。有学者认为,专业大户与农民专业合作社的产生和发展是在外部边缘力量不断壮大进而得到政府肯定的过程,有其自身发展的主观成分,也有外部因素的推动作用。当时,专业大户和农民专业合作社都是排斥在主流经营模式之外的新生力量,是通过一部分"敢为人先"的勇士为适应市场经济发展而产生的一种自发行为的结果。这一行为明显不同于职工家庭农场的制度安排,它不带有浓厚的政府色彩。市场经济的发展是推动这一变化的基础动力,而政府政策的出台往往显得相对滞后。专业大户与农民专业合作社的产生与发展提高了农业生产效率,增加了农民收入,提高了农业市场化水平,特别是两者在实行家庭联产承包责任制的同时又产生了一个可供选择的新的农业经营方式。这一新的经营方式对实现农业经营多元化发展的作用是显而易见的,同时在宏观层面上规避了单一经营模式可能会产生的风险,为后来的制度变迁也积累了较丰富的宝贵经验。

  农村家庭联产承包责任制给农村经济发展和改革注入了强大的动力和充足的活力,各项改革取得了重大突破。经过多年的改革开放,它的制度红利已经不再明显体现,随着工业化和城镇化建设的步伐加快,一方面带动了宏观经济社会发展水平的提高,包括农业在内的发展速度和发展水平有了明显的提升,另一方面大量农民涌进城市务工以及农村土地大量闲置引发了"谁来种地"的担心和忧虑。由于工业化和城镇化发展迅速,为农村剩余劳动力的就业提供了更大的空间和机会,同时也为兴办家庭农场提供了重要的前提条件。2008年在中共十七届三中全会上通过的《中共中央关于推进农村改革发展若干重大问题的决定》中明确指出"有条件的地方可以发展专业大户、家庭农场、农民专业合作社等规模经营主体",家庭农场再一次进入国家顶层设计考虑的范畴。2013年,中央一号文件对"三农"问题作出许多重要指示,文件明确提出要重点鼓励和支持发展家庭农场,"家庭农场"在文件中先后共出现了4次,这预示着一个新的工作即将展开,是一个极为重要的信号,即家庭农场已经作为我国在发展农业现代化进程中重要的农业经营方式受到政府的重视和认可,也必将得到政府的相应鼓励与大力支持。从家庭农场的产生来看,既不像职工家庭农场的改革带有明显的行政性色彩,也不同于专业大户与农民专业合作社的出现带有较强的引导性。家庭农场是在我国农村改革过程中和政府政策供给的共同作用下应运而生,是市场对家庭农场发展的导向与政策对家庭农场的扶持共同培育的产物。市场因素的影响是导致家庭农场、专业大户和农民专业合作社产生的共同原因之一,作为家庭农场的最大优势就是制度跟进迅速,并将其纳入正式规制的轨道,这是我国家庭农场发展的幸事;与职工家庭农场不同的是,家庭农场的动力源来自市场,有着天然的自发性,而非政府主观行为,这是确保家庭农场能持续发展的根本原因所在,即家庭农场的经营者必须对市场变化具有高度敏感,会想尽办法使农场能生存下去并得到发展。不难发现,市场导向的作用确保了家庭农场经营者的积极性,而跟进及时的制度安排又给了家庭农场经营活动一个稳定的预期和较好的条件,内因变化和外力作用促成了我国家庭农场产生和发展的现实。

有学者在对我国家庭农场研究的基础上将我国家庭农场的产生与发展划分为两大阶段:第一阶段(1980—1990 年),这一时期的家庭农场主要是指在国营农场中派生出的职工家庭农场,这个阶段改革的主要目的是希望激发广大国营农场的生产活力,通过努力也取得了较好的成绩。据统计,从 1984 年至 1989 年,全国职工家庭农场发展迅速,由 42.3 万个增加到 116.8 万个,农业总产值由 11.8112 亿元上升至 65.8349 亿元,纯收入由 4.2153 亿元提升到了 35.2551 亿元,增长速度分别为 176.12%、457.39% 和 736.36%,可谓飞速发展。第二阶段(1990 年至今),随着工业化进程的加快和城镇化建设的提速,我国农业综合生产能力也得到空前的增长,进一步挖掘和利用制度红利成为农业发展的突破口,新一轮的家庭农场发展如雨后春笋般大量涌现,呈现出旺盛的生命力。这一阶段的家庭农场范围打破了过去只限于国营农场的界限,而是延伸到了全国各地所有适合发展家庭农场的乡村。家庭农场的发展不再是国营农场的专利,在全国各地的家庭农场已成为农业发展的重要基础力量,在农业现代化建设中发挥着其他经营主体无法替代的重要作用。到 2018 年,我国的家庭农场已超过 87.7 万个,经营耕地达 1.76 亿亩,平均经营规模 200.2 亩,面积在 6000 亩以上的大型农场有 17 万个,其中经营规模在 50—100 亩的家庭农场在全国 270 余万新型农业经营主体中占到近 1/3,全国家庭农场年销售农产品的总值达到 1946 亿元,平均每个家庭农场年销售农产品有 30 多万元,整个家庭农场发展呈现勃勃生机。①

二、我国家庭农场产生的主要原因

(一)政府强大的行政力量推动了家庭农场的形成

我国是一个人口大国,新中国成立后政府坚持以人民为中心的发展思想,把吃饭问题作为头等大事来抓;同时我们还是一个农业大国,农业在国家社会

---

① 于晓.80 万个家庭农场走向哪里? 未来发展趋势就是这 3 点[EB/OL]. https://www.sohu.com/a/343858729_379553.

经济发展中的地位极为重要。党和政府一直高度重视农业农村发展,在各个不同的历史时期都针对当时我国农业发展的特殊情况,作出了一系列的重要批示,发布了许多保护农业和鼓励性的政策,使我国农业逐步由传统农业向现代农业发展,取得了长足的进步。特别是改革开放以来,我国农业农村发生了翻天覆地的变化,1982年、1983年中央相继提出了积极培养和发展"专业户""自营专业户"和"承包专业户"的政策,大量承包专业户如雨后春笋般涌现。1984年和1985年中央又提出"鼓励土地逐步向种田能手集中",我国农业的集约经营有了一个新的开端。2011年提倡"引导土地承包经营权流转",使规模化发展上升为农民的实际行为。党的十八大提出"构建新型农业经营体系",将农业产业化发展作为国家农业发展战略。随后的2013—2015年的三年间反复强调构建新型农业经营体系的重要性,在多个重要文件和多个重要场合强调要积极发展家庭农场,在中央的重视和政策的引导下,家庭农场在全国农村由少到多、由弱到强发展迅速,农村社会和农业生产方式发生了深刻变化。2019年8月,11部门联合印发《关于实施家庭农场培育计划的指导意见》,明确提出家庭农场是现代农业的主要经营方式,要建立健全基础设施建设、用地保障、财政税收、金融保险服务等方面的支持政策。指导地方把符合条件的种养大户、专业大户纳入家庭农场范围,健全家庭农场名录并开展示范创建活动。目前,在家庭农场名录系统填报的数量已超过70万个,全国有28个省份按照中央的最新要求正紧锣密鼓地开展示范创建工作。

  国家的农业政策对家庭农场的产生发挥了巨大的推动作用,在各个层面都引起了强烈的共鸣:从各级政府来看,在政策的指导下明确了发展方向、增强了工作的信心和勇气,不忘初心,大多能较好地执行中央政策并取得一定的成绩,特别是县级和县级以下政府涉农部门都积极响应,根据各地实际情况制定了各种扶持性措施,使当地的各类新型农业经营主体得以迅速发展;从投资于农业的主体来看,他们能从中获得国家的资金和政策支持,不仅推进了农业农村发展,又实现了个人价值且获得了可观的收益;从基层政府来看,推进地方农业经济发展是其本职工作,而且也与其自身发展息息相关,他们会使出"洪荒之力",以实现家庭农场和发展为乐事和己任;从农户来看,有上级政策的大力支持,有地方政府的高度重视,有广大社会力量的参与和扶持,办好家庭农场也就自然成为他们的不懈追求。因此,家庭农场是政府政策及强大行政力量作用下的产物。

  (二) 规模经济成为促进家庭农场产生的强大动力源泉

  适度规模经营是指各生产要素(劳动力、土地、资金、设备、经营管理、信息等)在合适的环境和适合的社会经济条件下实现最优组合,通过高效运行从而获得最理想的经济效益。农业经营规模的扩大是我国农业发展中面临的一个重要课题,通过规模经营既可以提高农业劳动生产率和土地生产率,还可以使农民在本经营行业同经营其他行业获得可观的平均利润,进一步稳定其务农积极性,从而增加农产品生产总量和提高农产品的质量,满足社会对高品质农产品日益增长的需要。许多国家在坚持以家庭农场发展为主的同时实现了农业规模经营,取得的不少成绩和经验值得我们学习和借鉴。我国农村在20世纪70年代末实行家庭联产承包责任制,虽然极大地调动了广大农民的生产积极性,但也带来了农户土地分散、经营规模较小等问题,对于商品经济的发展和农业现代化的发展是非常不利的。随着我国农村农业改革的不断深入,目前许多原来无法实现规模发展的条件已出现了良好的开端,如我国农业科学发展迅速、农机装备层出不穷、不断加大新技术的推广应用力度,在农村实现规模经营、提高生产效率已成为可能。农业技术进步成为家庭农场得以产生和发展的不竭动力,特别是农业机械化在实现规模经营上发挥着至关重要的作用。伴随着家庭农场经营土地面积的不断扩大,农业机械化水平有了明显提高,在极大提高家庭农场的劳动生产率和产品质量的同时,还有效地减少了雇用劳动力和降低了因雇工而产生的监督成本,有利于降低农产品成本。同时,不断完善的社会化服务也必将降低家庭农场的资金投入,使得有一定经营规模的大农户快速转变为家庭农场。

近年来,我国各类社会资本纷纷流入农业领域也促使了家庭农场的不断产生。当前,国家对农业的发展寄予无限期望并予以高度重视,出台了一系列有利于农业发展和鼓励农业发展的政策和措施,极大地促进了家庭农场的产生和发展。政府政策的大力支持,极大地改善了农业投资环境,农业已成为极具诱惑力的投资领域,各类资本开始纷纷向农业领域流入,"资本下乡"现象蔚然成风,其投资主要来自三个方面:一是工商业资本下乡大量圈地,这些资本雄厚的企业采用"转租代包"和"订单农业"等方式给被圈地农户资金上的支持,促使其扩大经营规模,在这些公司的支持下,不少农户较好地克服了农场发展所面临的资金障碍。二是少量外出打工经商农户的投资回报,这部分农户经过多年艰苦打拼,积累了一定资本,由于对家乡和农业的特殊感情投资于农业,组建家庭农场。三是农村的种田高手、专业大户等通过自己不懈的努力,积累了一些资本,持续扩大经营规模,同时充分利用其长期在农村积累的广泛社会关系,获得各方的支持,逐步转变为家庭农场。后两类家庭农场将成为我国今后一定时期家庭农场发展的较稳固的新生力量。巨大的投资带动了规模效益的显现,而当下实现家庭农场适度规模发展的条件已基本形成,并且规模经济的巨大效能也促使家庭农场积极采取适度规模发展的方式,以便获得规模经济效益。

(三)农村劳动力结构的变化为家庭农场的产生提供了重要的土地资源

随着我国社会主义市场经济的不断发展,尤其是伴随着我国城镇化建设速度的加快,我国农村农业劳动力结构发生了巨大变化,大量农民离开农村,来到城市,由过去从事农业生产的地道农民,一夜之间变成在城市从事第二、第三产业工作的劳动者。从20世纪90年代以来,广大农民选择外出务工经商的现象更为普遍。据国家统计局《2018年农民工监测调查报告》统计:2018年农民工总量达到28836万人,比2017年增加184万人,增幅为0.6%,从农民工的总量分析,在本乡就地、就近就业的本地农民工为11570万人,比2017年增加了103万人,增幅为0.9%;到外地就业的农民工为17266万人,比2017年增加了81万人,增幅为0.5%。在外出的农民工中,进城农民工为13506万人,比2017年减少204万人,虽下降了1.5%,但队伍依然浩大,农民工已成为快速提高我国农村家庭经济收入和促进城市经济社会发展的主要力量。2018年年末,全国大陆总人口139538万人,其中城镇常住人口83137万人,占总人口比重(常住人口城镇化率)为59.58%,比2017年年末提高了1.06个百分点,户籍人口城镇化率为43.37%,比上年年末提高1.02个百分点。①在大量农民进城的背后,我们不难发现随之而来的就是农村农业劳动力结构的明显改变,从大量的调查来看,我国不少农村从事农业生产的主力是"386170"部队,也就是在大量青壮年农民进城后,农业生产的重任交给了留守农村的老年人、妇女和孩子,由这样一个特殊的群体承担起了我国农业生产的重任,老人、妇女和孩子在家承担保障家庭成员基本粮食供给的任务,而青壮年则多外出打工或经商赚钱,成为家庭经济收入的主要来源。

在一些土地资源相对较丰富的地方,由于部分家庭承包经营的土地较多,但主要劳动力外出务工或个体经商,无力继续维持土地的正常生产经营,导致很多土地长期无人种植;而另一些经营承包土地较多的家庭对外出务工或经商的意愿并不强烈,仍然从事农业生产经营,并且希望通过扩大土地面积以便实现规模经营,他们不仅在自家拥有的土地上耕作,而且通过多种手段租种他人不愿耕作的土地。农户会比较出租土地的利弊,对于拥有面积较少的农户来说,即使每亩收入可达到几百元,但一年种田的收入也不足万元,难以满足家庭生活水平提高的需要,而务工或从商的收入要远比种地多,因此,对于多数农户自然会选择出租土地后外出打工。同时,我国由"386170"部队从事农业生产经营的局面是难以为继的。2010年我国农村从事种植业的老年人占14.8%,60岁以上的老年人还在种田的占76.6%。目前,我国的"'50后'种不动地,'60后'种不好地,'70后'不愿种地,'80后'不会种地,'90后'不谈种地,'00后'不会想种地",他们对农业生产经营活动没有任何兴趣,宁可在外打工维持基本的生计,这种现象也就导致一些农户会主动流转出土地,为家庭农场适度规模发展提供更多的土地资源。

---

① 数据来源于《2018年国民经济和社会发展统计公报》.

（四）食物消费结构的改变为家庭农场的产生提供了难得的机遇

改革开放前，我国居民食物消费以谷物为主，从食物消费结构来看，粮食是最主要的食物来源，人均粮食消费数量比其他农产品消费总量之和还要多。1961年，我国人均谷物类粮食消费量为143.4千克，而其他食物如蔬菜、肉、蛋、奶、水果等消费量加在一起也只有99.9千克。我国政府根据新形势、新需求在2014年由国务院办公厅颁布了《中国食物与营养发展纲要（2014—2020年）》（以下简称《纲要》），这是新中国成立后制定的第三部关于食物与营养发展的纲领性文件。《纲要》对2020年中国居民食物消费数量和消费结构提出了新的标准和更高要求，其中，全国人均全年口粮消费135千克、肉类29千克、蛋类16千克、奶类36千克、水产18千克、蔬菜140千克、水果60千克、食用植物油12千克、豆类13千克。此标准与2014年居民实际消费相比，人均消费肉类、蛋类、奶类、水产品、蔬菜、水果、食用植物油和豆类需要分别新增3.4千克、7.4千克、23.4千克、7.2千克、43.1千克、17.8千克、0.3千克和5.5千克，而口粮的人均消费量则减少了6.0千克（见图1-1）。由此可见，除口粮有所减少外，其他食物都需要有较大幅度的增加才能达到预期的消费目标。

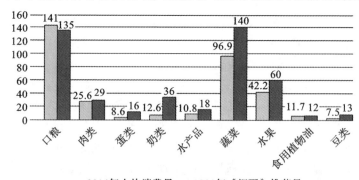

图1-1　2020年《纲要》推荐量和2014年实际消费量比较（单位：千克）

（数据来源：2014年数据来源于国家统计局数据，2020年数据来源于《中国食物与营养发展纲要（2014—2020年）》。）

食物消费结构及数量的变化正好符合中国食物消费量大、土地资源有限的特点和家庭农场可以进行"精细化"作业的客观要求。粮食在众多的食物当中无疑居于十分重要的地位，在有利的市场环境和政策环境下，家庭农场应该在提高我国粮食自给率、保证我国粮食安全方面作出应有的贡献。2004年我国开始实施粮食最低收购价，时至今日，我国粮食价格保持稳定，为降低家庭农场生产过程中由自然因素和市场因素所带来的风险创造了有利条件，能较好地保证家庭农场稳定的收益和可持续的发展。2015年农业部（现农业农村部）组织了对全国1972个种植业类样本的调查，通过调查发现有1188个家庭农场从事粮食生产,占样本总量的60.24%。同时,在结构性短缺农产品价格引导下,"理性的"家庭农场经营者会根据市场需求状况,优化生产结构,在除粮食以外的其他农产品的生产上加大力度,以实现尽可能理想的经济效益、社会效益及生态效益。我国食物消费结构的变化,对于家庭农场不仅具有极强的挑战性,也带来了非常难得的发展机遇。

第三节　家庭农场在新型农业经营主体中的重要地位

2008年,中共十七届三中全会上提出了我国有条件的地方要积极发展专业大户、家庭农场、农民专业合作社等农业经营主体,鼓励龙头企业和农民建立紧密的利益联结机制,加强合作的深度。2012年,中共十八大上提出了培育新型农业经营主体的宏伟任务,在2013—2015年连续三年的中央一号文件中都把培育和壮大新型农业生产经营组织作为一项重要工作,指出要发展多种形式的规模经营,务必扶持和发展好新型农业经营主体。中共十八届三中全会、中央农村会议和2014年的中央一号文件都对这项工作作出了重点部署,将专业大户、家庭农场、农民合作社、农业企业作为我国新型农业经营主体的主要形式。2017年中央办公厅和国务院办公厅联合颁发了《关于加快构建政策体系培育农业经营主体的意见》,文件中提出要大力加快新型农业经营主体的培育工作,尽快打造以农民家庭经营为重要基础、以合作与联合为重要纽带、以社会化服务为重要支撑的复合型立体式的现代农业经营体系。经过近年的积极培育和大力发展,家庭农场已成为我国现代农业的一支重要力量,在发展过程中与其他新型农业经营主体共同谱写我国农业高质量发展的新篇章。

一、家庭农场与其他新型农业经营主体的区别

四种主要农业经营主体在功能、作用和地位上是有差异的。《中共中央关于全面深化改革若干重大问题的决定》在涉及建立健全城乡发展一体化体制机制时曾明确指出,要"坚持家庭经营在农业中的基础性地位"不动摇,这一观点是总结我国和世界许多国家农业发展正反两方面经验教训而得出的正确判断,必须坚定不移,始终如一。从人类社会农业发展历史的经验看,凡是实行集体经营的其农业生产效率一般都不高,而采用家庭经营办法的国家或地区的农业生产效率一般都较理想。在当前我国的四种新型经营主体中,专业大户和家庭农场实行的是家庭经营模式,而农民合作社和农业企业不属于家庭经营的范畴,它们分属于合作经营、集体经营或企业经营。因此,要弄清家庭农场与其他经营主体之间的区别,以确立家庭农场在农业生产中重要的基础

性地位。

(一)家庭农场与专业大户的区别

专业大户和家庭农场的经营性质基本相同,同属于家庭经营,有人说专业大户是家庭农场发展的初级版,家庭农场是专业大户发展的必然结果,是高级版。两者在本质上无明显差异,但从现实状况来看,家庭农场更具有农业生产的集约化、经营管理的企业化优势。因此,两者存在"形似神异"的特点,在国外无专业大户一词,属于我国特有的新兴词汇。专业大户是相对于传统农户而言的一种新概念。我国在农村改革开放初期推行了家庭联产承包责任制,把集体的农地安排给单个农户实行承包经营,当时各家承包土地的面积是依照当时家庭人口和劳动力实行平均分配的,因此,在我国地少人多的地方多数农户的经营面积只有几亩地,规模很小,收入水平也很低,只能维持基本生活的需要,要想脱贫致富是根本不可能的。近年来,随着物价水平和生活成本的上涨,特别是随着工业化和城镇化的发展,大量的农民离开家乡外出务工经商,导致大面积耕地的撂荒或粗放经营。农村中的一些种田高手发现了致富的良机,便主动把本村或邻村农户不想耕种或不再耕种的承包地和集体荒地流转过来,统一进行生产经营,从而便出现了现在的"专业大户",其收入水平较为可观。但专业大户中多数是雇工生产和实行粗放经营,主要有三个方面的原因:一是由于有些专业大户流转的耕地过多,自己没有能力经营,只好依靠雇工为其管理和生产经营;二是在专业大户中往往多数是一人务农,其他成员多从事非农工作,往往也要靠雇工来维持面积较大的农业生产活动;三是因为土地流转不规范,租期较短且无书面合同,承包者心有余悸,也不愿对土地投资和精耕细作。因此,专业大户在农业规模化经营上迈开了第一步,但在农业集约化经营方面还长路漫漫,尽管专业大户的收入有较快增长,但是对提高土地生产率和进一步推进农业现代化建设并没有产生实质性的促进作用。专业大户是在我国农业农村发展特定的情况下向现代经营方式转变的一个过渡形式,最终都会逐渐转变为家庭农场经营模式。从现阶段看,两者的区别主要体现在以下五个方面。

1. 经营方式不同

从农业经营方式来看,两者的区别是非常明显的。一般来说,家庭农场都是相对独立的农业经济实体,是法人单位,土地经营的规模较大,且土地承包关系较为稳定,常年雇工的现象不太多,以自己家庭成员为主体,经营者的身份十分清晰。各地的家庭农场都遵循具体的认定标准,通过自愿申请、依法认定和工商注册登记等环节,取得市场主体资格。而专业大户则不具备这些基本特征。

2. 经营方式不同

两者比较而言，多数家庭农场实行适度规模经营，且土地承包关系相对稳定，生产集约化和农产品商品化水平较高，也具备一定的经营管理水平，家庭成员为农场的主要劳动力。而专业大户主要是围绕某一种或多种农产品进行专业化生产，因此从种养规模来看要明显大于传统农户或一般农户，他们需要经常雇用劳动力从事农业生产活动。

3. 经营者不同

专业大户的经营者较为宽泛，除了农民以外，还包括其他从事农业生产经营的人员，如城市下岗职工、大学毕业生等；家庭农场的经营者目前主要是家庭的主要成员，即农场主，今后这种现象应该有可能改变。

4. 经营领域不同

从他们的经营领域来看，家庭农场的经营领域非常明确，多以种养或旅游服务业为主，而专业大户则涵盖农产品的运输和销售、农机大户或从事某种专业农产品的生产和经营，其从事的行业、环节的专业化程度较高，而家庭农场则多实行农业综合经营，综合性程度较高。随着专业大户的不断发展壮大，完全有可能发展为家庭农场组织形态。

5. 国家政策不同

为扶持家庭农场和专业大户的发展，国家有针对性地采用了不同的政策和补贴办法。对家庭农场和种植大户的补贴存在结构性差别，目前对种植大户的补贴分为三类：土地流转补贴、大型农机补贴、种粮之外的补贴，比如蔬菜种植、水果产业、茶叶产业等；对家庭农场的补贴分为直补、流转土地租金补贴、贷款贴息补贴、农机补贴、农资补贴五类。

国家的扶持政策也不尽相同，对种植大户的扶持主要是根据土地流转政策，对每亩流转土地会给予一定金额的流转补贴费。土地流转后的补贴则依据国家颁发的《农村土地承包经营权流转管理办法》中相关规定执行，补贴收益所得归承包方，任何人和任何组织都不能侵占、截留。这笔资金主要是用来补贴种粮大户和农民专业合作社等新型农业组织，实行"谁种的粮食多，优先补给谁"的做法。全国各地对家庭农场的扶持政策有一定区别，更多地方采取的是"先建后补"的办法，在年底检查验收合格后，一次性拨付补贴资金，家庭农场面临较大压力。

（二）家庭农场与农民合作社的区别

家庭农场与农民合作社既有明确分工，又有紧密合作。家庭农场是形成农民合作社的基本元素，农民合作社是众多家庭农场赖以维系的经济利益组织，农民合作社具有为家庭农场提供各种服务的功能。家庭农场则以农民合作社为平台与龙头企业发生经济联系，农民合作社除了一些特殊产业如养殖业和特种农业之外,更多的是作为农业产业化中提供服务的主体,主要功能是为专业大户和家庭农场等提供各种产前、产中、产后社会化服务,服务是其主要职责。农民合作社提供的各种社会化服务,对专业大户和家庭农场的规模化、集约化经营以及生产率的提高发挥了积极的作用。家庭农场与农民合作社有以下五个方面的区别。

1. 两者的内涵不一样

家庭农场以家庭成员为主要劳动力,是从事农业规模化、集约化、商品化生产经营活动的主体,是以农业收入为家庭主要收入来源的新型农业经营主体,应实行适度规模经营。农民专业合作社虽然也是在农村家庭承包经营基础上发展起来的,但它是同类农产品的生产经营者或同类农业生产经营服务的提供者,实行自愿联合、民主管理的互助性经济组织。农民合作社将分散的众多农户和独立单干的家庭农场联合起来,为成员提供农资、技术、农机、销售等服务,共享资源,抱团发展。

2. 对土地的要求不一样

家庭农场要进行适度规模经营就必须有一定规模的土地,没有适度规模是无法实现家庭农场高质量发展的;农民合作社在土地规模问题上显得灵活,但也要有一定面积的营业场所和必要的注册资金,这是它能正常开展服务工作的必备条件。

3. 成员人数及范围不一样

合作社一般要有五名及以上符合相应规定的成员组成,即成员应该是具有民事行为能力的公民,以及能从事与农民专业合作社业务密切相关的生产经营活动的企业、事业单位或者社会团体,要能够通过农民专业合作社为专业大户和家庭农场提供相应的服务,并且承认和遵守农民专业合作社章程,在履行入社手续后就可以成为农民合作社的成员。但根据有关规定,具有管理公共事务职能的单位是不得加入农民专业合作社的。农民专业合作社应当建立成员名册,并报登记机关审批。成员数量不设上限,也不受地域限制。家庭农场则受家庭成员数量的影响,没有具体的数量要求,在必要时可适量雇工。

4. 对成员的要求不一样

农民合作社采用入社自愿,退社自由,实行高度的民主管理的原则;而家庭农场则是由家庭成员组成,不存在"进""退"问题,采用的是高度集权的管理模式。

5. 业务范围不一样

家庭农场主要以农产品的生产和初加工或乡村旅游业为主,而农民合作社则主要针对社员需要开展业务,合作社的业务内容较广,涉及农资供应和使用指导,农产品的销售、运输、储藏以及初加工等。

(三)家庭农场与龙头企业的区别

家庭农场和农业龙头企业之间的关系密切,它为龙头企业提供生产加工所需要的原料,龙头企业则为家庭农场提供农作物生产技术与相应的其他服务。农业龙头企业具有农业产业化发展的引领作用,对其他经营主体发展具有较强的辐射作用,是提供加工和服务的主体,其主要功能是为专业大户和家庭农场提供原始农产品加工和深度加工并提供农作物生产各环节的社会化服务,加工和服务是其主要职责。龙头企业提供的各种社会化服务,对家庭农场的规模化、集约化经营以及生产率的提高同样也发挥了非常重要的作用。但就两者而言,区别仍然明显。

1. 经营领域有区别

目前我国的家庭农场多数从事种植、养殖或种养结合为主,在产业链上下游的拓展十分有限,主要是提供原始农产品或初加工的农产品。农业龙头企业从事的领域极为广泛,可以覆盖从"农田到餐厅"整个产业链的上下游,具备打通全产业链的能力和优势。

2. 国家政策支持上有区别

家庭农场是在2013年中央提出重点发展后才受到人们关注的,在政策支持和指导上相对有限,也不完善,特别是前些年对家庭农场的政策支持主要来自地方财政,国家的支持政策还不是十分清晰,但近年来国家层面的政策支持和扶持力度逐步加大。作为农业龙头企业一直以来都得到了国家的大力支持,成为国家关注、投资和扶持的重点,甚至可以去承担国家级重点项目,农业龙头企业受到国家的高度重视。

3. 所处地位有区别

家庭农场居于农业生产的前端,是农业发展的重要基础,对国家的社会经济发展产生重大的影响;龙头企业是农业产业化和现代化的排头兵,在现代农业发展中起着重要的带动和引领作用,它的发展状况会直接影响到其他农业经营主体的发展。

4. 管理办法有区别

一般家庭农场采用的是比较传统的管理方法,管理水平也不高,管理制度不健全,管理工作相对滞后;龙头企业是现代农业发展的重要带动力量,多数采用了较先进的管理方法和手段,运用先进的管理理念,制定了较为完善的管理制度,管理水平较高,现代化管理有力地推进了企业发展。

5. 规模水平有区别

由于家庭农场的经营领域相对有限,目前多数家庭农场在产业链延伸上还十分有限,导致其经营规模相对较小,远没有达到适度规模经营的水平;由于龙头企业多涉足第二、第三产业的不同领域,有的甚至还涉足农业生产环节,因此,龙头企业的经营领域广,企业规模大,竞争实力非凡。家庭农场如同现代农业汪洋大海中的"小舢板",龙头企业则如同行驶在大海中的"航空母舰"。

近年来,随着新型农业经营主体的快速发展,各经营主体间密切联合,不断创新联结方式。一种更高级的联合形式——农业产业化联合体出现了,联合体是集龙头企业、农民合作社、家庭农场等新型经营主体为一身,实现经营主体紧密联结的一种组织形态,使农业产业链的不同环节实现有效衔接,使多种要素实行融通共享,并已经取得了显著的成效,现在已经从发源地安徽省向多个省区迅速推进,并受到国家的高度重视。农业产业化联合体的发展符合我国农业发展的客观需要,它将坚持发展现代农业的基本方向,不断创新农业经营体制机制,将成为我国实施乡村振兴战略、实现农业农村高质量发展的重要推动力量。

二、家庭农场在我国新型农业经营主体发展中的地位和作用

(一)家庭农场是我国新型农业经营体系中不可或缺的重要组成部分

根据前面我们对家庭农场与其他经营主体的区别来看,家庭农场在新型农业经营主体中居于重要地位,具有其他经营主体不可替代的作用。一般来说,龙头企业具有资金和技术优势,这种优势主要体现在产前技术服务以及产后的深加工、包装、销售等环节上,对提升农副产品的附加值和竞争力非常有效。但是,多数龙头企业并不适合直接从事大规模的土地耕种。因此,家庭农场在耕种土地上的优势是不言而喻的。农民合作社和家庭农场是完全不同的两类经营主体,它是由同类农产品生产的家庭农场和专业大户组合而成,为其提供生产经营服务,在自愿联合、民主管理的基础上下组成的互助性的农村生产经营组织,为其成员代购农业生产资料,为成员提供农产品销售、加工、运输、储藏以及相关的技术、信息等服务。以合作社组织的智慧和力量解决分散的专业大户和家庭农场想做做不了、能做但做不好的问题,为家庭农场的发展提供了支撑。因此,家庭农场与其他经营主体是既有区别又有密切联系的经济利益共同体,既有明确的分工,又有相对稳定的经济联系。所以,家庭农场是新型农业经营主体中不可或缺的重要组成部分,在我国新型农业经营主体的建设和高质量发展中具有独特的作用。

(二)家庭农场是我国新型农业经营体系建设的重要基础

家庭农场是我国实现农业现代化进程中最为重要的单元,是位于最基层、最基础的生产单位,它的运行状况和质量将会对其他经营主体的运行和工作质量产生重大影响。如农民合作社采收的农产品的数量和质量在很大程度上取决于家庭农场所采用的种子、生长技术和生产方法等,家庭农场一旦采用了先进的农业生产技术,采用了良种、应用了良法、实行农机作业,示范并大量推

广了农业高新科技,不但可以大大节约成本,极大地提高农业劳动生产率,而且还促进了农业现代化的进程,尤其在农民合作社的发展中发挥巨大的推动作用。同时,家庭农场如果采用高标准的农业生产技术,应用安全放心农资,生产出消费者放心的有机、环保、营养丰富的农产品,再经过龙头企业的精深加工,将会极大地提高农产品的附加值,这样,农产品必定有良好的销路,获取理想的经济效益和社会效益,这无疑对龙头企业的发展是一个极大的帮助和强有力的支持。家庭农场比一般的专业大户更注重农产品质量安全,政府也能实施有效的监管,对保障我国食品安全也具有十分积极的作用。因此,家庭农场作为我国新型农业经营体系的重要基础必须夯实筑牢,只有家庭农场这个基础稳固了,新型农业经营体系的建设才有可靠保障。

第四节 家庭农场高质量发展的主要理论

一、家庭联产承包经营理论

我国在改革开放后推行的家庭承包经营制度是农村土地使用上的一项重大改革。党的十一届三中全会实行的改革开放最早是从农村开始的,农村改革的显著标志就是"包产到户",即"家庭联产承包责任制"。根据生产力发展水平、农业自身的特点以及广大农民的意愿,将国家或集体拥有所有权的土地等生产资料交给农户使用,即实行联产承包。国家或集体对所承包的资产占有所有权,承包者对所承包的资产具有占有权、使用权、收益权以及国家政策所允许的处分权,独立经营其资产,并按规定向国家交纳承包金、税金,按要求完成农产品定购任务和其他义务。农村集体则依据当地农业生产的实际情况,为承包经营户提供相应的服务和必要的协调管理。在1991年党的十三届八中全会上通过了《中共中央关于进一步加强农业和农村工作的决定》(以下简称《决定》),该《决定》作出一项重大决定,即把以家庭联产承包为主的责任制、统分结合的双层经营体制作为我国农村经济社会发展的一项基本制度,要不断充实完善并长期稳定下来。家庭联产承包责任制的确立使我国迈开了农村经济体制改革的第一步,是对"一大二公"和"大锅饭"落后体制的宣战,为我国农业农村的发展繁荣奠定了重要的理论基础。而且,随着承包制的推行,将个人的支出和所得实行紧密联系,我国亿万农民在家庭承包经营制度的作用下,劳动积极性得到空前高涨,劳动生产率得到极大提升,使我国农业农村的发展进入一个新的发展时期。家庭联产承包经营是我国农村农业改革的基本制度,为家庭农场的发展和农村土地的"三权分置"改革奠定了重要的理论基础,提供了必不可少的实践经验。

二、农业产业化理论

农业产业化是根据市场需要,以经济效益为中心,围绕主导产业建设和重点产品开发进行各生产要素的优化重组,逐步形成种养加工、产供销、贸工农、农工商、农科教一体化经营体系,促使农业实现自我发展、自我积累、自我约束、自我调节的良性循环的过程。农业产业化的实质是用先进技术改造传统农业,推动农业科技进步的过程。也有人理解为是农业在产业关系或产业链上的延伸,认为农业产业化即农业与相关产业的一体化或贸工农一体化,这种一体化是以产业链的延长为载体的。因此农业产业化主要是着眼于农业组织形式与经营模式的改革与发展,新的组织形式和经营模式将会从整体上促进传统农业向现代农业的转变,加速农业现代化的步伐。农业产业化具有以下基本特征。

(一) 市场化

市场是农业产业化的起点和归宿。农业产业化的发展必须始终以国内外市场需求为基本导向,彻底破除小农经济自给自足、自我服务的封闭状态,通过市场机制的作用实现资源的优化配置、生产要素的合理组合,完成生产资料和农产品流通等,以提高经济效益为目标。

(二) 区域化

农业产业化要具有区域特色,形成地方优势,农业产业化下的农副产品生产要在尽可能相对集中连片,形成特色鲜明的区域化生产基地,以便提高农机利用率,加强经验的交流和相互学习,杜绝生产布局过于分散带来的管理不便和生产不稳定问题。

(三) 专业化

专业化是指实现农产品生产、加工、销售、服务的专业化。农业产业化经营就是要提高劳动生产率和土地利用率,要实现资源利用率和农产品商品率的大幅度提升,实现专业化是达到这些目标的唯一选择。特别在农副产品生产时,将过去分散的农户组织起来,进行专业化生产,实行精耕细作,提高农产品品质,为社会提供安全和高质量的产品。

(四) 规模化

在保持家庭承包责任制不变的前提下,扩大农户生产规模,化解农户经营规模小与现代农业要求适度规模发展之间的矛盾。适度规模是农业产业化的必备条件,只有当生产条件和能力达到一定规模的时候,才可能实现应有的效益,也才能达到产业化的基本要求。当农业产业化具有一定规模时,才能增强其辐射力和竞争力,实现规模效益。规模化是产业化的前提,产业化是规模化发展的方向。

（五）一体化

一体化即实现产加销一条龙和贸工农整体式的经营，将农业生产全过程的产前、产中和产后三个环节整合在一起实行统筹考虑，形成完整的产业链，使参与各环节的经营主体成为分工明确、协作紧密、利益共享、风险共担的经济利益共同体，这是农业产业化的实质所在。

（六）集约化

集约化即农业的生产经营活动将全面提升各生产要素的质量，更加注重发展质量，在经营活动中充分体现科技含量高、资源综合利用率高和综合效益高的"三高"要求。

（七）社会化

社会化即服务体系的社会化。农业产业化的实现需要建立运行顺畅、工作有力的社会化服务体系，对经营活动中的各参与主体提供他们所需要的信息、技术、资金、物资、经营、管理等服务，促使各生产经营要素紧密配合、高效运行。

（八）企业化

企业化即生产经营管理企业化。农业产业化龙头企业实行的是规范的企业化运作，为其他经营主体作出了表率，而且其他经营主体为了更好地和龙头企业在生产运行上的计划性、规范性和标准化要求保持一致，也为了能提高自身行为的规范性，应由传统农业经营模式逐步向规模化的设施农业、企业化农业发展，按企业运行要求进行经营管理。

三、土地产权理论

产权是一种经济权利，土地产权是指与土地财产一切权利的总和。土地产权的内容非常丰富，既包括土地的所有权、使用权、处置权，还包括土地的转让权、抵押权、土地继承权以及土地的收益权，土地产权的作用就是要明确和规范人与人之间的关系，而且也只有在人与人交往的社会关系中才能发挥其作用。

土地产权是存在于土地之中的具有高度排他性的权利，是对相关土地财产的一切权利的总和，往往具有两个方面的显著特征：一是土地所有权高度集中而没有具体的人格化代表，土地的集体所有制让集体中的每一个成员都平等拥有土地的权利，理论上是集体所有，人人有份，从实际操作来看却是人人无份，从而造成了所有权的缺位现象。基于此情，农民不仅不可能对土地进行长期投资，甚至会采取掠夺式经营方式，造成农业资源无序配置的乱象。二是由于土地使用权分别掌握在不同的利益主体手上,他们不仅不会思考土地的合理使用问题,也不对所有者承担任何经济和法律责任,必将导致土地资源的利用率下降,造成土地资源的浪费。

目前我国正在开展的土地确权、登记、颁证和"三权分置"改革就是为了明确各利益主体的权利界限,确保各利益主体在农地流转过程中的利益最大化,为实现农地有序合理流转创造必要的前提条件,从而促进家庭农场等经营主体的规模化经营和高质量发展。

四、规模经济理论

规模经济就是由实行大规模生产而产生的经济效益,是指在一定的生产技术条件下和一定的生产数量的范围内,由于生产产量的逐渐增加,产品的平均成本出现不断降低的现象。产生这种现象的原因是在一定的产量范围内,固定成本并不随产量的增加而增加,基本保持相对稳定,那么生产规模扩大后新增的产量就能分担更多的固定成本,而且增加的产量越多则分摊的固定成本也越多,最终使单位产品成本和总成本下降,在产品市场价格变动不大的情况下就能获得更多的利润。

"规模"是指生产的批量,一般分为两种情况:一种是生产技术条件保持不变,即在生产能力保持不变的情况下发生的生产批量变化,另一种是生产技术条件变化,即生产能力发生变化时所产生的生产批量变化。规模经济理论中的规模多指的是后者,即由于生产能力的增长而出现的生产批量的增加。"经济"则包含节省、效益、好处的意思。

社会实践中人们会依据生产力各要素在数量组合方式变化中规律、有意识地选择适当的生产规模,追求产量的增加和成本的下降,从而获得最佳经济效益。规模经济理论是研究生产要素的集中程度和经济效益之间关系的学问。

规模经济之所以被人们关注和应用,是因为它具有许多的优势:如在大规模生产的条件下,能够统一产品规格并实行标准化生产作业,提高劳动生产率;可以大批量购进原材料,享受批量采购的价格优惠,从而降低原材料购入成本;由于大批量生产能提高管理人员和工程技术人员的专业化水平,提高管理和技术水准,同时还能简化管理工作和技术工作,减轻劳动强度;在工作量适度的情况下更有利于开发新产品,从而增强企业的竞争力。规模经济认为,随着产量的不断增加,长期平均总成本有下降的趋势。但并不是说生产成本会随着生产规模的增加不断下降,更不是说生产规模越大越好。因为规模经济理论所讨论和追求的是能获取最佳经济效益的生产规模。在理论研究和生产实践中我们发现,一旦企业生产规模扩大到临界规模的时候,其生产效益不仅不会上升，反而会出现下降的情况，即边际效益逐渐下降，甚至出现盈亏平衡，乃至亏损，导致"规模不经济"现象。

历史经济学家对土地报酬递减理论的研究是农业规模经济学中最初的研究成果。著名的经济学家威廉·配第和亚当·斯密也都提出了农业经济中的"报酬递减"问题，认为只有通过扩大规模收益才能提高劳动生产率。法国重农学派的杜尔阁也认为要从投资、劳动等要素来分析土地报酬变化的规律，以便获得理想的收益。目前，农业规模经济理论已成为具有众多流派的一个体系，国外学者把农业企业按不同的规模划分为公司农场、合伙农场和家庭农场三种类型，采用边际分析法、统计回归法、线性规划法、比较分析法、系统优化法等方法进行农业规模经济问题的研究。

五、农业集约化理论

集约化经营的解释有两种：《辞海》中把"集约"解释为投入较多的生产资料和劳动力实行精细化生产，通过提高单位面积产量来增加产品总量的经营方式；20世纪50年代苏联经济学家第一次解释"集约"一词，认为是指通过提高经营要素的质量增进效益的经营方式。

在农业发展过程中，由于各地的历史原因、资源禀赋和社会发展等条件的差异，把农业经营方式分为粗放经营和集约经营两类。粗放经营是指在农业生产经营过程中通过投入较多的生产要素来发展农业生产，如增加更多的土地来扩大农业生产面积，投入更多的农业劳动力，大量使用化肥农药来提高农作物产量，这些通过增加生产要素数量实现的发展，在过去社会生产力水平较低的情况下大量存在，在实现农业现代化的进程中，我国农业必须实行集约化发展，也就是必须通过对生产要素质量的提升来实现农业的快速发展，即在一定面积的土地上，提高劳动者的综合素质、采用先进的农业生产技术和手段、实行精细化管理、提高农业生产组织的社会化程度等方式来提高农业生产经营的数量和质量，实现高质量发展。实现农业的集约化经营多体现在农业生产的机械化、电力化、智能化、改良土壤、合理使用化肥农药、科学育种等方面。

反映农业集约化发展的指标有两类：一是单项指标，如单位面积农地平均占有的农机具的价值，使用电力、肥料、种子、农药的费用以及人工费等；二是综合指标，如单位面积耕地或农用地平均占用生产资金数额、生产成本等。我国在转变农业生产方式的过程中，资金集约与技术集约的水平将逐步提高，实施藏粮于技、藏粮于地战略，逐步形成具有中国特色的农业集约经营方式。

第二章
家庭农场高质量发展概述

家庭农场高质量发展是我国农业高质量发展的重要内容,对我国经济高质量发展具有极其重要的影响,本章对这方面问题进行了系统探讨,并对衡量家庭农场高质量发展的指标体系进行了研究。

第一节 农业高质量发展

一、经济高质量发展问题的提出

推动经济高质量的发展是不断适应我国国情变化的必然要求,是目前乃至今后一个时期开展经济工作的重要指南。改革开放以来四十多年的高速发展,较成功地解决了"有没有"的问题,国家综合实力和人民生活水平都得到了空前的提高,目前把高质量发展作为衡量经济工作是否成功最重要指标的根本目的就是要解决"好不好"的问题。在2017年中国共产党第十九次全国代表大会上首次提出了高质量发展的观念,表明我国经济将由高速增长实现向高质量发展的转变。

习近平总书记2017年12月6日在主持党外人士座谈会时指出,实现高质量发展是保证我国经济社会持续健康发展的必然要求,是适应当前我国社会主要矛盾变化并全面建设社会主义现代化强国的必然要求。高质量发展是我们当前和今后一个时期确定经济发展思路、制定经济发展政策、提升宏观调控能力的根本要求,必须提高认识、深刻领会、务求落实。

2018年3月5日,提请十三届全国人大一次会议审议的政府工作报告提出的深度推进供给侧结构性改革等9方面的部署,都始终围绕着高质量发展这一主题。2018年国务院政府工作报告指出,按照高质量发展的要求,统筹推进"五位一体"总体布局和协调推进"四个全面"战略布局,坚持以供给侧结构性改革为主线,统筹推进稳增长、促改革、调结构、惠民生、防风险各项工作;上述主要预期目标,考虑了决胜全面建成小康社会需要,符合我国经济已由高速增长阶段转向高质量发展阶段实际。实现高质量发展既是保持我国经济持续稳定发展的客观需要,也是根据我国社会主要矛盾的变化和把我国建设成社会主义现代化强国的重要选择,更是遵循经济规律发展的必然要求。

2019年12月,中央经济工作会议作出决定,在新时代抓发展必须更加突出发展的理念,坚定不移地贯彻创新、协调、绿色、开放、共享的新发展理念,全力推动高质量发展。要以创新和改革开放作为经济发展的两个车轮子,坚持巩固、增强、提高、畅通的方针,提高我国经济的整体实力,使我国现代化经济建设的步伐又快又稳。

高质量发展包括六个内容,即高质量供给、高质量需求、高质量配置、高质量投入产出、高质量收入分配和高质量经济循环。

高质量供给就是要大力提升我国商品和服务的供给质量。目前,我国虽然拥有全世界门类最完整的产业体系,并且有200多种工业品的产量居世界第一位,但仍有许多产品还处在价值链的中低端,部分关键技术受制于人的现象还没有得到根本改变。要进一步提高供给质量,更好地满足日益丰富、逐渐增长的需求,更好地满足社会发展和人民生活水平提高的需要已成为当务之急。

高质量需求就是要促进供需在较高档次上的相对平衡。虽然我国居民收入水平明显提高,城镇化建设步伐加快,内需市场十分活跃,但是就业质量仍然不理想,多数居民收入水平仍然不高,社会公共服务供给依然紧缺,居民在教育、医疗、养老、住房等方面的负担沉重。要创造条件努力释放被抑制的需求,从而拉动供给端的不断提升。

高质量配置就是要更好地发挥市场配置资源的决定性作用,要实现产权制度的改革和创新,建立符合社会主义市场经济体制的价格机制,化解配置扭曲矛盾,建立资源向高效率部门、行业、地区配置的便捷通道,提高资源的配置效率。

高质量投入产出就是要坚持内涵式发展的路线,抑制实体经济的投资回报率持续下降的局面;面对人口红利逐渐消退的趋势,要充分发挥人力资本的红利,进一步提高劳动生产率;提高土地、矿产、能源等重要基础资源的集约化程度,实现其可持续发展;要提高全要素生产率,减少投入,从而促进经济由规模扩张向质量提升的飞跃。

高质量的分配就是要实现初次分配和再分配的公平合理。初次分配时要逐步实现对土地、资金等要素的合理定价,促进各种要素按照市场价值合理参与分配,确保百姓收入的持续增长。再分配时要充分发挥好税收杠杆的调控作用,解决好贫富悬殊过大的问题。

高质量循环就是要使供需匹配的渠道畅通无阻,确保金融服务实体经济的渠道畅通,逐步化解经济运行当中供需失衡、金融和实体经济失衡、房地产和实体经济失衡的三方面的矛盾,确保经济平稳可持续运行。

总之,高质量发展就是能更好地满足人民日益增长的美好生活需要的发展,是体现新时代新的发展理念的发展。经济高质量发展就是用高效率、高效益的生产方式持续而公平地为全社会提供高质量产品和服务的发展,形成高效率和高稳定性的供给体系,从而对国家经济发展的各个方面产生重大影响。

经济高质量观点的提出也引起了国外的高度关注,新加坡《联合早报》发文:中国为2018年的经济发展速度设置了6.5%左右的目标,比2017年6.9%的增长速度要低,表明中国将经济发展目标已经从关注速度变为关注质量,中国政府显然已把注意力引导到高质量发展上来了。路透社认为,在外界对中国的债务风险和金融风险给予高度关注的时候,中国政府展示了防风险和去杠杆的坚定决心和必胜的信念。法国《替代经济学》杂志认为,随着中国综合实力的不断提升,对世界社会经济发展的影响越来越大。目前,中国正在全球范围内推进"一带一路"建设,进一步加深了相关国家和地区间的贸易往来,使这条具有悠久历史的贸易古道有了新的内涵和新的活力。在中国经济高质量发展的同时,各相关国家和地区采用开放、共赢的发展模式,必将进一步推进社会进步和经济的稳健发展。

二、农业高质量发展问题的提出

农业高质量发展是在经济高质量发展的背景下提出的又一新观点,是转变我国农业发展方式的根本要求,也是实施乡村振兴战略的重要工作。随着人民收入水平的不断提高,消费观念不断更新,消费水平不断提升,广大消费者对优质绿色农产品、优美生态环境、优秀传统文化的需求日益迫切,对精神、文化的要求日益提高,尤其对食物、环境的要求呈不断上升趋势。目前,消费者不再关心"有没有",而是更关心"好不好""优不优",特别是对产品的高品质、多样化、个性化的要求更为迫切,一改"大路货堆积如山,好产品屈指可数"的局面。

2015年12月24日,中央农村工作会议在北京召开,会议强调要大力加强农业供给侧结构性改革,提升农业供给体系质量和效率,确保农产品供给量充足,品种与质量符合消费者需求,实现农产品供给的结构合理和保障有力。"农业供给侧结构性改革"这一全新的表述,通过国家最高级别的会议发出,首次进入社会公众的视野,至此,我国农业高质量发展的大戏拉开了序幕。

民以食为天,食以安为本。食品安全问题是关系到亿万消费者切身利益的社会问题,可是在我国食品安全问题令人担忧。曾有资料报道,中国食品安全标准采用国际标准的并不多,而在20世纪80年代初,欧洲一些经济发达国家的农产品已有80%以上已采用国际标准了。同时,国内农产品"卖难"和"买难"现象并存,高档水果、肉类、奶粉等进口量却与日俱增,我国农产品出口由于种种原因受到限制。我国农产品由于多种原因生产经营成本居高不下,缺乏国际竞争能力。面对残酷的事实,我国农业农村经济发展必须适应新要求,迎接新挑战,必须由数量规模增长实现向质量提升的跨越。

农业农村部把2018年确定为"农业质量年",这一年的工作重点就是制定并开始落实国家质量兴农战略规划,全面实施质量兴农、绿色兴农、品牌强农发展战略,吹响了提高农业质量效益竞争力的进军号。实施质量兴农战略是对我国农业发展作出的科学决策,为此在全国范围内组织开展了八大行动,大力加强农业绿色化、优质化、特色化、品牌化建设,重点抓好四个方面的工作:一是搞好绿色生产,把优质产出来。对农地环境实行净化处理,农业投入品减量与农业废弃物资源化利用要双管齐下,持续开展对重金属镉污染的治理,努力创建特色农产品优势区。加快标准制定、修订速度,争取2—3年后在大城市的郊区及"菜篮子"主产地实现按标准组织生产。二是推动监管创新,把安全管出来。加快农产品质量安全法修订速度,加强国家追溯平台的推广及应用,进一步完善农产品质量安全信用体系建设,树立国家农产品质量安全县先进典型,把控制农药、兽药残留超标工作做深做实。三是实施品牌提升行动,把品牌树起来。积极发展绿色有机农产品生产,从中遴选推介一批质量优良、影响力大、受欢迎的农产品品牌,让知名农产品走进千家万户,走向广阔的国际市场。四是强化科技支撑,把品质提起来。充分发挥先进科技对农业的重要支撑作用,重点开发并推广生态友好、节本增效的品种技术,大力提升农作物、畜禽、水产良种质量。在高科技的推动下,使我国农业产业向产业链的高端挺进,向微笑曲线的两端布局,突出抓好产品研发与品牌营销,在农业供给体系质量的提升上下功夫。全面推进农业高质量发展,提高农产品质量安全水平,走出一条提质增效的新路子,显著提升农业质量效益和竞争力。

2019年3月,农业农村部、国家发展改革委等七部门联合颁布了《国家质量兴农战略规划(2018—2022年)》,对在新时期实施质量兴农战略的总体思路、发展目标和重点工作都作出了明确安排。《国家质量兴农战略规划(2018—2022年)》的制定与实施,不仅是我国农业农村落实高质量发展要求的重大举措,而且是推动产业兴旺、促进乡村振兴、全面实现小康的具体行动,是指导实施质量兴农战略的最高行动纲领。

2020年1月召开了全国农产品质量安全强监管推进会,会议决定要对标对表全面建成小康社会目标,紧密围绕农业稳产保供的基本要求,狠抓农产品质量安全监管工作不松懈,稳固守住农产品质量安全底线。2020年中央一号文件明确了今年的两大重点工作,即集中力量完胜脱贫攻坚战和补上全面小康"三农"领域突出短板,所有工作都是建立在提升质量的基础上的,只有高标准的要求、高质量的工作,才能完成全面脱贫的任务,才能逐步补齐"短板",为我国"三农"问题的解决奠定稳固的基础。

三、农业高质量发展的内涵

实现农业高质量发展就是要更好地满足人民日益增长的美好生活需要,简单地说,就是从"有没有"转向"好不好"。要始终把握高质量发展的要求,坚持质量兴农、绿色兴农,进一步推进农业生产结构调整,优化生产布局,逐步实现农业绿色化、优质化、特色化、品牌化,要产销两优、两旺,提升我国农业综合效益和竞争力。归纳起来,就是要做到"六个高"。

一是产品质量高。生产的农产品既能保障人的健康安全,又要品质更优、口感更好、营养更均衡、特色更鲜明。这就需要我们大力提升绿色优质农产品的供给,提供更丰富的农产品,在满足高品质、个性化、多样化消费需求上做文章,实现农业供需在高水平上的均衡。要把农产品质量安全监测总体合格率稳定在98%以上,确保绿色、有机、地理标志农产品认证登记数量按年递增6%的速度发展。随着人们收入水平的提高,对农产品质量和安全性的要求就越高,更加注重食品的营养、卫生、安全,我们理所应当地担负起提供高品质农产品的重任。

二是产业效益高。农业的发展应该是建立在高效益的基础之上,否则将失去重要的动力来源。根据我国农业发展现状,需要加快现代农业产业体系、生产体系、经营体系的建设,促进农村第一、第二、第三产业的深度融合,发挥好农业多功能作用,创新生产经营业态,拓展农业增值空间。规模以上农产品加工业产值和农业总产值的比例要达到2.5∶1,畜禽养殖规模化率要提高到66%。力求在产品结构、区域结构、要素结构、规模结构等方面有新的提升,尤其在农业科技进步贡献率、农业机械化率等方面有明显进步。

三是生产效率高。要实现农业绿色生产,在劳动生产率、土地产出率、资源利用率等方面均得到全面提高。这就迫使我们必须加快推进生产方式由粗放型向集约型转变,强化科技创新的驱动作用,助推农业绿色低碳循环发展。农业劳动生产率和土地产出率要达到5.5万元/人和4000元/亩的要求,农作物耕种收综合机械化率和农田灌溉水有效利用系数要分别达到71%和0.56。妥善解决好过度垦殖问题,把水土流失、湿地破坏、沙尘暴、荒漠化、土壤和水体污染等问题提到重要的议事日程上来;解决好化肥和农药过度使用问题;解决好农业废弃物处理问题。

四是经营者素质高。一大批爱农业、懂技术、善经营的新型职业农民将成为现代农业生产的主体;农民将成为今后有吸引力的职业,农业将成为有奔头的朝阳产业。这就需要吸引大量有志青年务农,大力培育职业农民,培育更多新型经营主体,完善农业社会化服务组织,通过先进示范引领农业高质量发展。年轻化、高素质、专业化的新型职业农民成为我国现代农业的骨干,新型经营主体更加强壮,社会化服务组织更加规范。要实现职业农民中具有高中以上文化程度的达到35%、县级以上示范家庭农场10万家、国家农民专业合作社示范社1万家的目标。

五是国际竞争力高。我国农产品要全面大规模地走向国际市场就必须培养在价格、品质和服务方面的优势。就是要因地制宜实施差别化发展,大宗农产品要上规模、上档次、降成本,特色农产品要增加品种、提升品质,形成独特的竞争优势,逐步实现从农业贸易大国向农业贸易强国的转移。国内农产品品质比较优势大幅度提高,进一步增强利用两种资源、驾驭两个市场的能力。尽快打造一批具有一定国际竞争力、代表我国利益的跨国涉农企业集团,加快农业"国际化"步伐,农产品出口额保持不低于3%的年均增长速度。

六是农民收入高。农业的发展成果要更多惠及广大农民,不仅要让新型经营主体从中受益,还要让小农户也能分享到农业高质量发展的成果。这就需要我们既要发挥新型农业经营主体的示范引领作用,还要引导他们与小农户建立紧密的利益联结机制,通过保底分红、股份合作、利润返还等多种途径,带动广大农民分享农业产业链增值收益,确保小农户与现代农业发展的有机衔接。要不断提高广大农民的可支配收入水平,持续改善农村居民的恩格尔系数,全面提高农民的生活水平和生活质量。这不仅是我国农业高质量发展的迫切需要,也是亿万农民的热切期盼,更是我党不忘初心、为民服务宗旨的具体体现。

四、农业高质量发展的意义

习近平总书记指出,我国经济由高速增长转向高质量发展,这是必须迈过的坎,每个产业、每个企业都要朝着这个方向坚定往前走。目前,我国农业已进入转换发展方式、优化产业结构、转变增长动能的关键阶段,站在了向高质量进军的起跑线上。要实施质量兴农战略,我们既具备了较坚实的物质基础,同时也应该清醒地认识到由于内外环境变化带来的新的要求和新的挑战。

(一)农业高质量发展是进一步落实中央重大决策部署、推进农业提档升级的重要举措

高质量发展是强国之策、兴国之道。习近平总书记曾多次对质量兴农作

出重要指示,在"十九大"报告中习总书记指出,我国经济已由高速增长阶段向高质量发展阶段转移,必须坚持质量第一、效益优先,以供给侧结构性改革为主线,推动经济发展质量变革、效率变革、动力变革,提高全要素生产率。这一重要论断明确了我国经济发展的阶段特征、发展趋势及主要任务。高质量发展是大势所趋,人心所向。在2017年中央经济工作会议上习总书记强调,要推进农业供给侧结构性改革,坚持质量兴农、绿色兴农方针,农业政策要从增产导向转变为提质导向。这一论断深刻揭示了实现高质量发展的重大意义,为我国农业农村经济发展指明了努力的方向。在中央农村工作会议上习近平总书记明确指出,我国农业正处在转变发展方式的攻关期,优化经济结构和转换增长动力的任务十分艰巨,要坚持以农业供给侧结构性改革为主线,大力实施质量兴农战略,持续提高农业创新力、竞争力和全要素生产率,把我国逐步建设成为一个农业强国。这一论断明确了推进农业供给侧结构性改革必须坚持质量兴农的重要性,为实现农业高质量发展提供了重要依据。新时代农业的高质量发展就是从根本上转变传统的小农生产方式,要增加农民收入,提高农业供给质量和供给效率,依靠农业供给侧结构性改革和现代生产经营技术,推动农业生产方式由过度依赖资源消耗向追求绿色生态可持续转变,由主要满足量的需求向更加注重满足质的需求转变,逐步建立起以规模化、集约化、绿色化、工业化和社会化为特征的新型农业生产方式。

(二)农业高质量发展是满足食物高品质要求、实现乡村振兴战略的必然要求

随着城乡居民消费观念的改变、消费结构的不断升级,对优质农产品和服务的需求呈快速增长趋势,"有没有"的问题已经基本解决,"好不好"和"优不优"的问题逐步上升为主要矛盾。在我国经济全面进入高质量发展时期,补齐农业短板、促进农业高质量发展成为当前最急切需要解决的问题。实现农业高质量发展能更好地满足城乡居民多层次、个性化的消费需求,从而增强人民群众的幸福感、获得感;而且它也是提高我国农业发展质量效益、实施乡村全面振兴、加快农业农村现代化建设的必然选择。乡村振兴是以乡村产业的高质量发展为前提的,只有乡村产业实现了高质量发展,才能获得乡村的振兴;只有乡村产业得到可持续发展了,才能从根本上解决农村的贫困问题,才能不断巩固脱贫成果,实现广大农民的生活富裕。在乡村振兴战略所提出的"产业兴旺、生态宜居、乡风文明、治理有效、生活富裕"的五个目标上,产业兴旺是根本、是基础,生活富裕是目标、是动力。我们应抓住乡村振兴战略的实施这一重大战略机遇,严格遵循农业发展规律,按照时代发展的要求,顺势而为,乘势而上,在解决农业产业链条短、产销衔接弱、质量效益低等突出问题上有所建树,努力开创农业发展质量变革及质量兴农的新局面。

（三）农业高质量发展是加速提升我国农产品质量、增强国际竞争力的重要手段

现代农业以质量为本,高品质的农产品才能受到市场的认可。我国农业面临严峻的国际挑战,农业劳动生产率偏低,与农业发达国家相比差距较大,与非农产业比较,第一产业的劳动生产率只是第二产业和第三产业的25%。农业产量从过去总量不足转变为结构性矛盾,农产品在绿色化、小众化、精准化方面仍有许多工作要做,农业的可持续发展也面临巨大挑战。我国与发达国家的农产品相比,无论是产品外观、营养成分、卫生安全,还是在加工包装等方面都存在一定的差距。我国农药、兽药残留和其他有毒有害物质超标造成的农产品安全事件还时有发生,由于有毒有害物质超过国际通行的食品质量安全标准,被拒收、扣留、退货、销毁、索赔和中止合同的国际贸易纠纷问题时有发生,一些传统的大宗出口创汇农产品也被迫退出国际市场,给我国外贸造成了极其严重的损失,有损国家信誉和国家利益。我国农产品在出口方面国际竞争力较弱,农业贸易逆差高达574亿美元。农业呈现出"大而不强""多而不精"的特点。只有通过农业的高质量发展才能从根本上解决目前的被动局面,使我国农业走在世界的前列,才能真正对人类社会在食物供给方面做出我们应有的贡献。

第二节　家庭农场高质量发展的内涵与意义

一、家庭农场高质量发展的背景

自2013年中央一号文件正式提出培育和发展家庭农场以来,家庭农场的发展如同雨后春笋般出现,2014年原农业部(现农业农村部)颁布了《关于促进家庭农场发展的指导意见》,使家庭农场的发展呈现出蓬勃生机。据农业农村部统计,截至2018年年底,正式纳入农业农村部门家庭农场名录的家庭农场数已达近60万家。根据全国家庭农场典型监测数据,我国家庭农场主要来源于过去的小规模农户,它正成为小农户发展演进的主要方向,同时家庭农场还对农民合作社的发展具有极强的助推作用,是实现小农户与现代农业有机融合的重要载体,而且家庭农场能更好地使用农机等先进适用技术和注重提高生产经营管理水平。毫不夸张地说,根据现有家庭农场发展的状态看,它正在成为实现现阶段我国现代农业追求的"产出高效、产品安全、资源节约、环境友好"政策目标和建设任务的新型农业经营主体,引起了国人的高度关注。但是,我国家庭农场毕竟处于发展初期的起步阶段,尽管数量增长快、质量有提升,但仍被一系列限制条件缠身、被一些亟待解决的问题困扰,特别是发展质

量还不高、扶持政策还不给力、带动能力还有待增强等问题十分突出,政策体系不够健全、管理制度不够规范、服务体系不够完善等问题也一直困扰着家庭农场的高质量发展。

习总书记曾指出,要突出抓好农民合作社和家庭农场两类农业经营主体的发展,赋予双层经营体制新的内涵,不断提升农业经营效率;要高度重视对家庭农场、农民合作社等新型经营主体的培育,高度关注并尽力解决小农户生产经营面临的困难,把他们带入现代农业发展的大格局中来。2018年6月,我国经济发达的江苏省率先颁布了《关于推动全省家庭农场高质量发展的意见》,为更好地贯彻落实党的十九大精神,进一步发挥家庭农场在乡村振兴战略中的重要主体作用,推动江苏省家庭农场的高质量发展进行了具体谋划。

2019年中央一号文件中提出启动全国家庭农场培育计划,建立健全支持家庭农场发展的政策体系和管理制度;中共中央办公厅、国务院办公厅联合颁布的《关于促进小农户和现代农业发展有机衔接的意见》中提出,启动家庭农场培育计划,培育一批规模适度、生产集约、管理先进、效益明显的家庭农场。同年9月,中央11个部门联合印发了《关于实施家庭农场培育计划的指导意见》,明确指出家庭农场是现代农业的主要经营方式,要建立健全基础设施建设、用地保障、财政税收、金融保险服务等方面的支持政策。各个地方要把符合条件的种养大户、专业大户纳入家庭农场的范围,建立健全家庭农场名录并开启示范创建工作。9月27日,在河北省邢台市召开了促进家庭农场和农民合作社高质量发展工作推进会,中共中央政治局委员、国务院副总理胡春华出席会议并讲话,他强调要持续加大对家庭农场和农民合作社的扶持力度,促使其发展活力和服务带动力的快速提高,为加快我国农业农村现代化发展提供强有力的支撑。胡春华指出,目前我国农业正处于历史性变化的关键时期,家庭农场和农民合作社在引领现代农业发展方面的作用正日益凸显出来。要高度重视家庭农场这一现代农业主要经营方式的发展,鼓励探寻和创新多种发展路径,提高其管理水平和经营效率。

2019年10月23—25日,全国家庭农场高质量发展培训班在长沙市举办,各省、市、区农业农村部门相关处室负责人、第一批全国家庭农场典型案例26个农场主等260余人参加了培训,培训班就如何在新时期完善家庭农场发展的政策体系和管理制度,如何巩固提升家庭农场生产经营能力和带动能力进行了系统学习和广泛交流,为家庭农场高质量发展武装了头脑,提高了认识,振奋了精神,为家庭农场高质量发展准备了较充足的精神食粮。

二、家庭农场高质量发展内涵

家庭农场高质量发展就是以习近平新时代中国特色社会主义思想为指

导,全面贯彻党的十九大会议精神,落实新发展理念,以家庭农场示范创建活动为抓手,以建立健全指导服务机制为支撑,以完善政策支持体系为保障,全面落实家庭农场培育计划,加快培育出一大批规模适度、生产集约、管理先进、效益明显的家庭农场,使其成为我国农业高质量发展的生力军。其内涵包括以下六个方面。

(一)稳健发展

我国家庭农场发展进步较晚,各地发展水平、资源禀赋等方面差异明显,因此,各地应当根据自身农业农村发展实际,有针对性地制定完善农业适度规模经营标准,引导家庭农场主"量身定制"确定经营规模,不断优化资源配置,把风险尽量控制在可控范围内,防止"贪大求全"。"适度"标准不仅要取得可观的经济效益,要让经营者获得体面的收入,而且还要充分考虑当地的经济社会发展水平,要兼顾当地农村劳动力转移就业需要。尤其要防止为追求规模经营将土地等生产资料过度集中的"垒大户"现象,反对为了"规模"而不讲"效益"的做法。习近平总书记曾讲过,一方面规模经营是现代农业的基础,但另一方面,要改变我们现在分散粗放的农业经营方式,不是一朝一夕的事,需要有条件,也需要有时间。在这个问题上,我们要有足够的历史耐心,不可能毕其功于一役。家庭农场经营的规模多大才是最合适的?标准就是看它的效益,就看它能否稳健发展。我们倡导和期盼的家庭农场,就是要以稳健发展作为衡量家庭农场发展成功与否的重要标志。

(二)规范发展

引导家庭农场借鉴现代企业管理的经验和办法,在生产经营管理上下功夫,在做大、做强、做长远上做文章。要建章建制,加强制度建设和基础性管理工作,做好家庭农场经营管理基础资料的录入、收集、汇总工作,各省主管部门要切实做好家庭农场生产销售记录簿、财务收支记录簿和培训登记簿的记录工作,通过推行"三簿"制度,促使家庭农场的生产管理、财务管理和营销管理工作逐步实现规范化管理,建立健全内部控制机制,防范生产经营风险。鼓励家庭农场建立生产经营和财务收支电子档案,提高管理工作效率和水平。高质量发展家庭农场要以农户为基本主体,要始终坚持家庭经营的基础性地位,积极探索家庭农场的多种发展模式,因地制宜地发展规模不等、形式多样的家庭农场,实行由松散逐渐到紧密的合作与联合。把家庭农场打造成制度健全、管理科学、经营规范的现代化农业组织。

(三)绿色发展

要践行"两山"新理念,引导家庭农场自觉尊重农业发展规律,加速转变生产方式,推广采用精准施肥施药、农业废弃物资源化利用等绿色防控技术,积极探寻"种养结合、产业融合、绿色发展"的生态农业发展新模式。在确保农产品数量安全的前提下，还必须保证农产品的质量安全、生态安全和资源安全，以全面、持续、绿色发展为原则，以提升农村农业综合经济效益为目标，采用先进适用的科学技术，运用科学有效的管理理念，实现家庭农场整个产业链的标准化，在农业生产的各个环节提高对资源的有效利用和合理配置，注重对青山绿水的保护，使农业生产活动成为资源节约型和环境友好型活动的典范。让家庭农场成为保护农村生态环境和提供绿色产品的经营主体，成为我国绿色农业的推动者、践行者和受益者。

（四）高效发展

家庭农场高质量发展是建立在高效率发展基础上的。在家庭农场发展中要坚持以市场为导向的原则，发挥好市场在促进家庭农场建设中的基础性作用，发挥好家庭农场市场主体作用；持续加大政府对家庭农场的引导和支持的力度，特别要强化政府在基础设施建设、公共服务等方面的工作，为家庭农场的高质量发展提供良好的公共基础条件，要减少行政干预，让家庭农场自主经营。要营造提高家庭农场竞争力的环境，让其在市场竞争中不断完善，不断发展壮大。家庭农场要制定发展战略，适时调整生产经营策略，规范经营行为，成为促进农产品质量安全的引领者、践行者、推动者。鼓励家庭农场加快标准化生产、品牌化营销和农产品质量可追溯三大工程的建设步伐，积极开发具有"三品一标"的农产品，要充分发挥区域公共品牌的作用，要为品牌农产品提供数量充足、质量优良的原料，不断提高家庭农场的经济效益和社会美誉度，不断提高家庭农场员工的收入水平和生活质量，使家庭农场实现高效运行。

（五）开放发展

实现家庭高质量发展必须实行开放式发展，这种开放主要体现在三个方面：一是人才的开放，即把家庭农场作为培养新型职业农民的重要基地和主要战场，把新型职业农民打造成年轻有活力、知识专业化、吃苦能干事、特别能战斗的队伍。要破除户籍身份制约，拓展人才来源渠道，吸引那些想干事、能干事、干大事的社会力量到农村创办家庭农场或从事经营管理工作，以此吸引更多资源要素流向农业农村，促推家庭农场高质量发展。二是资金的开放，要积极吸纳各方面资金，包括银行贷款、个人投资、工商资本注入等；鼓励有条件的家庭农场可试行股份合作制改革，以此破解当前严重制约家庭农场发展的资金短缺障碍。三是产品销路的开放，即充分利用国内市场和国外市场，充分利用现代化的技术和销售渠道，扩大高品质产品的销售，以此确保增产增收，增产增效，为提升家庭农场的经济效益和可持续发展提供强有力的经济支持。

（六）创新发展

创新发展是实现家庭农场高质量发展的永恒动力。创新发展主要体现在两个方面:一是经营理念创新,即增强广大农民现代农业经营意识,摆脱传统"自闭型"和"分散型"小农经营意识的影响,深刻领会家庭农场高质量发展对提高农业生产效率的重要意义,兴办家庭农场绝不仅仅是为了个人利益,它是人类社会发展的需要,是保护人民群众利益和国家利益的需要。要具有发展现代农业的经营理念,还要具有市场观念和竞争观念,通过多种手段增强农民发展家庭规模农业的主观意愿,激发农民的内生动力,变"要我发展"为"我要发展"。二是发展对策创新,新时期家庭农场的发展要有新举措、新行动,要多措并举,尤其要积极采纳近年来涌现出的新品种、新技术、新装备和新模式,投入当地"一村一品""一县一业"等特色优势产业的建设中去,积极参与乡村旅游基地和田园综合体建设活动,结合自身实际在"互联网+现代农业"新业态的实践中不断创新。要实行家庭农场之间的联合,学会抱团发展;要建立家庭农场与农业社会化服务组织之间稳定的合作关系,要积极参与农业产业化联合体建设,从而使自身实现跨越式发展。

三、实现家庭农场高质量发展的重要意义

(一)家庭农场高质量发展是高效率实施乡村振兴战略的重要工作

家庭农场建设是乡村产业发展中的重要工作。从产业兴旺的角度看,它不仅是乡村振兴战略的重中之重,更是实施乡村振兴战略的首要任务。没有家庭农场高质量的发展,就难以实现乡村产业的发展,就不可能有乡村产业的兴旺,乡村振兴将成为无源之水、无本之木。所以说,产业兴旺是乡村振兴其他四个方面(即生态宜居、乡风文明、治理有效、生活富裕)赖以实现的重要物质基础,是实现乡村振兴战略的重要经济保障,而家庭农场在乡村产业发展中的作用是显而易见的。发展好家庭农场对完善现代农业经营体系有极强的促进作用,打造家庭经营的升级版并提升其发展内涵将有助于家庭农场生存发展能力的增强。采用"农民合作社+家庭农场""农业企业+家庭农场"等联合经营方式,能化解农民合作社等新型经营主体在与小规模农户联结时难以解决的组织难度大、管理成本高、点多面广等问题,有利于促进各新型农业经营主体间取长补短、互利共赢,全力构筑具有现代农业特征的经营体系。要引导土地向家庭农场集中,合理有序地放活土地经营权,实现承包农户的土地财产价值,通过土地流转促进农业适度规模经营,不断做大家庭农场的"蛋糕"。发展好家庭农场不仅对乡村产业兴旺有重大影响,而且也是营造生态宜居、乡风文明优质环境以及实现广大农民生活富裕的重要基础。

(二)家庭农场高质量发展是实现我国农业供给侧改革的重要内容

2015年12月,中央农村工作会议上首次提出了实行我国"农业供给侧结构性改革",要从产品的供给端开始,要确保所提供的农产品不仅数量充足,而

且在品种和质量上要和市场需求相一致,构建保障有力、结构优化的农产品高效供给体系。如何化解农产品结构性过剩和结构性短缺的矛盾,实现农产品由低水平的供需平衡向高水平平衡的跨越已成为我国农业发展的当务之急。目前,一方面我国食品安全形势依然严峻,另一方面是消费者对安全性、营养性、休闲性和功能性产品的需求不断增加。家庭农场作为我国农业生产的重要力量,应积极创造条件实现高质量发展,应从生产要素入手,切实抓好农产品的生产、加工、储藏、运输、销售等环节的质量安全工作,要加强和其他新型农业经营主体之间的密切合作,认真开展市场调研,分析不同消费群体需求的新变化,开发生产出更多优质、个性、便利的新产品,增加绿色、有机农产品的供给,优化产品结构,淘汰落后产品,不断提高生产效率,降低生产成本,加速产品流通,以满足更高层次的需求并创造和引导消费。有效改善食品供给并科学合理地引导消费,从而实现家庭农场提质增效的目的。家庭农场高质量发展不仅是主动适应和服务于农业供给侧结构性改革的政治任务和经济任务,而且也是其稳健发展的必然选择。

（三）家庭农场高质量发展是建立巩固脱贫攻坚成果长效机制的重要举措

　　农业虽然在一个国家发展中具有明显的不可替代性,但由于其自身的一些特点,致使农业很难得到良性自我发展,农民也很难依靠农业而实现富裕。主要表现在四个方面:一是由于农业生产周期的固定性,严重制约了生产规模的改变。当农产品价格变化时,农民无法及时调整其生产规模。由于生产周期较长,往往错失获利良机或无法有效规避市场风险。当某些农产品偶有较高的市场价格时,由于农民生产的品种不对路,也只能望"利"兴叹;当农产品市场价格较低时,农民也只好"忍痛割爱"。二是农产品的功能相对稳定,当供应较充足时是难以提价的,最多也只能是小幅上扬,因此农民很难获得丰厚的利润。三是由于农产品是维系人们生存的一种特殊商品,农产品价格的暴涨必定会影响低收入者的生存,所以一旦农产品价格剧烈上涨,政府一定会出面干预,通过行政措施抑制价格上涨。由于政府对农产品价格的干预,往往导致农民陷于"增产不增收""好卖不挣钱"的难堪局面。四是我国农产品的发展趋势是供过于求,而农产品的相对过剩又必然使其价格下跌,从而使农业生产蒙受损失,尽管如此,国家还是从社会稳定的角度寄希望于农产品有一定的过剩,达到人民生活水平持续提高的效果。所以,农产品的前景总体上可能是供略大于求。在供过于求、生产成本居高不下的情况下,是难以实现增产增收的。因此,农民的贫困在某种意义上是由农业本身的特点决定的。农民脱贫奔小康除了需要政府的支持和保护以及社会的广泛参与外,更需要通过大力发展乡村产业,实现家庭农场和合作社的高质量发展,实现产业链延伸,以弥补由于农业自身特征所带来的诸多缺陷,通过积极推进第一、第二、第三产业融合,取长补短,建立巩固脱贫攻坚成果的长效机制,永葆脱贫农民的生活美满、幸福安康。通过家庭农场高质量发展来巩固脱贫攻坚成果、保持乡村经济的长期持续发展将成为今后农业农村经济发展的一条基本规律。

(四)家庭农场高质量发展是实现我国农村第一、第二、第三产业融合的重要内容和基础性工作

近年来农业面临生产成本不断上升、资源环境约束增强和国际农产品竞争激烈的问题,靠拼资源、拼投入的传统粗放式发展是难以解决问题的,国家非常希望通过农村产业融合,实现农业生产方式的提档升级,构筑现代农业产业体系,促进"三农"工作有一个明显的改观,为国民经济持续健康稳定发展和全面建成小康社会提供重要支撑。目前,我国农村第一、第二、第三产业融合发展是以农业为基础、以进一步解决农民就业和持续增收为目的,在具体操作上要实现农业产业链延伸与价值链提升,实现农业和与其相关联行业的生产要素(资本、技术、人才、市场、管理方式等)高度的交叉渗透和优化重组,形成我国现代农业发展的巨大合力,最终实现农村产业的高度一体化。家庭农场作为我国农村的最基层组织,既是三产融合的忠实践行者,也应该是三产融合的有力推动者;不仅是三产融合的受益者,也应是三产融合最好的宣传员。家庭农场有条件、有能力在产业链延伸、产业融合方面有所为,并且一定能有所作为,这既是家庭农场自身发展的客观需要,更是我国农村实现三产融合的重要基础和不可忽视的重要工作。

(五)家庭农场高质量发展是应对"谁来种地、怎么种地"问题并提高我国农业集约化经营水平的必然选择

由于家庭农场还处在发展初期阶段,它的培育和高质量发展还有一个循序渐进的过程。近年来,全国各地开展了大量研究工作和实践探索,在培育发展家庭农场的基本原则和实现途径方面、在对家庭农场开展统计工作方面都取得了一些阶段性成果。国家鼓励实行建立家庭农场注册登记制度,进一步明确家庭农场认定标准、登记办法,还为家庭农场制定了有一定针对性的财政、税收、用地、金融、保险等扶持政策,并取得了不少成绩。从目前各地农村的实际来看,一方面,大量青壮年劳动力涌进城市,在不少地方出现农业兼业化、土地粗放经营甚至撂荒的现象,根据我国粮食安全的要求必须把这些地流转给愿意种地、能种好地的农民;另一方面,一些地方盲目开发、大面积租种农民承包地,这样既挤占了农民的就业空间,也是产生"非粮化""非农化"问题的主要诱因之一。培育以农户为单位的家庭农场并促使其高质量发展,正是顺应当前我国社会经济形势发展的需要,不仅对推进我国农业集约化、规模化发展具有重要的积极作用,而且还避免了企业大量占用农地带来的各种不利影

响。家庭农场的高质量发展不仅较好地解决了"谁来种地"和"怎么种地"的问题,而且提升了家庭农场的发展水平和整个农业的发展水平,对我国农业集约化发展也是一个重大贡献。

（六）家庭农场高质量发展是促进农村土地有序流转、实现农业规模经营的有效手段

中共中央办公厅、国务院办公厅下发的《关于引导农村土地经营权有序流转发展农业适度规模经营的意见》和《关于完善农村土地所有权承包权经营权分置办法的意见》,为进一步深化与完善我国农村土地流转工作指明了方向。一直以来,土地被视为农民的命根子,是农民获取利益得以生存的希望所在。农民对承包地、宅基地和集体经营性建设用地予以高度关注,其中承包地是农民最为依赖的生产资料,也是他们维持最基本生计的主要来源,所涉及的面积最大且利益关系也最为复杂。近年来,农村土地征占和流转中的纠纷逐渐增多,如何保护农民合法权益的问题十分突出。目前,我国农户中经营自家承包耕地的普通农户仍占大多数,如何合理引导农民将承包地经营权有序流转已成为我国农村当前非常重要的工作之一,这项工作的成功与否直接影响我国城镇化建设中亿万农户合法权益的保护,直接关系到农村社会的稳定和谐。不断完善土地确权工作,就是为了贯彻落实所有权、承包权、经营权三权分置,确权后颁发的证书能够保障农民的承包权,这样不管经营权怎么流转,农民的权益都会受到法律的保护。三权分置将加速土地流转,而两权抵押（即土地承包权和住房财产权抵押）则将进一步使农村土地资产化,使今后农民贷款变得更加容易。当流转土地农民的土地权益受到保护并且在规模经营中得到好处时,他们参与土地流转的积极性将会极大提高,土地经营权就会快速"流转"起来,家庭农场的适度规模经营就会变为现实,农村的和谐稳定就有了重要保障。今后将会有更多土地流转到合作社和家庭农场,这样既为实现家庭农场的规模化经营提供了前提条件,又能通过向产业链的延伸,解决了农村剩余劳动力的就业问题,引导土地流转富余农民"走出一产、走向二产、走进三产",让土地流转的农民从事第二或第三产业生产经营活动。同时,家庭农场高质量发展不仅促成了内部的专业化分工,提高了管理效率,而且还能通过第二、第三产业的发展提高农民的收入,增强家庭农场抗拒风险的能力。因此,农村土地合理有序流转与家庭农场产业高质量发展两者互相影响、相互促进,关系尤为密切。

（七）家庭农场高质量发展有利于吸纳劳动力就业,提高农业生产效益

传统农业的投资收益率较低,以种植业为例,虽然回报率不高,但是实际投入的劳动力和劳动时间却相对有限,因此,从总体来看,农业的劳动生产率也并不算低。我国传统农业的投资收益率之所以较低,一方面是因为我国人

多地少、农业土地资源有限以及缺乏农业技术的必要支持,另一方面更为重要的是我国农村剩余劳动力队伍数量可观。据资料报道,经济发达国家从事农业生产的劳动力只占总劳动力的5%左右,但我国从事农业的劳动力却占总劳动力的一半左右,形成巨大反差,这种高度劳动密集化的农业生产造成其劳动力的边际收入呈逐渐递减的发展趋势。根据国外农业发展的经验以及经济发展中资源配置的自身要求,在现代农业发展阶段一定会出现劳动力转移现象,即在现代农业的发展过程中部分农业劳动力向农村内部非农产业和城市转移的现象成为必然,它也是农业人口持续向外转移的过程。因此,家庭农场高质量发展将会吸纳部分剩余劳动力,解决他们的就业问题,实现农村劳动力的合理分流,加快农业劳动力有序向外转移,既能提高农业投资收益率,还能进一步多渠道扩大农民收入来源,提高农民收入水平。

(八)家庭农场高质量发展是进一步推进我国新型城镇化建设的有效途径

当前,随着我国城镇化建设的不断发展,大批的农民进城务工,很多农民工在城市生活工作已多年。与此同时,在不少乡村却出现了"青壮年荒"或"劳力荒",村里留守的大多是老人、妇女和儿童,青壮年已经不愿意或因工作原因无法或不便回家种地,大量的耕地主要靠老人和妇女打理。尽管农业机械化日益发展,但许多土地使用权仍然分散在各个家庭,规模小、集约化程度较低,投入产出效益就更低,尤其在劳动力严重缺乏的家庭,土地的产出也就更低了。寄希望于单一的城镇化建设,是不可能全面解决农民的就业和提高收入问题的。更重要的是,粮食由谁来种,经济作物由谁来种,在青壮年农民进城后,种地的人将越来越少。无粮国不稳,特别作为一个拥有十四亿人口的大国,这是政府必须面对并且需要及时解决的大问题。我国试图通过加快城镇化建设步伐,吸纳部分农村剩余劳动力,让这些农民进入城镇,融入城镇的工作和生活,变农民为"市民",尽早谋求新的发展空间,使之形成良性互动。同时,让不具备进城务工能力和条件但具有一定农业生产经营能力的农民进入"家庭农场",并随着家庭农场产业链的逐步延伸,培养他们在新的领域从事和种植、养殖劳动相关的工作,在继续发挥原有特长的同时,也逐步培养他们具备新的工作领域的技术专长,并由此帮助他们提高收入水平,尽力缩小与城镇居民的收入差距,在可能情况下甚至超过城镇居民收入水平。这种将原有农业人口进行适当分流的做法,不仅满足了我国新型城镇化对新增普通劳动力的需要,也满足了家庭农场发展对农业劳动力和相关劳动力的需要。事实证明,这种做法是行之有效的。

(九)家庭农场高质量发展是培养职业农民、提升农民素质的有效手段

由于传统农业的产业形式单一,使得对农业生产领域活动过分专注,农民

的收入来源比较单一,一部分是家庭经营性收入(即从事农业生产经营的收入),另一部分来自工资性收入(即城镇打工的收入)。收入来源的单一性加深了农民对农业的依赖程度,诱发出务农的劳动力兼业化现象,而兼业化又导致农业粗放经营的问题。在"农忙时种田,农闲时打工"的现象比比皆是,农民不可能投入更多的时间和精力学习现代农业知识和先进技术,这对于职业农民的养成是极为不利的。在我国发展现代农业的诸多影响因素中,劳动力因素的影响是十分重要的,主要表现在农业劳动力的文化、科技和经营素质偏低,难以承担现代农业建设的重任。为改变农业被边缘化的状况,培养和造就一大批"有文化、懂技术、会经营"的新型职业农民,必须创新思路,丰富农村产业,使农村剩余劳动力"转"得出、"稳"得住,实行适度经营规模,提高农业劳动生产率,使众多的家庭农场经营者愿意成为职业农民,学习农业及相关产业方面的知识和技术,推动农业技术进步,实现家庭农场的高质量发展。以农业园区、龙头企业、农民合作社等新型农业经营主体为依托,在家庭农场培育发展的过程中,加强农场经营者对与本农场经营活动相关知识的学习和应用,随着家庭农场的不断发展壮大,在实践中培养和打造符合现代农业发展要求的、高素质的新型职业农民。

(十)家庭农场高质量发展是借鉴国际经验提高我国农业竞争力的重要举措

家庭农场是世界上最为主要的农业经营方式,在全世界农业生产中扮演了十分重要的角色。从105个国家和地区的农业普查数据来看,家庭农场占全球所有农场数量比例高达98%,在483亿样本农场中有475亿为家庭农场,所占有的土地占全部土地的一半以上,所生产的食物也占全部食物的一半以上。联合国粮食及农业组织发布的《粮农状况》中,利用30个国家的农业普查数据进行了估算,全球5.7亿农场中家庭农场就有5亿,且占有75%的农地。从我国家庭农场的现实来看,还难以与国外家庭农场抗衡,据农业部测算数据显示,我国以播种面积在100—120亩为区分从事粮食生产的小农与家庭农场的规模标准,而据联合国粮农组织的研究表明,经济作物在170亩以上、粮食作物在300亩以上的农业经营规模才可能具有国际竞争力。美国的一个家庭农场往往要加盟4—5个合作社,其他经济发达国家的家庭农场也纷纷成为合作社大家庭的成员。因此,在今后一段时期,适度规模的家庭农场才是我国农业发展走出"小农困境"的重要载体。美国、日本、法国、新西兰等国家在家庭农场发展方面已积累了大量的经验可供我们学习借鉴,我们要学习并引进国外合适的先进经验和做法,打造具有中国特色的家庭农场。可以相信,在不久的将来我国家庭农场的实力将会明显提升,我国农业国际竞争力的提升必定指日可待。

第三节 家庭农场高质量发展的指标体系

一、衡量家庭农场高质量发展的基本思路

制定一个衡量家庭农场高质量发展的标准体系,必须对"高质量"的概念有一个清晰的认识。"高质量"是一个动态的概念,是一种极为复杂的社会现象,高质量就其本身来说是一个经济的概念,即投入的尽可能少些,而获得的尽可能多些。而作为一个经济组织的高质量则体现在该组织在生产经营过程中减少或优化其投入,通过它所提供给社会的产品、服务以及给社会方方面面所造成的影响,获得良好的经济效益、社会效益和生态效益。不同的产业、行业的具体衡量标准存在较大的差异。

家庭农场作为我国现代农业建设的重要力量,植根于广大农村生产一线,它的发展将直接影响到我国农业农村乃至整个国家的社会经济发展。因此,如何制定家庭农场高质量发展标准就显得格外重要。根据前面对我国家庭农场高质量发展的理解,这个标准体系应当围绕六个内容展开,即要以家庭农场的稳健发展、规范发展、绿色发展、高效发展、开放发展、创新发展为主线,瞄准当前和今后要达到的目标,密切结合当前发展实际,着力解决问题和消除障碍,以期能通过标准的制定和检查推动家庭农场的不断发展壮大。在此,必须更新观念,更加注重其深层次的衡量指标,努力构筑具有本质性、长期性、趋势性、可操作性的衡量家庭农场高质量发展的指标体系。

(一)注重新发展理念对引领家庭农场发展上取得的新成果

要牢固树立创新、协调、绿色、开放、共享的发展理念,对家庭农场要重点考察规模适度、生产集约、管理先进、效益显著等方面内容,应当把生产经营、规模效益、农业科技运用、绿色发展、管理制度建设、与其他经营主体联合、产业链延伸、三产融合、生活质量改善等作为考察的重要内容。

(二)注重新模式对家庭农场高质量发展的重要影响

目前,各种新业态、新模式都对家庭农场产生着重要影响,新兴的"互联网+"模式和现代业态对现代消费需求和家庭农场发展的拉动效力明显。随着这些新模式和新业态的出现,不仅缩短了供给渠道、加快了供给速度、扩大了销售市场,较好地解决了过去部分农产品"卖难"的问题,给农产品的销售带来了极大的便利,而且还有力地拉动了城镇人口对优质农产品的消费,提高了生活质量。这是个一举多得的好事,要引起高度关注。

(三)注重新方式、新途径在家庭农场发展中的利用效果

随着农业科技的不断发展和现代管理方法在家庭农场中的逐步运用,将

逐步实现由粗放式发展迈进集约化发展的轨道。要对资源的有效利用情况、劳动生产率提升情况、高品质农产品生产经营情况、农业资源综合利用情况、生活环境改善情况等予以密切关注。

（四）注重新技术、新成果在家庭农场高质量发展中的新贡献

要高度重视高科技对家庭农场发展的贡献，在家庭农场的高质量发展过程中，新的科学技术的推广应用是十分重要的一项工作，要注重科学技术在农产品生产和加工的各个环节、各个领域的充分运用，努力改变现有科技含量有限、产品质量不高的被动局面，努力降低生产成本，降低资源消耗，生产更多绿色产品，有效提高优质产能，有力提升家庭农场全要素生产率。

（五）注重新机制、新办法对家庭农场发展所产生的新动能

近年来，国家为鼓励发展家庭农场出台了一系列相关的政策和措施，在实际工作中，这些政策、措施落实的情况怎样？广大家庭农场对此有何反应？尤其是在新机制、新办法的作用下，市场在家庭农场发展中的资源配置作用发挥如何？在以市场为主形成价格新机制情况下对家庭农场高质量发展的影响如何？家庭农场的市场应变能力、内生动力、发展活力变化等均应成为关注的内容。

二、衡量家庭农场高质量发展的指标体系

根据对家庭农场高质量发展内涵的理解，衡量指标也从稳健发展、规范发展、绿色发展、高效发展、开放发展和创新发展六个方面展开，指标分为两个层次，从粗到细，从近到远，逐次递进。有些是定量指标，可通过定量分析方法进行研究；有的属于定性指标，只能通过定性的分析方法进行研究。将定量分析和定性研究相结合，应该能对我国家庭农场高质量发展的状况作一个基本的判断。表 2-1 所示为家庭农场高质量发展指标体系。

表 2-1　家庭农场高质量发展指标体系

稳健发展指标	家庭农场数量	绿色发展指标	绿色产品认证率
	家庭农场产值及增长率		化肥、农药、农膜使用强度
	家庭农场年销售额增长率		农业有机废弃物综合利用率
	家庭农场劳动生产率		农药激素残留达标
	家庭农场土地产出率	开放发展指标	家庭农场经营土地面积
	家庭农场农产品商品率		职业农民增长率
	家庭农场净利润增长率		家庭农场产品国内外输出增长率
	家庭农场成员人均可支配收入		家庭农场融资增长率
			社会服务体系健全程度

续表

规范发展指标	家庭农场制度建设	创新发展指标	管理制度创新
	家庭农场注册申报数		经营模式创新
	家庭农场拥有注册商标数		科技创新经费投入力度
	家庭农场通过农产品质量认证数		家庭农场主受教育程度
			家庭农场与其他经营主体利益联结程度
高效发展指标	家庭农场经营收入增长率	创新发展指标	家庭农场产品链延伸数
	家庭农场产品中"三品一标"占的比重		
	家庭农场成员恩格尔系数		
	家庭农场成员人均住房面积		
	家庭农场家用汽车拥有量		

（一）稳健发展指标

家庭农场高质量发展是建立在稳健发展的基础上的，考量家庭农场是否能稳定发展需要从以下方面进行。

1. 家庭农场数量

家庭农场的数量是衡量其稳定发展的重要基础，只有家庭农场数量有显著增加，才可能在质量上有一个大的提升。该指标可通过已经注册的家庭农场数量来考核，数据可通过国家有关权威机构的统计资料获得。

2. 家庭农场产值及增长率

家庭农场产值反映的是家庭农场在报告期内产出和服务价值的总和，反映的是生产总成果。而家庭农场产值增长率则是报告期增长量与基期发展水平之比，它说明报告期水平比基期水平增减多少倍或百分之多少，反映了家庭农场的发展状态。其数据可通过国家有关权威机构的统计资料获得。计算公式：家庭农场产值增长率＝[（增产后产值－原产值）÷原产值]×100%。

3. 家庭农场年销售额增长率

家庭农场年销售额增长率是反映家庭农场当年与上一年销售额的变化程度，通过该指标能显示其发展的状态和竞争实力的变化情况。计算公式：家庭农场年销售额增长率＝[（当年销售额－上年销售额）÷上年销售额]×100%。

4. 家庭农场劳动生产率

家庭农场劳动生产率是指根据产品的价值量指标计算的平均核心劳动力和

雇工单位劳动时间的产出量,是考核家庭农场经济活动的重要指标,是家庭农场生产技术水平、经营管理水平和劳动积极性的综合体现。计算公式:家庭农场劳动生产率=(家庭农场增加值÷全部劳动成员平均人数)×100%。

5. 家庭农场土地产出率

家庭农场土地产出率是指家庭农场所经营的单位土地上的平均年产值,是反映家庭农场在土地利用上的一个重要指标,反映单位面积的产出情况。计算公式:家庭农场土地产出率=(家庭农场年产值总额÷经营土地面积)×100%。

6. 家庭农场农产品商品率

家庭农场农产品商品率是表示家庭农场农产品商品量在农产品总量中所占的百分比。它反映家庭农场农产品单位面积的土地生产率和劳动生产率,反映农产品商品化能力及市场竞争力。计算公式:农产品商品率=(农产品商品量÷农产品总产量)×100%。

7. 家庭农场净利润增长率

家庭农场净利润增长率是指家庭农场当期净利润比上期净利润的增长幅度,指标值越大意味着其盈利能力越强,发展越有后劲。计算公式:净利润增长率=(当期净利润－上期净利润)÷上期净利润×100%。

8. 家庭农场成员人均可支配收入

家庭农场成员人均可支配收入是家庭农场成员可用于最终消费支出和储蓄的总和,即可用于自由支配的收入,包括经营性净收入、财产性净收入和转移性净收入,反映的是农场主所在家庭成员平均可支配收入水平。计算公式:家庭农场成员人均可支配收入=(家庭农场主所在家庭的总收入－交纳所得税－个人交纳的社会保障支出)÷家庭农场主的家庭人数。

(二) 规范发展指标

家庭农场的规范发展是其高质量发展的重要保障,有"规"才有"治",有"治"才有"质"的提升。规范发展是今后家庭农场发展中的重要内容,可从以下指标考察。

1. 家庭农场制度建设

家庭农场制度建设主要考察家庭农场在制度建设取得的成效,要考察在生产记录、财务收支、商品销售等方面是否制度完备,执行是否到位,在人、财、物的管理上是否有较为科学合理的制度和管理办法,对强化家庭农场的基础管理工作是非常必要的。可通过对家庭农场的调查获取这方面信息。

2. 家庭农场注册申报数

家庭农场注册申报数反映了家庭农场在政府有关部门登记注册的数量,标志着其规范化发展的开始,注册后的家庭农场将接受政府的支持帮助与相应约束,是实现现代管理、走向高质量发展的开端。可通过各地工商部门统计获取此信息。

3. 家庭农场拥有注册商标数

家庭农场拥有注册商标数的统计包括家庭农场自己单独注册商标、参与的合作社注册商标或采用当地农产品注册商标的,该指标反映了家庭农场的自我保护意识的增强,对保护消费者利益、扩大产品销售、实行产品质量追踪等具有重要作用。此指标可通过对有关管理部门的调查统计资料获取。

4. 家庭农场通过农产品质量认证数

家庭农场通过农产品质量认证数是指家庭农场所生产经营的产品通过无公害食品、绿色食品、有机食品的认证的数量,反映了其产品的质量安全状况,显示该家庭农场的经营实力和规范经营的能力。

(三) 高效发展指标

1. 家庭农场经营收入增长率

家庭农场经营收入增长率是家庭农场经营收入增长额与上年经营收入总额的比率,反映家庭农场经营收入的增减变动情况。其计算公式为:经营收入增长率=(经营收入增长额÷上年营业收入总额)×100%。

2. 家庭农场产品中"三品一标"占的比重

"三品"是指无公害农产品、绿色食品、有机食品,"一标"是指农产品地理标志,该指标是指家庭农场所生产经营的"三品一标"产品占所有生产经营产品的比重。计算公式:家庭农场产品中"三品一标"占的比重=("三品一标"产品品种÷全部产品品种)×100%。此指标反映了家庭农场高效率发展的水平,指标值高则意味着其产品质量好、市场竞争力强。

3. 家庭农场成员恩格尔系数

恩格尔系数反映的是随着个人收入的变化其食品支出占总消费支出的比例,该指标可以反映家庭农场成员的收入和食品支出之间的相关关系,通过食品支出占消费总支出的比例来反映其生活消费水平的变化状态。恩格尔系数=(食品支出总额÷家庭或个人消费支出总额)×100%。

4. 家庭农场成员人均住房面积

家庭农场成员人均住房面积是指家庭农场成员住房面积包括人均住房居住面积和人均住房建筑面积,居住面积指的是房子的实际使用面积,而建筑面积指的是房产证上的标注面积,其中包括公摊等面积。它反映的是家庭农场成员的居住条件情况。计算公式:家庭农场人均住房面积=住房建筑面积÷家庭农场居住人口(平方米/人)。

5. 家庭农场家用汽车拥有量

家庭农场家用汽车拥有量反映的是家庭农场拥有家用汽车的数量,说明家庭农场生活质量改善的水平。计算公式:家庭农场家用汽车拥有量=家庭农场拥有家用汽车数量总数÷家庭农场数量(辆/个)。

(四)绿色发展指标

1. 绿色产品认证率

绿色产品认证率反映家庭农场绿色产品发展的水平,说明该家庭农场对社会生态文明建设和提供高品质产品方面的贡献。计算公式:家庭农场绿色产品认证率=(认证的绿色产品品种数÷全部产品数)×100%。

2. 化肥、农药、农膜使用强度

家庭农场在生产中使用化肥、农药和农膜的数量和频率有大幅度减少,要符合国家的有关规定要求,尽量减少由此带来的环境和食品污染问题。该指标反映家庭农场在绿色发展方面的状况,指标越小,说明对化肥、农药、农膜的使用强度越低。计算公式:化肥使用强度=化肥使用量÷农作物播种面积;农药使用强度=农药使用量÷农作物播种面积;农膜使用强度=农膜使用量÷农作物播种面积。

3. 农业有机废弃物综合利用率

农业有机废弃物综合利用率反映的是家庭农场在生态保护上的意识和能力,该数据的收集工作量大,应当发挥家庭农场在日常管理上的作用,做好日常统计工作,增强生态意识,加大综合利用技术的使用,提高有机废弃物综合利用水平,变废为宝,化害为利。计算公式:有机废弃物综合利用率=(有机废弃物综合利用数量÷有机废弃物数量)×100%。

4. 农药激素残留达标

农药激素残留达标用来反映家庭农场所生产经营的产品在执行我国制定的农药激素在农副产品中最高残留限量(MRL)的国家标准的情况,一般由当地农业管理部门或食品药品监督管理部门检测机构提供相应的报告。

(五)开放发展指标

1. 家庭农场经营土地面积

家庭农场经营土地面积反映家庭农场生产经营规模的水平,在我国农业适度规模发展的前提下,家庭农场经营的土地面积较大,其发展空间也较大,为其实现规模生产提供了前提条件,这是进行适度规模发展的必要,特别在国家对农村土地"三权分置"政策出台后,农村土地的合理有序流转将逐步推进,为家庭农场经营土地面积的增加提供了可能。

2. 职业农民增长率

职业农民增长率反映的是家庭农场中职业农民的增长情况,体现了家庭农场经营者素质的提高。计算公式:职业农民增长率=[(本期职业农民数量-上期职业农民数量)÷上期职业农民数量]×100%。

3. 家庭农场产品国内外输出增长率

家庭农场产品国内外输出增长率反映家庭农场产品输出的变化情况,显示其对国内外市场的输出水平,较好地为社会提供高质量的产品。计算公式:

家庭农场产品国内外输出增长率＝[家庭农场产品国内外输出增长量(扣除当地供应数量)÷家庭农场产品总量]×100%。

4. 家庭农场融资增长率

家庭农场融资增长率是反映家庭农场社会融资额度的增长情况,说明了社会对家庭认可和支持力度的提升。计算公式:家庭农场融资增长率＝[(本期融资额－上期融资额)÷上期融资额]×100%。

5. 社会服务体系健全程度

社会服务体系健全程度是指与家庭农场相关的社会经济组织对其提供的产前、产中、产后的方方面面的协作和服务。当地政府越重视,社会力量越积极,其社会服务程度就越高,对家庭农场的发展是非常有利的推动。

(六)创新发展指标

1. 管理制度创新

管理制度创新主要考察家庭农场在制度创新方面的工作情况,特别在我国农业供给侧结构性改革、巩固脱贫攻坚成果等新形势下在机制创新方面的工作情况。

2. 经营模式创新

经营模式创新主要反映家庭农场在利用现代技术和现代管理手段上采用的新型经营模式的情况,通过经营模式的不断创新以促进家庭农场的高质量发展。

3. 科技创新经费投入力度

科技创新经费投入力度是反映家庭生产经营中在采用先进生产技术时投入的资金额度,它表明了对科技投入的重视程度和自身的经济实力。

4. 家庭农场主受教育程度

家庭农场主受教育程度主要反映家庭农场主接受教育的状况,表示家庭农场主的素质水平,一般来说,受教育程度高,则表明其素质较高,能力也较强,这对于家庭农场高质量发展是至关重要的。

5. 家庭农场与其他经营主体利益联结程度

家庭农场与其他经营主体利益联结程度反映家庭农场与其他经营主体和其他家庭农场之间的利益联结的紧密程度,通过契约型利益联结和合同型利益联结等多种方式来体现,一般来说,联结程度越紧密,发展质量越高。

6. 家庭农场产业链延伸数

家庭农场产业链延伸数反映家庭农场在产业链上不同环节和不同产业向上下游拓深延展情况,使其经营领域得到拓展,竞争实力得到增强,提升农场发展质量。

以上各创新发展指标的考察多通过定性分析方法进行,所需要的信息可通过实地调研和有关统计报告等方式获得。

第三章
我国家庭农场建设与发展实践

我国家庭农场的建设与发展经历了不平凡的历程,从中央到地方、从乡村到农户都对它予以高度的关注,特别是在国家政策的引导下,在全社会的大力支持和帮助下,在乡村基层工作者的艰苦努力下,在广大农户的积极参与下,我国家庭农场的发展已经取得了阶段性成绩,获得了一系列丰硕的成果,为今后家庭农场的高质量发展奠定了较为坚实的基础,为我国农业的现代化建设作出了贡献。本章从两个不同的侧面,对我国家庭农场建设中所做的工作以及家庭农场建设所取得的主要成绩作一番梳理,以便我们认清形势、鼓足干劲,让我国家庭农场高质量发展再上新台阶。

第一节 我国家庭农场建设实践回顾

截至2018年年底,全国已有近60万个家庭农场纳入农业农村部名录,其中8.3万个为县级以上示范家庭农场,经营土地面积达1.62亿亩,平均每个家庭农场的劳动力为6.6人,其中雇工约1.9人,2018年全国家庭农场的年销售农产品总值达到1946.2亿元,每个家庭农场的均值为32.4万元。党的十八大以来,按照党中央的总体部署,全国各地积极引导并扶持各类家庭农场的发展,开展了大量卓有成效的工作,家庭农场的发展不论是在数量上还是质量上都有明显进步,呈现积极向好的发展态势。

2019年中央一号文件再次对家庭农场的发展作出明确指示,要大力支持发展适合家庭农场和农民合作社经营的农产品初加工。同年8月,11部门和单位联合印发《关于实施家庭农场培育计划的指导意见》,有政策的支持,家庭农场发展就更有底气了。家庭农场示范创建活动正在全国如火如荼地展开，按照培育家庭农场的制度标准，安徽省创建了11107个示范家庭农场，浙江省在适度规模、家庭经营原则指导下，已建成1204个示范家庭农场。全国各地的家庭农场正在深化农业供给侧结构性改革的大背景下，朝着高质量发展的方向继续前行。

一、登记注册和名录管理制度逐步完善

家庭农场的登记注册和名录管理是家庭农场建设中的一项基础性管理工作，对家庭农场的高质量发展具有极大的影响。2020年3月，农业农村部颁布的《新型农业经营主体和服务主体高质量发展规划（2020—2022年）》中明确指出，要以县（市、区）为重点抓紧建立健全家庭农场名录管理制度，完善纳入名录的条件和程序，引导和扶持农民和各类人才积极创办家庭农场，同时把符合家庭农场条件的种养大户和专业大户、已在市场监管部门登记的家庭农场纳入名录管理，建立完整的家庭农场名录，实行动态管理，确保发展质量。过去由于种种原因导致我国家庭农场注册登记率较低，阻碍了家庭农场的健康稳定发展。2013年年底，全国仅有3.4万个，只有约3.8%的家庭农场进行了登记注册，其中1.8万个家庭农场在农业农村部登记，其余的1.6万个是在工商部门登记的。[①] 究其主要原因在于我国土地辽阔且区域之间的自然资源和经济发展水平均存在较大差异，使得全国的家庭农场认证制度难以适合各个地方。因此，只能通过因地制宜的方式来制定出适合当地家庭农场发展的规章制度以及相应的认证标准。

从家庭农场资质标准来看，各个省市对家庭农场经营者的要求有所差异，如山东、湖北以及重庆等地的认证标准相对严格，明确规定获得家庭经营的资格必须具备以下的条件之一：农场主具有农村户籍，或自身是农村集体经济组织的成员，或具有农村土地承包经营权。一般情况下，国家并没有正式的法律政策对家庭农场经营者资格提出详细规定，只是提出家庭农场的经营者应该主要是由农民或长期从事农业生产经营工作的人员组成，各个省市在家庭农场资质标准上具有一定的自主决定权，可以根据具体状况来制定相应的资质认定标准。例如，江西省南昌市在家庭农场经营资质标准界定上采取了较灵活的办法，提出只需要从事规模种植类、畜牧类、蔬果类、农场旅游产业三年以上，或具有农业类专业中专以上学历，或具有初中以上文化水平的公民（男性为60周岁以下，女性为50周岁以下）都能作为家庭农场的负责人。山东省则采用了更为宽松的家庭农场登记办法，对家庭农场经营者不需要具有农村户

---

① 位春苗.发达国家家庭农场发展经验及借鉴[J].人民论坛,2014(34).

籍,同时简化登记注册办法,鼓励发展家庭农场,从其构成成分看,有80%是来自个体工商户。

从家庭农场劳动力标准来看,各个地方之间的差异也非常明显。多数省市规定,家庭成员应是家庭农场的主要劳动力,山西和重庆等地还就家庭农场的雇工数量作了明确规定,认为雇工人数不得超过家庭成员务农人数,而江西省有关条例中却规定:家庭农场要以其家庭成员为主要劳动力,且至少需要2名工作人员。①

各地对家庭农场的经济收入和经济实力的要求也不尽相同,多数地方认为家庭农场的主要收入应来源于农业生产经营方面;重庆市等地为此还专门作了具体的规定,提出家庭农场的净收入要占其总收入的五分之四以上;山西省则提出家庭农场主应该具备相应的经济实力,其中流动资金要在10万元及以上,所能产生的经济效能须高于普通农户20%以上。

除了重庆市提出了农场主应该接受过农业生产技能培训规定外,全国大多数地方还没有对家庭农场的技能培训、财务收支记录、示范带动作用等标准作出具体规定。凡注册登记的家庭农场不仅能获得国家认可,能享受更多的政策支持,还可以参加农业保险,获得政府多样化的扶持和补助资金,例如,农场直补、贷款贴息补贴和农机购置补贴等。同时,通过登记注册,家庭农场通过按照一定标准进行生产经营,将更容易被市场认可,更有利于打造农产品品牌。

过去由于很多种植、养殖大户对家庭农场缺乏足够的认识,缺乏市场意识,对通过家庭农场实现由农民向现代农业生产主体转变的认识不足,影响了注册成立家庭农场的积极性。随着国家对家庭农场激励政策的实施以及对其登记注册和名录管理工作的进一步推进,家庭农场的登记注册和名录管理工作必将进入一个新的阶段,截至2018年年底,全国已有近60万个家庭农场纳入农业农村部名录,成为我国家庭农场高质量发展的重要基础力量。

二、各级政府高度重视并组织领导

2013年以来,党中央对家庭农场的发展给予了高度重视并多次作出许多重要批示,在政策上、组织保障及相关方面都给予了具体指导;各个省、市、县领导结合当地农业农村实际对当地家庭农场的发展也给予了密切关注和专门的具体指导。特别是党的十八大以来,党中央、国务院把家庭农场发展当作我国农业农村经济发展当中的大事来抓,习总书记在中共中央政治局第八次集体学习时和参加2019年全国"两会"河南省代表团审议时,曾明确提出了要突

---

① 王新志.当前我国家庭农场的扶持政策概述[J].山东经济战略研究,2014(9).

出抓好家庭农场和农民合作社发展的重要指示。历年中央一号文件都会关注家庭农场的发展并会提出明确要求。在中央及各地政府的高度重视、高度关心和一系列扶持政策的支持下,我国家庭农场得到较快发展。

湖北省是一个农业大省,也是家庭农场创办较早的省份。2013年以来,在党中央、国务院的领导下,湖北省根据本省的实际状况,先后出台了《关于做好家庭农场登记管理工作的意见》(鄂工商规〔2013〕85号)、《省农业厅关于印发湖北省示范家庭农场创建办法的通知》(鄂农规〔2014〕2号)、《省农业厅关于促进家庭农场健康发展的指导意见》(鄂农发〔2015〕12号),对引导家庭农场登记注册和开展示范创建发挥了很好的指导作用。2014年争取财政资金共2862万元,其中包括省级财政资金2000万元;鼓励并支持家庭农场不断改进生产条件和加强对新技术、新品种的应用;与中国人民银行武汉分行联合出台了《关于实施新型农业经营主体主办行制度的意见》,明确了中国农业银行为家庭农场主办银行的地位,2014年培育新增家庭农场511个,新增信贷1.5亿元。从2015年开始,湖北省实施了"553"工程,即每年省财政对500个农民合作社、500个家庭农场给予重点扶持,扶持期3年。湖北通过"553"工程,3年实际共重点扶持了1500家农民合作社和1500个家庭农场,后来这些家庭农场也成了湖北省家庭农场发展的标杆,引领着全省家庭农场的发展。按照农业部要求,湖北省选择武汉市、公安县、枣阳市、监利县四个县市的家庭农场纳入监测范围,将其中的100个家庭农场作为重点观察对象,评选出了一批省级示范家庭农场,在家庭农场的培育扶持上取得了较为满意的效果。根据《湖北省示范家庭农场创建办法》文件要求,武汉市黄陂区金启家庭农场等307个家庭农场被评为2015年度湖北省示范家庭农场,2017年十堰市智脑家庭农场有限公司等292个家庭农场成为湖北省示范家庭农场。示范家庭农场的评选极大地调动了广大家庭农场主的积极性和工作热情,也增强了农场主办好农场的信心和决心。湖北省为贯彻落实2016年中央和省委一号文件及《农业部关于促进家庭农场发展的指导意见》(农经发〔2014〕1号)等文件精神,结合本省实际,同年6月出台的《省农业厅办公室关于促进湖北省家庭农场规范发展的通知》对进一步加强全省家庭农场规范发展指明了方向。

在《农业部关于促进家庭农场发展的指导意见》的指导下,全国各地积极行动,纷纷成立了相应的领导小组,颁布了促进农民合作社和家庭农场发展以及农村土地流转等政策性文件,建立了部门联系、结对帮扶、量化考核、生产经营、财务管理、培训学习等制度,对促进家庭农场的快速发展起到了明显的促进作用。浙江省衢州市在2013年10月成立了培育发展家庭农场工作领导小组,研究制定了《衢州市培育发展家庭农场工作考核办法》,考核内容包括组织领导、培育发展、政策推动、服务创新、规范管理五个方面,按照规范提升一批、示范带动一批、引导发展一批的方法,加快培育发展家庭农场,完成市下达的家庭农场注册登记数量、新流转土地创办数量和规范化家庭农场创建等任务。超额完成了省级、市级示范创建目标,建设了一批美丽、规范、安全、生态、优质、高效的示范性家庭农场,充分发挥了示范引领作用,获得了经济效益、生态效益和社会效益的丰收,对带动周边农民发展现代农业和提高农民收入产生了很好的推动作用。他们还对各县(市、区)培育发展家庭农场工作年度执行情况进行严格考核和综合评定,最终设一等奖、二等奖和三等奖各1名、2名和3名,在全市范围内给予通报表彰,并分别给予600万元、500万元和400万元以奖代补专项资金,使这些家庭农场步入了良性循环的快车道。

我国西部农业大省四川省的乐山市农业农村局高度重视家庭农场培育发展,为此成立了专门工作领导小组,明确各自职责并对工作提出具体要求,把家庭农场培育发展工作列入年度工作考核内容,经常召开全市的工作经验交流推进会,加强培育发展情况的通报,相互取长补短。按照"规范管理+结对帮扶"的工作思路,一方面大力宣传动员种养大户、农村能人等注册登记家庭农场,扩大家庭农场队伍,不断完善登记制度,加快农业经营主体从自然人向法人的转变,另一方面以规范家庭农场管理为突破口,不断改进家庭农场管理工作提高其经营管理水平。通过不懈努力与探索,他们提出了"经营主体合法化、生产技术标准化、生产经营规模化、农场管理企业化、从业人员知识化、农场经营品牌化、综合效益最大化"的工作目标,并确定了市级示范性家庭农场的培育目标和标准,对乐山市家庭农场的发展发挥了很好的鼓励和导向作用。

在各级政府的高度关心和亲自指导下,全国各地的家庭农场建设如火如荼,方兴未艾。十八大以来,党中央、国务院对如何发挥小农户家庭经营在农业发展中的作用问题予以高度关注。"大国小农"是我国现阶段的基本国情、农情,帮助小农户解决生产经营面临的困难,把他们引入现代农业发展的轨道已成为迫在眉睫的大问题。2019年中央一号文件提出,要重点抓好家庭农场和农民合作社两类新型农业经营主体建设,启动家庭农场培育计划,建立健全支持家庭农场的政策体系和管理制度,把家庭农场的培育工作作为今后一个时期农业农村建设中的一项重要工作来抓。2019年2月,中共中央办公厅、国务院办公厅联合下发了《关于促进小农户和现代农业发展有机衔接的意见》(以下简称《意见》),对扶持小农户并提高小农户发展质量及提升现代农业能力等工作作出了全面部署。该《意见》的主要内容包括:一是全面启动家庭农场培育计划,培育一批规模适度、生产集约、管理先进、效益明显的家庭农场,鼓励各地通过资金支持的办法,让更多家庭农场承担涉农建设项目,以便增强他们的经济实力;二是实施小农户能力提升工程,在今后一个时期把小农户作为重点培训对象,帮助小农户尽快发展成为新型职业农民并提供必要的资金支持;三是强化小农户科技装备的应用,通过多种措施支持更多小农户广泛运用优良品种,更加普遍使用先进的农业生产技术和装备;四是尽快解决小农户生产基础设施落后的问题,鼓励采用以奖代补、先建后补等激励方式,以村集体经济组织牵头,组织小农户开展农业基础设施建设和管护,中央政府支持地方重点建设小农户急需的公用设施,为家庭农场的发展提供较完善的公共基础设施。2019年8月,中央11部门联合印发《关于实施家庭农场培育计划的指导意见》(以下简称《意见》),对下一步我国家庭农场的培育与发展提出了更有针对性、更详实的意见。该《意见》要求到2020年年底,支持家庭农场发展的政策体系要基本形成,家庭农场的各项管理制度更加健全规范,指导服务机制进一步完善,家庭农场数量有稳步提升;到2022年,支持家庭农场发展的政策体系更加完善,家庭农场生产经营能力得到巩固、带动能力得到提升。为贯彻习总书记重要指示精神和进一步落实党中央、国务院决策部署,推动家庭农场的高质量发展,2019年10月,农业农村部在全国范围内征集并公布了26个家庭农场先进典型案例,这些家庭农场来自全国各个省份,涵盖了种养加多个产业类型,既特色鲜明,又有共性经验,且极具代表性,既贴近小农户"地气",又符合规模适度、生产集约、管理先进、效益明显的发展要求,看得见、摸得着、可复制,对众多的家庭农场具有很高的参考借鉴作用。2020年中央一号文件对家庭农场的高质量发展提出了新的要求,指出要重点培育家庭农场、农民合作社等新型农业经营主体,通过订单农业、入股分红、托管服务等方式,实现小农户和农业产业链的融合,使小农户分享产业链的优势,进一步推进我国农业的三产融合,把家庭农场做精做强,使其成为我国现代农业发展的生力军。

三、健全的经济政策支持体系基本形成

近年来,为促进家庭农场快速发展,从中央到地方陆续出台了许多有利于其发展的政策,有力地支持和推进了家庭农场建设。

2013年中央一号文件对"家庭农场"的概念进行了新的定义,并对家庭农场发展提出了系列新要求。2014年中央一号文件在促进家庭农场建设方面从工作指导、土地流转、落实支农惠农政策、强化社会化服务和人才支撑等方面作了全方位的战略谋划。2015年中央一号文件提出了着力培育新型农业经营主体,鼓励和支持承包土地向专业大户、家庭农场、农民专业合作社流转,发展多种形式的适度规模经营的要求。2016年中央一号文件对培育家庭农场等新型农业经营主体再一次规划并提出明确目标。2018年中央一号文件明确提出要"实施新型农业经营主体培育工程",加大培育发展家庭农场、合作社、龙头企业和社会化服务组织的力度,第一次正式提出培育发展农业产业化联合体,通过多种形式实现农业的适度规模经营。2019年1月颁布的《中共中央 国务

院关于坚持农业农村优先发展做好"三农"工作的若干意见》中特别强调要重点抓好家庭农场和农民合作社两类新型农业经营主体建设,正式实施家庭农场培育工程,确保支持家庭农场政策体系的完善和政策落实到位,再一次把家庭农场的建设摆在了一个极其重要的位置。

除了中央的经济政策外,各地也结合自身实际,制定和颁布了许多地方性的经济政策和措施,如湖北省从省级层面先后出台了若干个规范性文件,如《关于做好家庭农场登记管理工作的意见》《省农业厅关于促进家庭农场健康发展的指导意见》国务院层面《湖北省示范家庭农场创建办法》《关于实施新型农业经营主体主办行制度的意见》《省农业厅办公室关于促进湖北省家庭农场规范发展的通知》和《关于培育标杆家庭农场和明星家庭农场的通知》等,从政策措施、制度建设、实施路径等不同侧面予以指导,从注册、规范、发展、融资、示范到树立标杆等每一个环节进行逐步推进,为家庭农场健康稳定发展提供了强大的制度支撑,使家庭农场成为湖北省推进农业现代化、实施乡村振兴战略的一支重要力量。

全国多数省(市、区)都结合自身实际,出台了许多促进家庭农场发展的相关经济政策。通过国内学者对各地方政策文件的梳理和研究不难发现,目前国内从财政上支持家庭农场发展取得了一定效果,主要从资金、补贴、项目配套、信贷、税费与保险六个方面展开。[①]

1. 涉农资金支持

我国多数地方都作出了常规涉农资金要重点向家庭农场倾斜的决定,如河北省提出各级各类用于新型农业经营主体发展的资金要向符合要求的家庭农场倾斜,尤其要重点支持示范家庭农场建设,力求做大做强。广东省特别强调要统筹用好涉农项目资金,以扶持家庭农场发展为重点。地方财政在奖补资金使用上也主要用于对示范性家庭农场的创建和奖励。例如,辽宁省从2014年开始对每年评选出的省级示范家庭农场都给予一定奖励;广西壮族自治区对100亩以上参与高标准基本农田建设集中连片的家庭农场给予资金奖补;福建省拿出专款建立了土地规模经营扶持资金,对那些土地流入后实现适度规模经营的家庭农场进行重点扶持,对流转期限较长的流出农户则给予相应的土地流转租金补贴,以鼓励土地合理有序流转;上海市拨专款对土地转让期限较长的流出户以及在培育家庭农场方面成绩突出的村委会进行特别奖补。截至2017年年底,全国有3.2万个家庭农场获得各级财政资金的支持,与上一年相比,增加了2198个,湖南、安徽、上海、江苏、重庆、浙江等省市的家

[①] 叶云,尚旭东.家庭农场发展的省域财政支持政策研究——基于政策文本分析[M].农业经济,2019(4).

庭农场成为较大的受益者,共获得扶持资金17.5亿元,其中得到中央、省级、市级和县级扶持的分别占6.9%、39.4%、13.5%和40.2%,每个享受财政支持的家庭农场平均获得扶持资金约5.5万元。

2. 农业补贴支持

农业补贴是国内外一种常规性的支农经济政策,目前我国把家庭农场作为重点补贴对象,并且扩大了家庭农场农业补贴范围,从农业生产补贴到农业基础设施建设以及农业经营管理方面补贴。多地都把家庭农场作为现有支农扶持政策的重点对象,并要求将新增农业补贴资金投向家庭农场。如山东省把新增补贴主要集中投向主产区和优势产区,特别向专业大户和家庭农场等新型生产经营主体倾斜;湖南省明确规定新增补贴主要用于扶持以粮食种植为主的家庭农场。各地主要从五个方面扩大对家庭农场的补贴范围:一是对粮食作物、良种、农机具等发放补贴,如天津市对家庭农场在种植粮食作物、购买良种、购置农机具等方面均享受国家和市有关补贴政策;二是对实施农业基础设施建设的补贴,如浙江省桐乡市对家庭农场参与的符合本市产业发展规划的主导产业示范基地建设,按家庭农场实际投资额的20%—30%(上限为100万元)发放补助;三是新技术推广应用补贴,如江苏省徐州市铜山区对使用新技术后平均效益高出普通农户30%以上的家庭农场,发放3万—5万元奖励性补助,以鼓励新技术的应用;四是质量安全提升与品牌创建补贴,如浙江省湖州市德清县对获得中国驰名商标、国家地理标志(集体)证明商标的分别给予50万元和20万元奖励,对获得省、市著名商标的分别奖励10万元和3万元;五是经营管理业绩补贴,如陕西省咸阳市杨陵区对年销售额100万元以上的家庭农场给予其实际销售收入1%的奖励(上限为2万元)。

3. 项目配套支持

该政策主要是鼓励家庭农场积极申报农业开发项目和财政专项补助项目,在同等条件下家庭农场优先立项并给予支持,其内容主要涵盖以下三个方面:一是农业基础设施建设类项目,如广东省、湖南省等省对农田水利设施建设、高产田建设、农业综合开发、土地整治、农村道路等项目给予重点支持;二是农业生产类项目,如天津市重点支持新品种、新技术应用推广,海南省则重点支持水稻标准化育秧工厂建设、标准化示范园区建设、瓜菜基地建设、畜禽标准化养殖小区建设等;三是农业社会化服务类项目,如河北省重点支持测土配方施肥、农作物病虫害防控、粪污资源化利用等。

4. 信贷扶持支持

2014年4月,国务院办公厅发布了《关于金融服务"三农"发展的若干意见》(以下简称《意见》),《意见》对政府有关部门和金融机构"创新农村金融产品和服务方式"工作提出了具体要求。近年来,中国人民银行连续多次对符合条件的农村金融机构实施"定向降准",使社会资金的投资重点面向农业农村。截至2015年年底,金融机构涉农贷款余额达26.4万亿元,同比增长11.7%,涉农贷款余额在各项人民币贷款余额中的占比达28.1%,新增贷款中33%以上的投向了农业农村,享受财政扶持的家庭农场平均获得5.5万元扶持资金。截至2017年年底有3.5万个家庭农场曾获得贷款支持,比上年增加6100多个,主要分布在安徽、浙江、江苏、湖南等省,其中不少家庭农场的贷款金额在20万元左右,共获得70.4亿元的贷款援助。近年来,国家不断出台政策以鼓励金融机构为家庭农场开发设计针对性强的信贷产品,在充分考虑商业可持续的基础上优化家庭农场贷款审批程序,合理设计贷款额度、利率和还款期限,解放思想,创新思路,努力拓宽抵押物范围,以方便贷款。很多地方创造性地开展了家庭农场信用等级评价工作,鼓励金融机构向资信好、发展潜力大、资金周转量大的家庭农场发放贷款,为家庭农场的培育和发展注入了强劲动力。2020年中央一号文件再次明确提出,要进一步落实农户小额贷款优惠政策,对符合条件的家庭农场可和小微企业一样享受同样的贷款优惠政策。

5. 税费优惠支持

为节约家庭农场开支,降低生产成本,提高经营收入,各地纷纷开展了税费优惠工作,表现在三个方面:一是对家庭农场的增值税实行优惠,即家庭农场自产自销的农产品不征收增值税,如天津市对家庭农场自己生产的农产品和农民销售自产农产品一律不再征收增值税,对家庭农场参与农业社会化服务的所得收入也不征收增值税;二是免征城镇土地使用税,凡家庭农场为开展农林牧渔业生产活动的用地不得征收城镇土地使用税,以鼓励土地流转和规模化发展,目前浙江省和河北省等地采用此政策后效果十分明显;三是水电费优惠,如上海市对家庭农场在粮食、蔬菜种植、畜禽水产养殖等方面的用电按农业生产用电价格收费,四川省和云南省对家庭农场在种植、养殖方面的水电费按农业生产用水用电价格收取外,在农产品初加工、向初级市场提供大批包装方面的水电费也按此标准收取。

6. 保险服务支持

为解决家庭农场发展后顾之忧和降低农业生产经营风险,近年来,我国多地加大了金融保险服务支持的力度,家庭农场成为最大的受益者。保险服务主要包括两个方面:一是农业保险服务对象的重点倾斜,将家庭农场作为政策性保险的重点对象,目前已有天津、上海、浙江、安徽、福建、广东等省(市)把家庭农场纳入政策性保险范围,使广大家庭农场的发展有了根本保障;二是农业保险服务方式创新,主要是对家庭农场予以保费补贴,如浙江省将家庭农场保险品种纳入中央财政保费的补助范围,福建省家庭农场不仅参加政策性农业保险而且还享受财政保费补贴,云南省结合家庭农场生产经营实际需要创新保险产品,把农作物和养殖品种都列入财政保费支持的范围。各地农业部门在建立政策性农业保险与财政补助相结合的农业风险防范与救助机制上进行不断探索。2019年继续扩大政策性农业保险范围,在主要农作物政策性保险和能繁母猪保险启动之后,还在油料和奶业生产领域建立了保险制度,政府对参保油料作物生产农户和参保奶农给予一定的保费补贴,并且中央财政还专门对中西部地区给予适当补助。国家林业和草原局、国家发展和改革委员会、财政部等7部门联合颁布的《林业产业政策要点》中提出,要积极开展林业种植业和养殖业保险保费补贴的试点工作,增强林业的抗风险能力。如浙江省衢州市农业农村局、财政局与安信农业保险股份有限公司联合推出了对示范性家庭农场的综合保险项目,在全国首创农民收入保险业务,同时还开发了农机具综合保险、务农人员意外伤害险、大棚内果蔬保险等险种,全市192家省市级示范性家庭农场均作为参保对象,主要涉及财产保险、收入保险和责任保险三个方面,并且还新增了农产品食品安全险种。按市财政、县(市、区)财政及家庭农场5∶4∶1比例,每个示范性家庭农场平均只需交纳2万元保费,实际保险总额达到420万元,受到广大农场主的普遍赞誉。

伴随着中央和地方经济政策的不断出台、不断完善,我国对家庭农场扶持的经济政策框架已经基本形成,一系列的政策措施不仅使家庭农场发展有了政策新底气,更重要的是引导并支持了我国家庭农场的健康稳定发展,政策措施所带来的变化已经或正在显现出来。

四、土地流转强力助推家庭农场发展

我国家庭农场是在家庭承包经营责任制的基础上产生的,多数家庭农场面临土地规模小、无法实行规模化发展的窘境。根据我国实际,适度规模的家庭农场才是最适合我国农业发展的经营主体,土地问题成了制约家庭农场发展的瓶颈。近年来,随着我国关于土地政策的调整,农村土地制度及相关改革不断深化,给家庭农场的发展带来了利好。

从2008年以来的中央一号文件都把农村土地承包确权登记颁证工作作为一项重要内容,在党的十七大和十八大报告中都提出了搞好农村土地承包经营权确权登记颁证工作。2013年中央一号文件明确提出通过五年的努力基本上完成土地承包经营权确权登记颁证工作。其实早在2009年时,我国就有不少地方开始了土地承包经营权的确权登记颁证的试点,工作2014年农业农村部在山东、安徽和四川三个省的27个县进行土地承包经营权确权登记颁证工作,2015年把试点范围扩大到湖南、湖北、江西、江苏、甘肃、宁夏、吉林、河南、贵州9个地区,到2015年年底,试点工作已经在全国的2323个县(市、区)、2.4万个乡镇、38.5万个行政村展开,共完成确权面积约4.7亿亩。2016

年又进一步扩大到河北、山西、内蒙古、辽宁、黑龙江、浙江、广东、海南、云南、陕西10个地区,使试点省(市、区)达22个,超过全国的2/3。2015年12月,十二届全国人大常委会第十八次会议提出,在北京市大兴区等232个试点县(市、区)允许以农村承包土地的经营权抵押贷款,使我国农村土地经营权的改革向前推进了一大步。截至2017年7月底,全国农村承包地已完成10.5亿亩土地的确权工作,约占二轮承包地面积的80%,2017年年底,全国土地确权工作基本完成。

在农村土地承包确权登记颁证工作开展后,进行了农村宅基地制度的改革。我国现有农村集体建设用地约2.5亿亩,其中80%是以农民的宅基地的形式存在。2015年全国选择了15个试点县(市、区)开展宅基地制度的改革,对宅基地实行自愿有偿的退出、转让办法。2015年11月,中共中央办公厅、国务院办公厅联合颁布了《深化农村改革综合性实施方案》,进一步明确了宅基地改革的思路。2015年12月,十二届全国人大常委会第十八次会议提出,在天津市蓟州区等59个试点县(市、区),对《物权法》《担保法》中关于集体所有的宅基地使用权不得抵押的规定作了调整,允许农民用住房财产权(含宅基地使用权)抵押贷款,探索农民住房财产权抵押担保中宅基地权益的实现方式和路径,以保障抵押物权人的合法权益。截至2017年9月,全国232个试点地区的农村承包土地的经营权抵押贷款余额已达295亿元,共发放贷款448亿元,天津市蓟州区等59个试点县(市、区)的农民住房财产权抵押贷款余额为196亿元,共发放贷款261亿元,试点地区及家庭农场的融资难、融资贵问题得到一定程度缓解。

农村集体建设用地流转问题一直以来是影响农业规模化发展的重要问题,也是制约家庭农场适度规模发展的问题。在10多年前,原国土资源部就先后批准江苏苏州、浙江湖州、福建古田、安徽芜湖等地进行农村集体建设用地使用权流转改革的试点,但由于种种原因,改革并没有取得满意的效果。党的十七届三中全会审议通过的《中共中央关于推进农村改革发展若干重大问题的决定》中,曾明确提出要逐步建立城乡统一的建设用地市场,但效果并不理想。为改变这种状况,党的十八大作出决定,引导和规范农村集体经营性建设用地入市,在符合规划和用途管制的前提下,农村集体经营性建设用地可以进行出让、租赁和入股,与国有土地一道进行入市、同权同价改革。2015年12月,在全国范围内又选择了33个试点县(市、区)级行政区域进行土地制度改革,其中包括15个农村经营性建设用地制度改革的区域,主要进行农村集体经营性建设用地的出让、租赁、入股改革,进一步明确农村集体经营性建设用地的入市范围和实现途径,建立健全市场交易规则,制定严格的服务监管制度。为降低改革风险,只有集体经营性建设用地可以入市,非经营性集体建设用地是不能入市的,而且入市的集体经营性建设用地要符合规划、用途管制和依法取得的条件,且只适用于存量用地范围。

2014年11月,中共中央办公厅、国务院办公厅联合印发了《关于引导农村土地经营权有序流转发展农业适度规模经营的意见》,对三权分置的功能作用和目标表述为"三个有利于"和"三个目标",即"有利于优化土地资源配置和提高劳动生产率,有利于保障粮食安全和主要农产品供给,有利于促进农业技术推广应用和农业增效、农民增收","以保障国家粮食安全、促进农业增效和农民增收为目标"。政府大力推进农村土地流转和"三权分置",在土地承包经营权确权登记颁证的基础上,各地积极引导土地有序流转,鼓励农民以出租、互换、转让、股份合作等形式流转承包地,在坚持农村土地集体所有的前提下,促使承包权和经营权分离,实现所有权、承包权、经营权三权分置,推动了土地资源的优化配置。2015年年底,全国有4.47亿亩的承包地实现流转,占家庭承包地的33.3%。截至2016年6月底,全国2.3亿农户中流转土地农户超过了7000万个,在东部经济较发达地方农民转移的土地面积较多,极大地促进了规模农业的发展。土地承包经营权的合理有序流转,有效地提高了农地经营规模,全国341万户农户所经营的土地面积在50亩以上,经营耕地面积超过3.5亿亩。土地流转为家庭农场扩大经营面积、实现规模效益提供了重要路径。2016年10月底,中共中央办公厅、国务院办公厅印发《关于完善农村土地所有权承包权经营权分置办法的意见》,对认真贯彻落实此项工作作了较为详细说明并提出了具体要求。据有关统计资料表明,经过土地流转的推动,2017年我国各类家庭农场经营耕地达到6915.9万亩,平均每个家庭农场耕地面积达到175亩左右,其中从事粮食生产经营的家庭农场有64.6%的耕地面积在50—200亩,有26.7%的在200—500亩,有6.5%的在500—1000亩,1000亩以上的约占2.2%。从经营耕地的来源统计,家庭承包经营的耕地面积为1506.7万亩,仅占实际总的耕地面积的21.8%,以其他承包方式经营的耕地面积541.8万亩,约占7.8%,经过土地流转的耕地面积为4867.4万亩,占比高达70.4%。2018年12月29日,十三届全国人大常委会第七次会议修订并通过了《农村土地承包法》,为我国农地三权分置提供了强有力的法律依据。截至2019年9月,我国登记名录中的家庭农场经营总面积为1.6亿亩,家庭农场经营的土地71.7%是来自流转和出租。

五、各地家庭农场竞相蓬勃发展

我国家庭农场主要集中于中部地区,这与我国中部地区土地资源相对集中、农村劳动人口密度较大等有一定关系。根据2015年家庭农场全国监测抽样的2903个家庭农场数据来看,我国家庭农场主要集中于中部地区,东部地区与西部地区分别有835个和927个,而中部地区共有1141个家庭农场,占比为39.3%。其中黑龙江省以303家排名第一,吉林省以200家排名第二,在数量上都领先于大多数东部、西部省(市、区)。在参与调查的31个省(市、区)中,共有8个省(市、区)的家庭农场数量在100个以上,占比达到41.92%,有18个省(市、区)在50—100,占比为52.6%。表3-1所示为我国东部、中部、西部地区家庭农场数量,图3-1所示为家庭农场数量排名前十省(市、区)及数量,表3-2所示为各省(市、区)参与调查样本数量比。

表3-1 我国东部、中部、西部地区家庭农场数量

地 区		数量(个)
东部	北京、天津、河北、辽宁、上海、江苏、浙江、福建、山东、广东、海南	835
中部	山西、内蒙古、吉林、黑龙江、安徽、江西、河南、湖北、湖南、广西	1141
西部	四川、贵州、云南、西藏、陕西、甘肃、青海、宁夏、新疆、重庆	927

(数据来源:2015年全国家庭农场监测数据。)

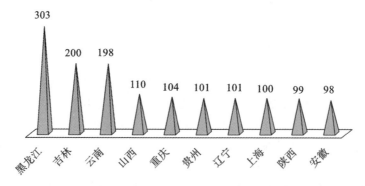

图3-1 家庭农场数量排名前十省(市、区)及数量(个)

(数据来源:2015年全国家庭农场监测数据。)

表3-2 各省(市、区)参与调查样本数量比

省(市、区)	调查样本		有效样本	
	量(个)	所占比重(%)	数量(个)	所占比重(%)
总计(全国)	3073	100%	2903	100%
北京	31	1.01%	27	0.93%
天津	40	1.30%	40	1.38%
河北	100	3.25%	94	3.24%
山西	116	3.77%	110	3.79%
内蒙古	103	3.35%	84	2.89%
辽宁	103	3.35%	101	3.48%

续表

省(市、区)	调查样本		有效样本	
	量(个)	所占比重(%)	数量(个)	所占比重(%)
吉林	208	6.77%	200	6.89%
黑龙江	319	10.38%	303	10.44%
上海	100	3.25%	100	3.44%
江苏	90	2.93%	82	2.82%
浙江	78	2.54%	77	2.65%
安徽	100	3.25%	98	3.38%
福建	100	3.25%	98	3.38%
江西	70	2.28%	65	2.24%
山东	81	2.64%	80	2.76%
河南	100	3.25%	98	3.38%
湖北	76	2.47%	65	2.24%
湖南	58	1.89%	57	1.96%
广东	98	3.19%	94	3.24%
广西	72	2.34%	61	2.10%
海南	78	2.54%	42	1.45%
重庆	106	3.45%	104	3.58%
四川	98	3.19%	96	3.31%
贵州	108	3.51%	101	3.48%
云南	201	6.54%	198	6.82%
西藏	1	0.03%	1	0.03%
陕西	100	3.25%	99	3.41%
甘肃	100	3.25%	96	3.31%
青海	89	2.90%	89	3.07%
宁夏	99	3.22%	94	3.24%
新疆	50	1.63%	49	1.69%

(数据来源:2015年全国家庭农场监测数据。)

从目前全国家庭农场从事的主要领域看,种植业和养殖业占据主体地位。根据农业农村部公布的相关数据得出,有98%的农场属于种植和养殖类,其中包含种养结合的家庭农场,而以粮食种植和生产的家庭农场占2/5。2015年全国家庭农场监测数据则详细展示了我国31个省(市、区)家庭农场的生产经营类型及其数量比。整体上看,我国家庭农场主要以种植业为主,在2903个样本数据中,有 1972 个家庭农场从事种植业,占比达到 67.93%;养殖家庭农场与种养结合家庭农场数量分别为 406 个和 516 个,占比分别为 13.99%和 17.77%;其他类家庭农场仅有 9 个,占比为 0.31%(见图 3-2)。

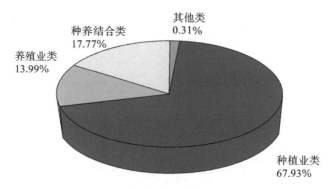

图 3-2 家庭农场生产经营类型比例

(数据来源:2015 年全国家庭农场监测数据。)

从各省(市、区)具体情况来看,多数省(市、区)的家庭农场都以种植业为主,其中吉林省、辽宁省、黑龙江省、河南省以及上海市种植类家庭农场的比重都在 80%以上,其中吉林省种植类家庭农场比重高达 99.5%,辽宁省高达 91.09%。有 6 个省(市、区)的养殖类家庭农场比例在 20%以上,其中广西壮族自治区比例达到 42.62%,贵州省达到 34.65%,云南省达到 29.29%。种养结合类家庭农场的数量占比高于养殖类家庭农场,其中有 8 个省(市、区)种养结合类家庭农场数量所占比重在 30%,分别是天津市、内蒙古自治区、江西省、湖北省、广东省、海南省、四川省、甘肃省(见表 3-3)。

表 3-3 各省(市、区)家庭农场经营类型对比

省 (市、区)	样本数 (个)	按经营范围划分家庭农场经营类型					
		种植业类		养殖业类		种养结合类	
		数量(个)	比重(%)	数量(个)	比重(%)	数量(个)	比重(%)
总计(全国)	2894	1972	68.14	406	14.03	516	17.83
北京	27	20	74.07	3	11.11	4	14.81
天津	39	26	66.67	0	0	13	33.33
河北	93	73	78.49	11	11.83	9	9.68
山西	110	71	64.55	32	29.09	7	6.36
内蒙古	83	51	61.45	0	0	32	38.55
辽宁	101	92	91.09	1	0.99	8	7.92
吉林	200	199	99.5	0	0	1	0.5

续表

省（市、区）	样本数（个）	种植业类		养殖业类		种养结合类	
		数量（个）	比重（%）	数量（个）	比重（%）	数量（个）	比重（%）
黑龙江	302	257	85.1	37	12.25	8	2.65
上海	97	87	89.69	0	0	10	10.31
江苏	82	56	68.29	14	17.07	12	14.63
浙江	77	53	68.83	7	9.09	17	22.08
安徽	98	76	77.55	13	13.27	9	9.18
福建	97	64	65.98	10	10.31	23	23.71
江西	64	33	51.56	11	17.19	20	31.25
山东	80	61	76.25	4	5	15	18.75
河南	98	82	83.67	0	0	16	16.33
湖北	65	25	38.46	11	16.92	29	44.62
湖南	57	42	73.68	6	10.53	9	15.79
广东	94	44	46.81	13	13.83	37	39.36
广西	61	25	40.98	26	42.62	10	16.39
海南	42	17	40.48	5	11.9	20	47.62
重庆	104	52	50	24	23.08	28	26.92
四川	96	48	50	16	16.67	32	33.33
贵州	101	59	58.42	35	34.65	7	6.93
云南	198	111	56.06	58	29.29	29	14.65
西藏	1	0	0	0	0	1	100
陕西	99	53	53.54	17	17.17	29	29.29
甘肃	96	44	45.83	8	8.33	44	45.83
青海	89	49	55.06	26	29.21	14	15.73
宁夏	94	65	69.15	16	17.02	13	13.83
新疆	49	37	75.51	2	4.08	10	20.41

（数据来源：2015年全国家庭农场监测数据。）

从政府财政扶持来看，我国各省（市、区）家庭农场财政扶持制度与力度也有一定差别。2015年农业部统计数据显示，约6.6%的家庭农场得到了财政扶持资金，约5.9%的家庭农场获得贷款支持。从家庭农场区域发展情况来看，也存在较大差别。浙江、安徽、湖南、湖北、吉林、黑龙江等地取得贷款支持的家庭农场平均获贷20万元,明显高于其他地区。①

六、示范家庭农场建设工作快速推进

目前,全国各地已开启了示范家庭农场的认定活动,我国家庭农场的品牌化和标准化发展也越来越受到国家各级政府和广大农民的重视。

在2015年全国家庭农场监测数据抽取的2903个家庭农场中,省级示范农场仅有201个,占比为6.92%;市级示范农场有322个,占比为11.09%。在抽查样本中,还有9个省(市、区)还未建成省级示范农场,3个省(市、区)还未建成市级示范农场(见表3-4)。

表3-4 各省(市、区)参与调查样本数量比

省(市、区)	省级示范农场数量		市级示范农场数量	
	数量(个)	所占比重(%)	数量(个)	所占比重(%)
总计(全国)	201	6.92%	322	11.09%
北京	0	0.00%	1	0.03%
天津	1	0.03%	5	0.17%
河北	10	0.34%	15	0.52%
山西	3	0.10%	15	0.52%
内蒙古	1	0.03%	2	0.07%
辽宁	19	0.65%	6	0.21%
吉林	1	0.03%	9	0.31%
黑龙江	1	0.03%	0	0.00%
上海	0	0.00%	15	0.52%
江苏	18	0.62%	17	0.59%
浙江	11	0.38%	12	0.41%
安徽	14	0.48%	32	1.10%
福建	8	0.28%	18	0.62%
江西	2	0.07%	11	0.38%
山东	6	0.21%	17	0.59%
河南	3	0.10%	14	0.48%
湖北	25	0.86%	13	0.45%

---

① 袁梦,易小燕,陈印军,等.我国家庭农场发展的现状、问题及培育建议——基于农业部专项调查34.3万个样本数据[J].中国农业资源与区划,2017(6).

续表

省(市、区)	省级示范农场数量		市级示范农场数量	
	数量(个)	所占比重(%)	数量(个)	所占比重(%)
湖南	0	0.00%	1	0.03%
广东	7	0.24%	5	0.17%
广西	2	0.07%	12	0.41%
海南	0	0.00%	1	0.03%
重庆	1	0.03%	10	0.34%
四川	6	0.21%	3	0.10%
贵州	3	0.10%	6	0.21%
云南	0	0.00%	8	0.28%
西藏	0	0.00%	0	0.00%
陕西	36	1.24%	12	0.41%
甘肃	0	0.00%	19	0.65%
青海	0	0.00%	39	1.34%
宁夏	23	0.79%	4	0.14%
新疆	0	0.00%	0	0.00%

(数据来源:2015年全国家庭农场监测数据。)

目前,我国各地都对示范家庭农场的认定出台了相关规定。例如,2017年江苏省决定建立示范家庭农场名录制度,力争每年培育200个左右,这些示范家庭农场要在规模经营、高效产出、设施配套、管理规范等方面做出表率,申请列入省级示范家庭农场名录库的家庭农场,必须管理规范且从事农业生产经营2年以上,并且经当地农业部门认定满1年;以家庭成员为主,常年雇工数要少于家庭成员劳动力数;实行适度规模经营,从事粮食生产的土地规模应在100—300亩,从事园艺业的露天生产面积在50—150亩,设施栽培应在30—50亩;有较高的产出效益,家庭农场经营收入是家庭的主要收入来源,占比应在80%以上;采用先进的生产技术,在农业新品种、新技术、新模式以及生产设施装备配套的应用上有新突破,并且对周边农户的示范带动作用显著;产品质量安全可控,生产中严格执行农产品质量安全标准,拥有、使用或积极申请注册品牌商标、质量专项认证、"三品一标"产品,有较稳定的销售或农超、农社对接渠道,商品化程度高。这些要求对江苏省示范家庭农场的建设发挥了很好的导向作用,提升了家庭农场的发展水平和质量。

2018年年底,浙江省农业农村厅公布了2018年度省级示范性家庭农场名单,嘉兴市秀洲区王店徐氏农场等获得省级示范性家庭农场称号。近年来,嘉兴市秀洲区强化家庭农场的培育,把规范发展作为核心工作来抓。凡区级示范性家庭农场可优先享受农业扶持政策,并作为申报更高级别示范性家庭农场的必备条件,以鼓励广大家庭农场都投身到创办示范农场的活动中来。建立检查监督机制,对所有区级示范性家庭农场实行动态管理,定期监测,优保劣汰,确保示范家庭农场的先进性和引导作用。通过政策引导和规范运营管理,嘉兴市秀洲区家庭农场队伍发展质量得到明显提高,家庭农场的发展活力得以进一步释放。截至2018年年底,在全区已注册的378个家庭农场中有省级示范性家庭农场11个、市级示范性家庭农场15个、区级示范性家庭农场20个,目前,秀洲区家庭农场具有龙头企业基地型、粮食生产型、种养结合型、设施农业型和休闲农业型等多种类型,不仅产业覆盖面广,而且经济效益好,示范作用显著,家庭农场欣欣向荣的良好局面已经形成。

2019年浙江省认定杭州市萧山区进化镇七郎平家庭农场等284个为省级示范性家庭农场,南宁市横县莲塘镇永达家庭农场等181个被认定为广西壮族自治区2018年度示范家庭农场,济南市历城区健鑫家庭农场等198个为被认定为山东省第三批省级示范家庭农场,四川省评定的省级第五批示范家庭农场共815个,全国各地的示范家庭农场如雨后春笋般涌现。

家庭农场是家庭承包经营责任制的升级版,是将家庭经营和规模经营有机结合的重要载体。当前,家庭农场发展总体上尚处于起步阶段,全国各地家庭农场的发展势头良好,但也面临生产要素、体制机制等多方面因素的制约,迫切需要加强扶持和示范引导。各地纷纷把建立示范家庭农场名录制度作为引导家庭农场稳定发展的重要抓手,通过培植典型,示范并引领家庭农场的高质量发展。因此,示范家庭农场的认定与评选工作意义重大,它不仅加速推进了农业生产机械化和促进了农业科技的传播与推广,而且还是进一步实现农业标准化生产、提高农业整体水平和实现农产品质量安全有效供给的重要保障。特别是对广大农场主、农场成员以及消费大众都具有非常重要的影响:对于家庭农场主来说,示范农场建成后,不仅有利于提升该农场的知名度,还有利于进行农场内部财务核算、田间操作等规范化管理,更加有利于享受更多的国家奖励与补贴政策;从农场成员的角度看,工作职责得以细分,薪资发放与福利待遇也会更加人性化;从消费者角度看,示范家庭农场受到全社会的广泛关注和监督,消费者可以参与农场生产管理监督活动,能够加深对农产品生产加工全过程的了解,从而确保所用产品的安全性与健康性。示范农场的建设必将大大促进我国家庭农场的升级,形成良好的竞争氛围,激励农场主们加强学习与技术跟进,不断提升竞争实力,从而促使我国家庭农场的发展焕发出蓬勃生机,最终实现家庭农场的高质量发展。

七、家庭农场人才培养工作稳步推进

2012—2016年连续五年的中央一号文件都对新型职业农民培育工作作出部署。2012年农业农村部启动新型职业农民培育试点工作,2014年联合财政部推出新型职业农民培育工程,到2016年全国已有8个省、30个市和800个示范县开展了新型职业农民培育工程,1600多个县开展了新型职业农民培育工作,一批高素质的青年农民正在成为家庭农场主,许多大学生、返乡农民工以及退伍军人也纷纷加入新型职业农民队伍。自新型职业农民培育工程开展以来,各方面的投资持续增长,中央财政由过去每年投入11亿元,到2016年增加到了13.9亿元,地方财政每年也投入近10亿元,并且提高了补助标准,对培育工作帮助很大。各地结合本地实际,积极探索,大胆实践,把新型职业农民培育工作作为政府的重点工作对待,创造了一系列可复制、能推广的经验。自2013年以来,陕西、湖南、湖北、安徽、海南、山西、江苏、四川、广西、山东等地区先后出台了培育新型职业农民的工作意见,制定了实施方案,对新型职业农民培养工作发挥了重要的指导和推动作用。

2012年湖北省启动了新型职业农民培育工程试点,宜都、公安、新洲区和东西湖区作为农业部100个试点县(市、区)被纳入全国试点范围,后增加枣阳、夷陵和监利三个省级试点县(市、区),湖北省进行新型职业农民培育试点的共有7个县(市、区)。截至2018年年底,全省已系统培育新型职业农民15万人左右,到2020年年底全省系统培育新型职业农民将达到30万人,通过典型引领、示范带动,全省新型职业农民队伍总量将达到100万人左右。培育工作初期,省政府按照《农业部办公厅关于印发新型职业农民培育试点工作方案的通知》的要求,结合当地实际情况,制定了《湖北省新型职业农民培育试点工作方案》,提出了"政府主导、稳步推进、尊重农民意愿、促进产业发展"的四项工作原则,其目标就是探索建立新型职业农民教育培养制度、新型职业农民认定管理制度和新型职业农民扶持政策体系,对全省新型职业农民培育发挥了重要的指导作用。同时还结合省情编制了《湖北省新型职业农民培育发展规划(2016—2020年)》,提出了按照发展现代农业、转变农业发展方式的总体要求,围绕提高农民综合素质和促进农业供给侧改革、支撑农业强省建设的总目标,坚持"政府主导、服务产业、引领发展、整体开发"的方针,遵循人才培养的规律,分层、分类开展精准培训,创新体制机制,完善政策保障体系,构建新型职业农民培育制度,努力打造一支数量充足、结构合理、素质较高、贡献率强的新型职业农民队伍,为发展现代农业、推进农业强省建设提供强有力的人才支持。近些年,湖北省大力实施农村劳动力培训阳光工程、农村实用人才带头人培养计划,着力提升农村和农业从业人员素质,农民教育培训工作取得长足发展。从2013年以来,出台了《湖北省新型职业农民教育培训试点指导意见》等系列文件,全省各地结合实际,也制定了新型职业农民扶持政策,安排专项经费,在土地流转、农业生产、金融信贷、农业保险、社会保障等方面,优先向职业农民倾斜,有力地支持了新型职业农民队伍的发展壮大。2016年出台的《湖北省新型职业农民认定管理试点指导意见》,强化了从业意愿、技能水平、经营能力、责任意识等内容并作为认定的基本条件,对经营规模和经营年限提出了具体的量化标准,对职业农民认定的权利和义务、认定程序及认定后管理等作了明确规定,实行动态管理,做好定点服务、定向扶持工作。实施"现代农业领军人才资助项目"和"农村实用人才创业孵化基地项目"建设,为创业兴业提供人才保障。强化县级政府的主体意识,压实县级政府的主体责任,按照"谁认定、谁扶持"的工作原则,在做好职业农民认定工作的同时要加强相关扶持政策措施的配套跟进工作。目前,试点县已落实对新型职业农民的小额担保和贴息贷款并减免税费。2018年全省评选出了"十大职业农民",其中就有家庭农场主的代表,极大地鼓舞了家庭农场主的士气。2019年6月,湖北省财政厅发布了《湖北省新型职业农民培育政策绩效评价报告》,该报告涉及2014—2018年期间中央和省级财政曾资助过的35个市(县、区)的129个培训机构,报告对以往的工作进行了总结,表彰了先进,对工作进展不力的也是一次很大的鼓动。截至2019年7月,湖北省通过各种培训机构系统培育新型职业农民22.6万人,在一定程度上缓解了家庭农场人才供需矛盾突出的问题。

2017年吉林省在其他省工作取得一定经验的基础上,以加快培育"爱农业、懂技术、善经营"新型农业人才为目标,开启了全省的农民培训培育"1231"工程,即国外培训100人、省外培训2000人、省内培育3万人和冬春培训100万人。建立了国家、省、市、县四级农民培育基地,经推荐申报并由农业部认定的吉林农业大学等4个单位为国家级新型职业农民培育的示范基地、农安县陈家店村为国家级农村实用人才的培训基地;组织专家审查考核,将国信现代农业等30个单位列为省级新型职业农民实训基地,东福米业等14个单位被列为省级农民田间学校,有172个农广校、农技推广中心被认定为市、县级培训培育基地。2018年,吉林省质量技术监督局批准并颁布了《新型职业农民培训教师规范》,对培训师资提出了要求,开创了我国对农民培训师资管理工作的先河,具有很强的示范作用,为确保培育的高质量提供了可遵循的标准。在培育形式上大胆创新,组织家庭农场等新型经营主体带头人到国外进行培训,2017年就选派139名农民分6批次前往日本、韩国、法国、中国台湾等农业发达的国家和地区进行参观学习交流,此项工作在全国属首创。同时还组织青年家庭农场主407人次到浙江、江苏、湖北、山东、陕西等省份参观学习,培育活动中已有2100多人次参加省外培训。同时还认真落实省内培训计划,到目前参加省内实训基地培训的农民有9500多人,参加农民田间学校培训培育的农民达12000多人,2017—2018年度冬春培训中共有20万人参加全省新型职业农民培训。吉林省是全国信息化培训培育试点省份,在新型职业农民培育工作中率先实施手机App信息化培训试点,目前已完成"吉云智农"农业科教服务平台软件开发,对全省9个地区、14个县农民培训机构的管理人员进行了培训,提高了培训质量和培训工作效率。为确保培育质量并达到培育目的,他们还对接受培训后的职业农民进行后续跟踪服务和指导,他们会指派农技人员与职业农民"结对子",实施"一对一"或"一对多"针对性较强的技术指导,他们组织农场主等参加农博会、农交会等展洽活动,还组织与外省农场主开展产销对接活动,2017年组织了吉沪、吉赣两地农场主培训交流活动,为后续其他地方职业农民的培育提供了可借鉴学习的榜样。

在2017年农业农村部颁布的《"十三五"全国新型职业农民培育发展规划》中明确提出,到2020年全国新型职业农民培养数量要达到2000万人,现代青年农场主培养数量要超过6.3万人。把提高农民、扶持农民、富裕农民作为培育工作的方向,把吸引年轻人务农和培养职业农民作为培育工作的重点,通过培训提高一批、吸引发展一批、培育储备一批,实现我国农业发展人才资源的重大提升。党的十九大和2017年年底召开的"中央农村工作会议"都对建立新型职业农民制度作了重要部署。新型职业农民培育任务繁重,需要不断拓展投入渠道,许多地方在拓展新型职业农民培育资金投入渠道时,非常注重吸收家庭农场主的投入,一部分经济实力强、有强烈培育愿望的农场主成为投资人和受教育者,对职业农民的培育已经成为部分家庭农场主的自觉自愿行为。因此,对职业农民的培育不仅是培训新型职业农民自身的需要,也是家庭农场高质量发展的需要。

经过近几年的努力,我国已基本形成了政府推动、部门联动、产业带动、农民主动的新型职业农民培育的工作格局,新型职业农民培育的"333"制度框架已经筑就,第一个"3"即"三位一体",它是指新型职业农民的培育要将教育培训、认定管理和政策扶持三个环节紧密相连;第二个"3"即"三类协同",它是指协调并同步推进生产经营型、专业技能型、专业服务型三种类型的新型职业农民的培育;第三个"3"即"三级贯通",它是指将新型职业农民分为初、中、高三种级别进行认定。在农民职业培育工作中,各地充分发挥农民科技教育培训中心(农业广播电视学校)的组织协调与基础服务作用,广泛吸纳涉农院校和社会培训机构参与培训工作,通过政策引导农业企业、农业园区、农民合作社、家庭农场等市场主体建立实训基地和农民田间学校,一个以农业公益性机构为主体、社会资源和市场主体共同参与的"一主多元"的新型职业农民培训体系初步形成并处于逐步完善之中。新型职业农民的培育为家庭农场提供了高素质的人才资源,通过一系列的培育学习,家庭农场主的业务水平和管理能力得到显著提高,为家庭农场高质量发展提供了强大的能量。

八、家庭农场协会的作用日益显现

家庭农场是以个体经营为主要特征的经济组织,在起步初期往往处于"各自为政"的状态。为解决这一实际问题,增强家庭农场之间的相互联系和交流,共享政策、技术、管理的好处,需要有一个机构牵头把原本处于"不相为谋"状态的家庭农场组织起来,共商大议,共谋发展,在这种大背景的影响下,各地的家庭农场协会(或联合会)也就应运而生。

家庭农场协会是我国家庭农场发展中出现的新生事物,是由各地家庭农场在自愿前提下产生的非营利性社会组织。该组织的主要作用是协调有关部门关系,维护会员的合法权益,为会员们的经营活动提供信息、科技、法律、管理等方面的服务;承办政府有关部门的委托事项,为政府排忧解难,促进当地农业农村经济发展。家庭农场协会还在政府、金融部门和家庭农场之间搭起一座桥梁,努力破解融资难、融资贵的问题,引导会员充分运用政策导向争取更为有利的发展空间,同时总结推广会员的先进经验和先进典型,加强会员之间经验交流,主动延伸和完善农产品营销产业链,建立通畅高效的营销渠道,组织广大会员在家庭农场发展中结成联盟,共享利益,共同发展。

浙江省衢州市衢江区家庭农场协会于2013年6月24日成立,是我国较早成立的地方家庭农场协会,第一届理事会由17个会员单位组成并在区农业农村局挂牌。该协会还下设粮食、蔬菜、中草药、水果、茶叶、林业、水产等11个产业分会,协会成立之初就办起了蔬菜、畜牧、粮油、水果特产等技术培训班,每一期3天,培训内容分为专业技术课和公共课两类,其中公共课包括家庭农场扶持政策、农产品安全、家庭农场创业、农产品网络营销、家庭农场财务管理等,全区多数家庭农场主参加了培训,取得满意效果。为规范家庭农场生产经营行为,协会制定了《衢州市衢江区家庭农场协会行业自律公约》,为家庭农场规范管理提供了依据。从2014年9月以来,为紧密联系社区和家庭农场之间的关系,协会创新性开通了全省首列家庭农场"周末直通车",邀请社区消费者代表参观家庭农场种植基地,了解农产品生产过程,体验农事活动,现场采摘品尝,亲身体验农产品快速检测。这种零距离接触不仅增进了双方的友谊和信任,也使农场主对消费者需求有了更直接、更具体的感受,同时也打造了衢江"农业文化一日游"的品牌,提升了农产品的附加值。

2013年6月26日,湖北省宜城市家庭农场协会正式成立,这是湖北省第一个家庭农场协会,117位家庭农场主成为协会创会的首批会员。协会宗旨是联合引导全市家庭农场主实行规范运作、健康发展,提高农户市场运作的组织化程度,加快农业产业化建设,维护家庭农场的合法权益,为繁荣农村经济做贡献。湖北省宜城市家庭农场协会作为全省首个家庭农场协会受到了省委主要领导的充分肯定。协会的成立对全省各地积极引导家庭农场与农民合作社等农业服务组织开展对接,发展订单生产,较好解决了销售对接难问题,发挥了示范带头作用。

2014年4月,湖北省家庭农场协会成立;2015年1月,吉林省家庭农场协会批准成立;2016年1月,河北省家庭农场联合会成立。这些协会(联合会)的成立为广大的家庭农场搭建了一个互相学习交流的平台和维护自身权益的组织,家庭农场主可通过协会了解相关政策信息,还能够借助平台的力量维护自身合法权益。2016年1月15日,浙江省家庭农场协会宣告成立,它代表着浙江省家庭农场的权益,协会的工作包括:组织会员学习政府政策、法律法规、科技知识,提供各种培训和咨询;提供各项农业生产技术指导;为会员提供资金融通服务;为会员提供生产、生活资料的集中采购服务;为会员提供农产品深加工、产品包装及销售方面的服务;为会员提供法律维权服务;协调并规范协会内部的生产经营行为;承办上级部门委托或交办与本协会工作性质相关的其他事项或任务等。同时对会员也作出相应要求,即必须是浙江省内经工商注册成立的"家庭农场",农技专家及经一定程序批准的政府管理、监督部门工作人员也可入会作为会员。为确保协会工作的顺利开展,实行会费制度:发起单位(含法定代表人)、专家、领导免收年费、会费;会长、法定代表人每年5000元;副会长、秘书长每年1000元;普通会员每年50元。良好的运行机制为浙江省家庭农场的高质量发展发挥了重要推动作用。

2017年2月24日,成都市家庭农场协会揭牌仪式在成都举行;同年3月1日,江西省家庭农场联合会成立。2017年5月,我国最高层次的家庭农场联合组织——"中国家庭农场联合会"正式成立,标志着我国家庭农场的发展进入一个新的历史阶段,步入了良性发展的快车道。中国家庭农场联合会是一个致力于为我国家庭农场及农场主们提供政策权威性解读的公益性组织,它还为家庭农场提供智力帮扶、项目申报、供需信息等服务,性质等同于协会。联合会的重要职责首先是帮助全国各地家庭农场主解决在保险、贷款等方面的困难,其次加强全国各地家庭农场主之间的紧密联系和相互沟通,分享成功经验,共克时艰,互帮互助求发展。2018年7月14日,河南省家庭农场协会成立大会暨第一届全体会员代表大会召开。

在众多的协会当中,河北省邢台市巨鹿县家庭农场管理者协会的经验值得借鉴和分享。该协会较好地解决了家庭农场经营成本高、销售渠道单一、技术水平偏低等问题。协会组织统一购买农机、化肥,节约了大量开支,农场之间在协会的组织协调下还可以共享农机器械,减少了投入。在协会的帮助下效益明显,玉米和小麦的播种成本每亩分别下降了30元和10元,仅此一项每年就可为会员节省近百万元的开支。2018年,协会的10多个家庭农场主出资建设了一个有机肥厂,养殖业家庭农场产生的粪便运到肥厂,加工成有机肥再回归到农场的农田里,既保护了环境,又节约了成本,实现了绿色生产,将富余的有机肥对外销售,增加了农场收入。同时,协会出面聘请技术顾问,主要解决家庭农场新技术应用和品牌经营方面的难题。目前,全县有金银花、红杏等10多种有地方特色的农产品用上了公共品牌,增强了竞争实力。2019年年初,巨鹿县家庭农场管理者协会和冀南优质麦产业联合体签订了战略合作协议,拉开了粮食购销等方面合作的序幕。协会将巨鹿县的优质家庭农场推荐给冀南优质麦产业联合体,通过签订协议,县里家庭农场找到了一个"靠得住"的大买家。协会还组织家庭农场参展北京农业嘉年华,仅当年九月,9个家庭农场中的一个在周末高峰期的日均销售额就突破万元大关。经过协会的组织引导,家庭农场实现了抱团发展,相比之前单打独斗,加入协会后经营成本降低了,经济效益提高了,农民的干劲更足了,农场的发展更加顺畅了。

我国的家庭农场协会由少到多,由个别地方创办到逐步发展到全国各地,由地方性协会发展到国家高层次的,呈星火燎原之势,家庭农场协会成为广大家庭农场生产经营的主心骨、走向市场的引路人、发家致富的好参谋。随着各家庭农场协会工作的不断完善,运行机制的逐步健全,可以相信它在推进我国家庭农场高质量发展中的作用将更加突出,更加光彩夺目。

第二节 我国家庭农场建设中取得的主要成绩

经过这些年的努力,我国家庭农场呈现良好的发展态势,在许多方面取得了显著的成绩,通过梳理大量的统计资料和有关文献资料,主要表现在以下十个方面。

一、家庭农场数量逐年增加

根据农业农村部对家庭农场的专项调查,2015年我国经农业农村部认定的家庭农场的数量为34.3万个,较上年增长146.76%;依照往年的发展速度推测,2016年和2017年我国家庭农场数量应该分别为40万和45.5万个左右。截至2018年年底,已有60万个进入农业农村部家庭农场名录,全国家庭农场数量快速增长。图3-3所示为我国家庭农场发展数量变化。

截至2017年年底,在纳入调查的家庭农场中有7.8万个家庭农场被认定为示范性家庭农场,比上年增加了1.6万个,增幅为26.4%,占家庭农场总数的14.3%,占比上升0.4%。从家庭农场数量统计看,有8个省(区、市)的家

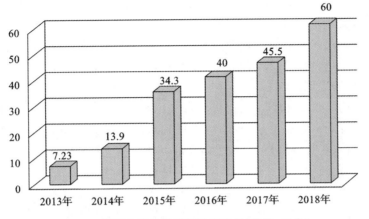

图 3-3 我国家庭农场发展数量变化(单位:万个)

(数据来源:农业农村部综合数据统计。)

庭农场在 5000 个以下,5001—10000 个、10001—30000 个和 30001—50000 个的各有 7 省(区、市),只有安徽省一个省超过 50000 个,按照家庭农场数量排列前六位的依次是安徽、江苏、山东、四川、湖北、湖南,六省家庭农场数量占全国家庭农场数的一半有余。从家庭农场的劳动力数量看,家庭农场的平均劳动力是 5.4 人,其中含家庭成员 3.5 人和常年雇工 1.9 人。

家庭农场数量位居全国第一的安徽省现有家庭农场数量达 10.5 万个,2018 年全省在市场监管部门注册登记的家庭农场就达到 96229 个,较 2013 年增长 10 倍多。安徽省家庭农场起步较早,发展较为成熟,在推广农业新品种、新技术、新装备方面发挥了很好的带头作用,尤其在农业供给侧结构性改革和乡村振兴中发挥了引领作用。安徽省家庭农场分布领域广,在粮油、果蔬、苗木、茶叶、烟草、药材、畜禽、水产养殖等众多行业都有家庭农场活跃的身影,并且一改过去单一扩大经营规模的做法,逐步向种养结合、生态循环、提高单位效益的方向转变。2017 年以来,在新当选的 648 个省级示范家庭农场中,实行农牧、林牧、稻渔等种养结合的就占了 266 个,占省级示范家庭农场的 41%。自 2014 年以来,全省平均每年推出 300 个省级示范家庭农场给予财政资金奖补。全省的各市县也都相应地开展了示范创建活动。截至 2018 年年底,全省各级示范家庭农场 11107 个,其中省级 1646 个、市级 3413 个、县级 6048 个,各级示范家庭农场的蓬勃发展成为当地小农户发展的现实样板和标杆。

近年来,江苏省家庭农场发展势头迅猛,2015 年年底全省就已有家庭农场 2.85 万个。江苏省始终坚持把培育发展家庭农场当作推进提升农业组织化程度、创新农业经营方式中的一件大事来抓。2013 年 6 月,江苏省在全国较早出台了家庭农场发展指导意见,在全国率先启动了认定登记工作,接着又在运营监测、示范家庭农场名录创建和金融扶持等方面出新招,带来了全省家庭农场蓬勃发展的大好局面。经过五年多的发展,江苏省家庭农场总数已经达到4.89万个,其中省级示范家庭农场1406个,其他级别示范家庭农场7000多个,其中南京市的家庭农场就多达3750个,其中示范家庭农场106个,农民的收入水平基本和城市居民持平。镇江如花家庭农场是江苏省入选第一批全国家庭农场典型案例的唯一代表,如花家庭农场创办于2009年,农场占地面积150亩,其中有70亩桃园,50亩樱花海棠花苗圃,种植杂粮20亩,种植西瓜5亩,另外还有5亩地的山泉水面,树林里和水面上放养着1000余只鸡、鸭、鹅等家禽。该农场长期坚持绿色发展,发展立体式种养结合的生态农业,2018年家庭农场经营纯收入达13万元,实现了脱贫致富,实现了经济效益和生态效益的双丰收。农场先后被评为镇江市级、江苏省级示范家庭农场。

山东省在2013年5月颁布了《山东省家庭农场登记试行办法》,对家庭农场的登记条件和人数、经营范围与形式、经营业务等方面进行规定,8月29日,省政府转发了《关于积极培育家庭农场健康发展的意见》,对家庭农场在财政、金融、经营用地方面的优惠政策和登记注册服务方面的支持作了进一步强调。2014年年底,山东省在工商部门登记注册的家庭农场达到3.8万个,2016年9月,又颁布了《山东省家庭农场登记管理办法》。据山东省家庭农场发展报告统计,截至2016年年底,山东省在工商部门登记注册的家庭农场达到4.8万个,比2015年增长了17.1%。在家庭农场创建工作取得一定成绩的基础上,山东省又把规范发展作为下一步工作的重点,2015年开始了首批省级示范家庭农场的创建活动,100家示范农场脱颖而出。2017年在总结前次工作经验的基础上又颁布了《山东省家庭农场省级示范场认定管理暂行办法》,随之第二批199个省级示范家庭农场登场亮相。在示范家庭农场的引领下,截至2017年年底,山东省的家庭农场已发展到了5.5万个。图3-4所示为山东省家庭农场发展示意图。

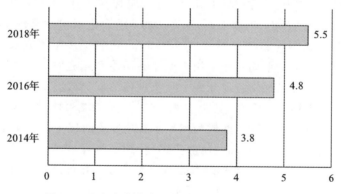

图3-4 山东省家庭农场发展示意图(单位:万个)

(数据来源:宫建华,高露华.山东省家庭农场发展现状[J].安徽农业科学,2018(13).)

四川省家庭农场虽然起步较晚,但发展较快,2014年年底,全省家庭农场就达到13873个,同比增长121.4%,2016年年底,全省家庭农场数量上升到3.4万个,其中有500个省级示范农场,家庭农场经营土地面积226.8万亩,场均达78亩,具有一定规模。全省种植业家庭农场1.8万个,占总数的一半以上;从事渔业的家庭农场6800个、从事牧业的家庭农场1800个、种养结合的家庭农场7400个,其中有1180个拥有注册商标,有299个获得农产品质量认证。经过近年的努力,截至2019年,全省的省级示范家庭农场已有815个,比2016年增长了63%。

湖北省的家庭农场数量增速快,势头良好。早在2004年,湖北省第一个家庭农场就注册成立了。2009年,武汉市开始了家庭农场建设设点,成为全国家庭农场发展的先行者,其发展经验被总结为"武汉模式"。近几年,湖北省家庭农场快速发展,2015年年底,家庭农场已经发展到46682个,其中在工商部门登记注册的就有20296个,较2014年增长了63%。截至2017年年底,在工商部门注册的家庭农场29769个,2017年省级示范家庭农场发展到292个,2019年省示范家庭农场达111个,在全省各地遍地开花,发挥了较好的示范作用。图3-5所示为2019年湖北省省级示范家庭农场分地区统计。

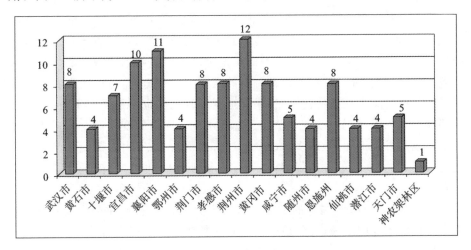

图3-5　2019年湖北省省级示范家庭农场分地区统计(单位:个)

(数据来源:湖北省农业农村厅网站。)

湖南省近年来在工业化、城镇化发展的过程中,农业发展也进入新阶段,家庭农场得到快速发展,呈现出经营规模日益扩大、管理水平逐步提高、市场竞争力明显增强的良好态势。2014年年底,全省拥有家庭农场2.9万个(其中工商登记注册的不到3000个),经营的土地面积为317.3万亩,平均每个家庭农场为109亩。2016年上半年由农业农村部认定的家庭农场有7077个,其中种粮的有3049个,总的经营面积为86.55万亩,流转种植面积56.35万亩,并开始创建家庭农场示范县和省级示范家庭农场活动。截至2017年年底,全省家庭农场已发展到3.35万个,对全省现代农业和农村经济发展产生了有力的推动作用。

河南省由农业农村部认定的家庭农场从2014年的3974个增长到2018年的10342个,年均增幅为27%。种植业为主的家庭农场占83.6%,其中从事粮食生产种植的占种植业的83.3%,从事畜牧业和种养结合的家庭农场分别占6.9%和5.3%,种粮家庭农场成为我国中原大地上家庭农场的主力军。2018年年底,广西壮族自治区发展家庭农场9693个,比上年新增1566个,实现了19.3%的快速增长。

在国家和地方优惠扶持政策的引领下,全国各地的家庭农场的数量有了飞速增长,呈现较强的生命力。家庭农场作为一种新型农业经营主体,正处在快速发展和壮大之中,它由以家庭承包经营的小农户升级而来,这个新型生产经营主体将是亿万农民脱贫致富奔小康的重要发源地,将成为实施乡村振兴战略的重要力量。

二、家庭农场规模日益扩大

家庭农场的经营规模是近些年大家十分关注的问题,在实践中人们逐步达成共识,即不求最大,但求更好,也就是不以规模论英雄,但也绝不是不考虑规模,能大则大,以效益为适度规模的衡量标准。家庭农场的规模要与当地的资源条件、农业行业特征和农产品种养的实际需要相适应,还应当和农场主的经营管理能力水平相适应。同时,最佳适度经营规模也不是固定不变的,也必须伴随市场供求状况的改变以及经营管理水平等因素的变化而变化。从我国家庭农场的发展变化来看,多数已经从过去规模较小、实力单薄的状况逐步向适度规模、实力变强的方向发展,在追求发展速度的同时,也在不断追求规模效益。

据统计,我国家庭农场的平均经营规模为10.10公顷(1公顷=10000平方米),但由于我国地域辽阔,地形和气候的复杂性和多样性特点,人口密度不同,导致不同地域家庭农场经营规模上的明显差异。总的来说,我国北方地区家庭农场的经营规模普遍大于南方地区,青海省是我国家庭农场平均经营规模最大的省份,平均经营为40.61公顷,其次是宁夏,平均经营规模为24.92公顷,黑龙江位居第三,平均经营规模为21.47公顷,而福建、四川和广东三省为我国平均经营规模较小的3个省,平均经营规模分别为5.58公顷、5.03公顷和2.93公顷,相差悬殊。同时由于各地的生产经营条件上的差异也导致家庭农场规模上的差别,如山西南部的果树种植户,一对夫妇仅能管理0.21公顷规模的果园;北京密云区的设施栽培草莓,借助机械化人均的管理面积可达

0.5公顷;而黑龙江水稻种植户由于普遍使用农用机械,人均管理面积可达20公顷以上。① 图3-6所示为我国家庭农场平均经营规模的比较。

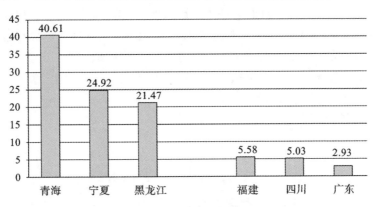

图3-6 我国家庭农场平均经营规模的比较(单位:公顷)

(数据来源:袁梦,易小燕,陈印军,等.我国家庭农场发展的现状、问题及培育建议——基于农业部专项调查34.3万个样本数据[J].中国农业资源与区划,2017(6).)

据农业农村部调查,2014年年底,经营面积在3.3公顷以下的家庭农场有34.78万个,占全国家庭农场总数的39%;经营面积在3.3—6.7公顷的有22.26万个,约占全国总数的26%,经营面积在6.8—33.3公顷的有16.34万个,约占全国总数的19%,经营面积在33.3—66.7公顷的有11.32万个,占全国总数的13%;66.7公顷以上的有2.34万个,约占全国总数3%。目前,家庭农场在规模经营上有了较明显的进步,所经营的土地中有70%是通过土地流转实现的。据袁梦等学者对我国34.3万个家庭农场的调查统计,这些家庭农场经营土地面积共346.09万公顷,平均每个家庭农场的经营规模为10.12公顷,比2014年有较大提升。以粮食生产型家庭农场为例,经营规模在3.33—13.33公顷的占63.1%,13.34—33.33公顷的占28.0%,33.34—66.67公顷的占6.5%,66.67公顷以上的占2.4%(见表3-5)。

表3-5 不同经营规模的粮食生产型家庭农场数量及比例

经营规模(公顷)	3.33—13.33	13.34—33.33	33.34—66.67	66.67以上
经营数量(个)	90875	40321	9316	3405
所占比例(%)	63.1	28.0	6.5	2.4

(数据来源:袁梦,易小燕,陈印军,等.我国家庭农场发展的现状、问题及培育建议——基于农业部专项调查34.3万个样本数据[J].中国农业资源与区划,2017(6).)

---

① 袁梦,易小燕,陈印军,等.我国家庭农场发展的现状、问题及培育建议——基于农业部专项调查34.3万个样本数据[J].中国农业资源与区划,2017(6).

目前,我国家庭农场在土地规模经营上已经有了良好的开端。家庭农场经营规模的扩大主要是通过土地流转而实现的,并且伴随家庭农场经营规模的逐步扩大,土地流转面积也呈日益增加的态势,两者相互促进。据安徽财经大学和中华合作时报社的联合专题调研显示,2018年,我国家庭农场的经营耕地面积为6915.9万亩(1亩≈666.7平方米),平均耕地约为175亩,从耕地来源看,家庭承包经营的耕地面积是1506.7万亩,占21.8%,比2016年减少了0.9个百分点,而流转而来的耕地面积为4867.4万亩,占70.4%,以其他承包方式经营的耕地面积为541.8万亩,约占7.8%(见图3-7)。①

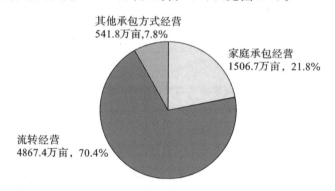

图 3-7　家庭农场不同土地来源的经营规模与面积

(数据来源:安徽财经大学,中华合作时报社联合专题调研组.中国家庭农场发展研究报告[J].中国合作经济,2018(1).)

目前,我国有一定经营规模且实力较强的家庭农场大多分布在经济发达的东南省市,如浙江省、上海市、湖北省、安徽省、吉林省等。截至2016年年底,浙江省平均每个家庭农场经营土地面积达到89.2亩,平均每个家庭农场拥有劳动力4人,经营规模基本趋于合理。全省家庭农场销售额136.9亿元,平均每个家庭农场年销售额46.9万元,其中有2297家农产品年销售额在100万元以上,规模效益明显。

上海松江区在2007年就开始进行家庭农场试点改革,这些年在经营规模上取得了明显进步。目前,一个家庭农场种植规模一般都在100—150亩左右,最大规模约200亩。由于实现了规模化发展,松江区家庭农场的平均年收入在2017年以前就超过了10万元,全区约80%面积的水稻种植基本上实行了规模化经营和专业化生产,种养结合型的37个家庭农场每年有7万头生猪上市。松江区家庭农场的规模化发展不仅较好地解决了上海及周边地区粮食和生猪的供应问题,而且对农业规模化经营、专业化生产以及农民收入的提高

---

①　安徽财经大学,中华合作时报社联合专题调研组.中国家庭农场发展研究报告[J].中国合作经济,2018(1).

都产生了推动作用,产生了一举多得的效果。

近年来,湖北省家庭农场经营规模也有较大的发展,有学者对湖北省武汉市的家庭农场作过调查,发现武汉市家庭农场种养面积范围跨度较大,规模小的只有0.20公顷,规模大的可达到316.67公顷,平均面积为21.78公顷,经营总面积达到123400公顷,其中,耕地面积占总面积的53.39%。[①] 武汉市家庭农场经营规模普遍较大,有454个家庭农场的经营规模在6.67公顷以上,占总数的80.64%。

据对2017年年底江苏全省42353个家庭农场信息的分析,经营规模总体上呈现适度化发展趋势。全省家庭农场经营总面积为957万亩,家庭农场平均经营规模为226亩,全省有53%的家庭农场的经营面积在100—300亩,生产粮食类家庭农场的平均经营规模达261亩,是全省单体规模最大的农场类型,充分彰显了产粮大省的特征和优势。

和以上所述省份相比,山东省家庭农场的土地经营规模则较为适中,经营面积在13.33公顷以下的占总数的75%;面积在66.7公顷以上的占比甚少仅占1.5%。首批100家省级示范场中,经营规模在3.33—220.00公顷的占到56%。截至2016年年底,云南省家庭农场经营土地面积总量为2.47万公顷,其中耕地、水面和草地所占面积分别为1.67万公顷、0.07万公顷和0.05万公顷,其他0.68万公顷。从家庭农场经营耕地来源看,家庭承包经营和流转经营分别占0.37万公顷和1.11万公顷,家庭农场平均经营土地面积约为6公顷。2016年,四川省家庭农场经营土地面积已达226.8万亩,场均78亩,按国际标准衡量属于农场的适宜范围,农场经营规模适度,规模效益正日益显现出来。

三、产业类型多元化发展

我国家庭农场的产业类型呈多元化发展趋势,从整体上看,我国家庭农场以种植业为主,近年除畜牧业型家庭农场比例大幅下降之外,种植业、种养结合、渔业及其他类型家庭农场的比例都有一定程度上升。2014年,种植业家庭农场占比是61.24%,是我国当时家庭农场的主要经营类型;2015年,种植型家庭农场占比持续提高,达61.90%,继续保持霸主地位。从种养结合、渔业和其他类型的家庭农场的占比看分别由2014年的7.82%、4.75%和3.04%增长到了2015年的8.96%、5.90%和3.97%,而畜牧业家庭农场的比例则由2014年的23.16%下降到2015年的19.26%。

虽然种养结合型家庭农场的发展还不占主体地位,但随着绿色循环农业

---

① 沈琼,李家家.土地流转对我国家庭农场发展影响实证分析[J].南方农业学报,2018(9).

的发展和农场生产经营规模的逐步扩大以及对家庭农场生产成本核算工作的开展,种养结合型家庭农场快速兴起是必然的结果。从以上2014、2015年的调查数据不难发现,种植型家庭农场占比只增长了0.66个百分点,而种养结合型家庭农场占比增长了1.14个百分点,是家庭农场经营类型中增长速度较快的,这说明我国家庭农场在绿色农业发展中开始了新的实践。种植业为养殖业提供饲料基础原料,养殖业则为种植业提供有机肥料,减少环境污染,节约水肥资源,种养的有机结合为农业生产的绿色循环开辟了一条道路,是获得生态效益的重要手段。

2017年,我国有33.7万个家庭农场从事种植业,占全部家庭农场的61.4%;其中,有22.5万个主要从事粮食生产,占种植类家庭农场总数的66.8%,占家庭农场总数的41%。从事畜牧业的家庭农场有10.1万个,占家庭农场总数的18.4%。从事种养结合、渔业、其他类型的家庭农场分别为5.9万个、3.0万个和2.2万个,分别占家庭农场总数的10.7%、5.5%和4.0%。其中从事种养结合的家庭农场数量比2016年的增幅高达33.8%,在家庭农场总数的占比在2016年的基础上又提高了0.9个百分点,说明我国农业结构调整和产业融合工作取得了突破性发展。

截至2018年年底,进入农业农村部家庭农场名录的有60万个,其产业类型呈多元化发展态势,既包括传统的种植业、畜牧业、渔业,也包括具有现代科技元素的种养结合型的家庭农场,其中种植业类型家庭农场占比62.7%,高居榜首,种养结合类型占11.6%,畜牧业占17.8%,渔业占5.3%,其他占2.6%(见图3-8)。在种植业家庭农场中,从事粮食生产的家庭农场占到63.4%,在全国家庭农场中约40%从事粮食生产,这是对我国高度重视粮食生产和世界粮食生产大国地位的有力佐证。

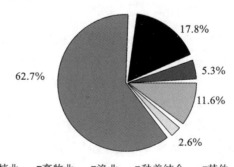

图3-8 2018年我国家庭农场产业分布比例图

(数据来源:中国证券报·中证网,2019年9月18日。)

从2015年和2018年我国家庭农场经营类型对比看(见图3-9),种植业变化不大,仍然处于绝对主力的位置,畜牧业略有下降,渔业和其他类型的变化不大,而种养结合型家庭农场发展较快,增长了 2.64 个百分点。这种发展趋势符合我国社会经济发展对农业的基本要求,也符合我国家庭农场自身发展的需要。

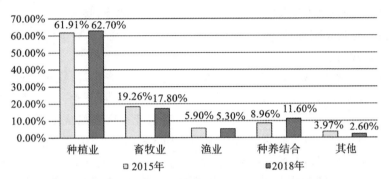

图 3-9　2015 年和 2018 年我国家庭农场主要产业发展对比
(数据来源:农业农村部、中国证券报·中证网等资料综合。)

从我国各地的家庭农场产业类型来看,既符合这一发展变化规律,也具有自身的地域特点。如上海市松江区在生产粮食家庭农场的基础上,逐步探索种养结合家庭农场养猪新模式,2013 年实行种养结合的家庭农场只有 60 个,但一年之后却发展到了 73 个。因为种养结合型家庭农场适合上海社会经济发展需要,并且上海松江区也具备了相应的条件,因此得到较快发展。江苏省 2017 年对全省 42353 个家庭农场进行分析后发现,从经营类别来看,全省家庭农场发展呈现以粮食生产型家庭农场为主体,蔬菜园艺类、畜禽水产养殖类及种养结合类共同发展的新格局。全省粮食家庭农场 1.38 万个,占家庭农场总数的 49%;蔬菜园艺类家庭农场 5700 个,占比为 20%;畜禽水产养殖类家庭农场 6840 个,占比为 24%;种养结合类家庭农场 1995 个,仅占 7%,具有相当的发展潜力和空间。从全省家庭农场生产类型布局来看,江北地区以粮食生产型为主,江南地区则以蔬菜园艺类和种养结合类为主。从省辖市情况看,全省多数地方种粮家庭农场数量都在 50% 以上,而在江南经济较发达的苏州市、无锡市等地种粮家庭农场比重相对较低,大约只有 20%,但其他三种类型的家庭农场发展较快、占比较高。

湖北省家庭农场涉及行业广、业态多、模式多。从产业类型来看,有种植业、养殖业和种养结合家庭农场三种,其中种养结合家庭农场近年发展最快,已占全省家庭农场总数的 16%。从经营形式看,有生态循环型、种养加深加工型、休闲观光型三类,如宜都市白龙山家庭农场就是通过发展生态循环农业,从而降低生产成本并实现可持续发展的,在引入生态休闲功能开拓三产融合发展方面探索出了新的路径。在农林牧渔业发展中,湖北省家庭农场仅从事单一行业比重较高,占比为83%,其中从事种植业和畜牧业的占68.54%,从事林业和渔业的占14.46%,从事跨行业占比为17%;跨行业中从事2个行业的占87.5%,其余的12.5%则从事3个行业,没有从事3个以上行业的。从经营品种情况看,仅经营一个品种的占53%,多品种经营的占47%;单一品种中规模最大的是监利的家庭农场,共种了4000亩莲藕,规模最小的只种了16亩葡萄;养殖数量最多的荆州家庭农场养了5万只蛋鸡,最少的仅养了88头猪,差异非常明显。

山东省家庭农场多年来形成了以种养为主的生产格局,在种植业、养殖业和种养结合上取得了系列成果,从事种植业的家庭农场占84.2%;从事养殖及种养结合的占9.9%;其他产业占5.9%。种植业家庭农场成了山东省家庭农场的主要力量,自2014年以来种植业一直稳定在80%以上。在首批100个省级示范场中,以种植粮食为主业的占到60%。一些家庭农场在从事种植和养殖业的同时也从事营休闲娱乐与生态观光业发展并开始涉足产品出口。如蒙阴县蒙林家庭农场主要从事肉兔饲养,肉用活兔已出口欧盟等国,国际市场日益扩大。

2017年,云南省从事种植业的家庭农场有1825个,占家庭农场总数的44.35%;从事畜牧业的有1428个,占比34.70%;从事渔业生产经营的有117个,占比2.84%;种养结合的有566个,占比13.75%;其他类的179个,占比4.35%,其中从事种植业和畜牧业(含种养结合)的家庭农场占总数的92.8%,成为云南省家庭农场发展的主力。四川省2016年年底全省种植业家庭农场1.8万个,超过总数的50%,撑起了四川省家庭农场的大半壁江山,从事渔业、牧业和种养结合的家庭农场分别为6800个、1800个和7400个。素有"鱼米之乡"美称的湖南省大多以种养业为主,全省有种植业家庭农场6468个,3253个养殖业农场,1241个种养结合型农场,其他类型农场共44个,生产形势喜人,展现出一幅"喜看稻菽千重浪"的壮丽画卷。

四、经营模式不断创新

(一)我国家庭农场发展成功模式

家庭农场在我国改革开放后的发展也有一个不断探索求新的过程,其中较为成功的模式有五种。

1. 松江模式

实行统一规范的土地流转。该模式以"依法、自愿、有偿"为基本原则,将农民承包土地委托给村委会实行统一流转,家庭农场经营者采取"毛遂自荐"和民主选拔的方式产生。积极发展种养结合、机农一体的家庭农场,对效益较好的家庭农场延长承包期限。2004年,上海市松江区就鼓励农户和村委会签订《土地流转委托书》,实行土地的统一流转。2009年,对土地承包权确认后,土地流向村集体的力度加大。截至2011年年底,土地流转面积达25.1万亩,村集体掌握了全区99.4%的土地经营权,为实行家庭农场的规模化经营提供了重要的前提条件。截至2016年年底,松江区有家庭农场966个,其中机农一体化的家庭农场有606个,占62.7%。通过土地统一流转让广大农民感受到了规模效益所带来的好处,使松江区实现了现有生产条件下劳动力与耕地面积的合理配置,家庭农场由2007年的4900个减少到2017年的921个,不仅极大地提高了劳动生产率,加快了粮食生产的专业化进程,而且家庭农场的收入得以明显提高,其经营收入从刚开始的户均4.6万元提升至2017年的12.2万元,亩均净收入从460元升至973元,使职业农民在上海这个国际大都市成为"体面的职业"。

2. 慈溪模式

通过基金引导家庭农场发展。从2001年7月开始,浙江省慈溪市不断进行土地流转机制改革,在推动土地向合作社、龙头企业集中的同时,大力鼓励农民进行承租、承包、有偿转让、投资入股,将当时分散的土地进行集中连片开发,发展家庭农场。2004年,通过"中小农场发展基金"的设立,从资金上帮助家庭农场发展。目前,慈溪市每年农业生产财政补贴都在1亿元以上,其中40%以上是用于家庭农场的扶持。与此同时,他们还对到农业领域创业就业的大学生给予政策性补助。到2015年,全市有68.3%的承包地进行流转,共计34.84万亩;实行连片开发的土地面积有41.87万亩,占全部耕地的64.4%。经过多年发展,慈溪市家庭农场在主体明确、适度规模等方面做出了突出的成绩,成为全国学习的榜样。慈溪市家庭农场的经营业绩要明显好于一般农户,如种植业的亩均产出约4250元,要超过一般农户的30%以上,林特、畜牧、水产等农场的效益也比一般农户要高出很多,一些采用高新技术的现代化农场的效益要超过一般农户的80%以上。

3. 郎溪模式

"三驾马车"牵引家庭农场。"三驾马车"是指政府扶持、农民主体、协会帮助,合力推动家庭农场发展。安徽省宣城市郎溪县政府对家庭农场发展予以高度重视,形成了一整套鼓励性较强的政策体系,涉及农场认定注册、技术帮扶、资金支持、科学管理等方面。县财政加大投资力度,每年有财政投入和整合涉农项目资金投入各1000万元,专门用于家庭农场发展。县政府还出资600万元建立了郎溪县家庭农场贷款担保资金,形成了为家庭农场贷款担保4000万元的能力。县农委每年都会组织上百名农业技术人员为家庭农场开展标准化生产和农业新技术应用的指导服务。郎溪县还率先成立了"郎溪县家庭农场协会",协会充分发挥人员广、信息灵等优势,帮助家庭农场解决生产经营中的难题,家庭农场协会与多家银行进行广泛而深入联系,建立了常态化的"银农对接会"机制,每年都举办家庭农场与银行的联谊活动,银行有针对性地推出家庭专项贷款产品,并且实行会员联保或协会担保制度,极大地方便了家庭农场贷款。截至2018年4月底,登记注册的家庭农场已达1262个,全县有近5000人从事家庭农场日常的生产经营活动。

4. 武汉模式

制定扶持政策引领农场发展。武汉市在家庭农场发展中非常重视政策的引领作用,并非盲目地"垒大户"和"摊大饼"。武汉市对各类家庭农场都有明确的"门槛",如种植业家庭农场必须符合产业发展规划要求、流转土地10年以上,蔬菜种植面积在50亩以上,粮油作物种植面积100亩以上,农田基础设施较完备,机械化率在60%以上等。同时在家庭农场的布局上还应服从并满足农业发展布局规划要求,为此武汉市专门在全市范围内划分出家庭农场的禁止发展区、限制发展区、适宜发展区,使其发展满足城市发展、环境保护以及农业产业化布局等要求。武汉市对家庭农场采取"先建后补"的政策,凡达标农场除授予示范性家庭农场牌照外,还给予一定的资金用于基础设施建设和完善。2011—2012年,培育市级示范性家庭农场167个。目前,在市政府的政策扶持下家庭农场发展势头良好,武汉市还将推出"公司+家庭农场+基地"等模式,以增强家庭农场抗风险能力。截至2017年年底,武汉市家庭农场达2802个,市级示范家庭农场230余个,农场年均收入在20万元以上,为现代都市郊区家庭农场的发展提供了重要的借鉴作用。

5. 延边模式

土地流转助推融资创新。在家庭农场起步阶段,吉林省延边朝鲜族自治州出台了7项优惠政策,涉及贷款贴息、财政补贴、农作物保险等,对扶持家庭农场快速成长发挥了积极作用。从2012年起,延边朝鲜族自治州开始采用土地收益保证贷款的融资新模式,在土地所有权和农业用途都不改变的前提下,农户自愿将土地承包经营权转让给由政府组建的公益性公司,与公司签订土地转让合同;该公司再将土地经营权转让给有一定实力的农户,并对金融机构作出共同偿还借款的承诺;金融机构再向拥有土地经营权的家庭农场提供贷款。此种融资模式可操作性强,且利率较低、风险可控,服务也非常周到。据当地有关统计,采用这一新模式以来,累计发放的贷款占全部家庭农场贷款的一半以上。为鼓励土地流转,对于农民流转土地进城后的生活也做了充分考虑,在医疗、养老等保障方面推出了一系列措施,以确保土地流转活动的持续和稳定开展下去。经过这些年的发展,截至2017年,吉林省延边朝鲜族自治州已有家庭农场4110个,经营着全州60.2%的土地,成为该地区现代农业发展的绝对主力。

(二)家庭农场经营模式的创新发展

家庭农场的经营模式也随着家庭农场改革实践的不断深入而不断创新,对家庭农场的高质量发展产生着重大影响。根据安徽财经大学、中华合作时报社联合专题调研组①和其他学者的研究成果归纳起来主要有以下几类。

1."龙头企业+研究院+家庭农场"模式

该模式是建立在龙头企业、相关研究机构和家庭农场三方合作基础上的,家庭农场以农业龙头企业和研究机构为依托,研究院主要为家庭农场提供技术服务,发挥在农业技术创新、技术推广和标准认证中的独特作用;龙头企业按照企业化管理模式进行经营管理,随时了解市场行情,拓宽产品销售的途径,调整对家庭农场农产品订单的数量,减少家庭农场的经营风险。

2."商标+家庭农场"模式

该模式在西方经济发达国家比较流行,不少国外的家庭农场都早已形成非常成熟和严格的品牌管理的应用系统,并通过这一做法成为农业企业中的"常青树"。该模式通过对优质农产品的品牌化建设,推动家庭农场品牌化经营,增加家庭农场的竞争实力,为家庭农场的高质量发展奠定了坚实的基础。曾经的"烟王"褚时健在75岁时开始第二次创业,承包荒山2000亩种植冰糖橙,当他85岁时果园年产冰糖橙8000吨。在2008年以前,这个品种的橙子在云南的收购价一斤只要几毛钱,在杭州地区的售价也不过2.5元一斤,且销量一般。但后来在微博上得到王石、潘石屹等知名人士的力荐,"褚橙"的传奇故事传遍中国,并被称之为"励志橙"。目前,"褚橙"的市场售价为108—138元/箱(10斤),而且销量很旺。

3."观光休闲+家庭农场+合作社"模式

该模式是根据当地的旅游资源和生态优势,围绕生态农业、休闲体验、旅游观光的主题,将家庭农场培养成集种养结合、旅游观光、休闲体验为一体的生态农业高地,在合作社的帮助下,实现产业链的延伸,获取产业链价值。安徽省绩溪县天路山生态种植家庭农场具有独特的生态环境优势,自然资源优势也十分明显,该农场依托自然资源优势积极建设休闲观光项目,把有机、绿色、无公害农产品的生产作为重点工作,种植了高山无公害水果、蔬菜、山核桃等,林中放养着皖南土鸡。利用合作社生产的皖南土鸡、土鸡蛋、天路山梨等还通过了有机食品认证并注册了商标,极大地提高了产品的知名度和美誉度,招来了四方游客,增加了农场的收益,成为当地的示范家庭农场。

4."龙头企业+村集体经济合作社+家庭农场+贫困户"模式

该模式是家庭农场以龙头企业为重要依托,与村集体保持密切联系,吸纳

---

① 安徽财经大学,中华合作时报社联合专题调研组.中国家庭农场发展研究报告[J].中国合作经济,2018(1).

当地贫困户参与建设,共同脱贫奔小康的组织模式。河南省伊川县高山镇张村就是一例,对一块50亩的土地进行合理规划,其中2亩建猪舍、48亩地种饲草,猪粪滋养饲草、饲草喂养猪崽,形成了生物循环圈。养殖企业负责整个循环养殖工作,村集体牵头管理运营,日常的生产由一个家庭农场负责,4户或8户贫困户参与并增加了收入,每年还给村集体分红。建一栋猪舍的费用约为40万元,由4户或8户贫困户分别以10万元或5万元的金融扶贫贷款作为投资,经过村委会领办的村集体经济合作社牵头,将资金交给新大牧业公司统一建设和运营。新大牧业则依靠自身的技术和市场优势,实行全产业链经营,每一栋猪舍吸收一对农村夫妻务工,一个小型家庭农场就此诞生。这种模式由村办合作社进行各方协调,村民不和企业产生直接联系,不仅避免了企业直接面对农民的许多麻烦,也能更好地维护农民利益,村集体经济也得到收益,而且也开创了长效产业扶贫的一条新路。

5."家庭农场＋合作社＋超市"模式

该模式由家庭农场负责农产品生产,合作社负责与超市的联系,实行统一品牌并向家庭农场提供标准化生产服务,建立农产品质量的可追溯机制,保障向超市提供高品质、稳定的货源。这种模式将订单农业与现代经营业态进行了有机结合,缩短了农产品采供时间,减少了中间流通环节和物流成本,保证了农产品的质量安全,增加了农民的经营收入,这种模式特别适宜规模化和标准化的农业经营,对蔬菜、水果等收益性高的农产品效果更佳,而且是对消费扶贫的一种重要补充。如山东省青州市的21家以家庭农场为主体的合作社与17家连锁超市对接,合作社常年向超市供应高规格的箱装礼品菜,共涉及家庭农场生产中的20多种蔬果,农民由此获得了种植高端品牌蔬菜的高额回报。

6."公司＋村＋家庭农场"模式

该模式是以村为单位,利用本村的自然资源和条件,创办若干个各具特色的家庭农场,面向社会招商,广泛吸引社会资本和专业机构来投资运营,促进乡村生态农业、生态旅游的发展,同时带动了村民增收致富,是一种符合我国国情的新模式。如浙江省安吉县的鲁家村以前是一个出了名的穷村,近年来他们采用"公司＋村＋家庭农场"模式,启动了全国首个家庭农场集聚区和示范区建设,描绘了一幅"有农有牧,有景有致,有山有水"的美丽画卷。通过生态农业建设,2016年全村人均纯收入32850元,村集体总资产达到1亿多元,展现出村强民富、其乐融融的美好生活。

五、经营状况总体向好

近年来,我国家庭农场的经营状况呈总体向好发展的趋势(见图3-10)。

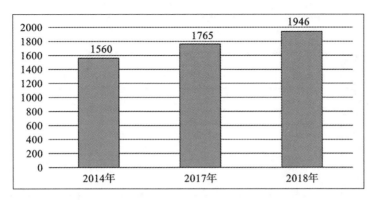

图 3-10　2014 年、2017 年、2018 年我国家庭农场经营收入变化（单位：亿元）

（数据来源：根据农业农村部资料等综合。）

　　根据农业农村部 2014 年 10 月发布的信息显示，2014 年全国家庭农场经营总收入为 1560 亿元，家庭农场平均收入为 17.87 万元，其中经济效益占 75%，成本效益和风险效益占 25%。据调查，上海松江和湖北武汉家庭农场的家庭年收入均大大超过分散经营的农户，如上海松江、湖北武汉和安徽郎溪县家庭农场的年平均收入分别为 10.07 万元、20.1 万元和 8.9 万元，分别是当地农民年收入的近 1.5、1.4 和 1.2 倍。同时，家庭农场具有一定的规模效应，能够降低生产成本，提高生产数量和产品质量，使其在农业生产经营中具有较强的竞争力。

　　由于部分家庭农场实现了规模经营，在劳动生产率和经济效益上获得了双丰收。据农业农村部统计，2015 年家庭农场共销售农产品 1260 亿元，家庭农场的平均产值为 36.8 万元，较上年相比增加了 17.57%。其中，北京、江苏、浙江、安徽、云南、福建等地的家庭农场的年均产值较高，普遍超过全国平均水平。年产值在 10 万—50 万和 10 万以下的家庭农场分别占 44.2%和 33.3%。家庭农场的年销售值虽然较高，但由于我国家庭农场的发展成本过大，导致家庭农场的净利润很低。据有关调查估算，年销售产值减去农业生产投入后，2015 年家庭农场的年均利润只有 19.6 万元。

　　2016 年，我国家庭农场继续稳定发展，以我国农业大省湖北为例。2016 年湖北省家庭农场经营总收入为 98.2 亿元，家庭农场劳动力平均年均收入为 49498 元，是全省农民人均总收入的 4.7 倍。但从近年发展情况来看，可谓有喜有忧。

　　图 3-11 所示为 2017 年湖北省省级示范家庭农场年纯收入情况分布，从图 3-11 中可见，省级示范家庭农场收入普遍并不高，通过对 2017 年省级示范家庭农场年纯收入的统计发现，有 200 个家庭农场的年纯收入在 50 万元及以下，有的只有 20 万—30 万元，占当年示范农场的 68.49%，年纯收入在 51

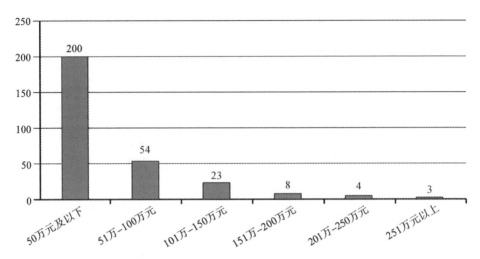

图 3-11　2017 年湖北省省级示范家庭农场年纯收入情况分布（单位：个）

（数据来源：2017 年度湖北省示范家庭农场公示。）

万—100 万元的有 54 个，占比为 18.49％，年纯收入在 101 万—150 万元的有 23 个，占比为 7.88％，年纯收入在 151 万—200 万元的有 8 家，占比为 2.74％，年纯收入在 201 万—250 万元的只有 4 个，占比为 1.37％，250 万元以上的仅有 3 个，占比为 1.03％，多数家庭农场的年纯收入还相对较低，还有相当的发展空间和发展潜力。劳动生产率有大幅提升，农民收入显著增加。近年来，主要农产品产量总体呈上升趋势，特别是粮食、肉类产品和水产品增长明显，油料产量变化不大，而棉花和蚕茧的产量有所下降，主要是农业产业结构调整和农民市场意识增强的表现。2010—2018 年，湖北省农民家庭年人均纯收入呈逐步提高趋势（见图 3-12）。

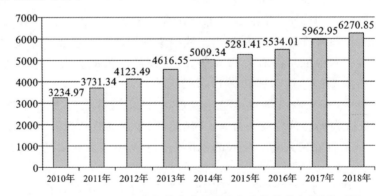

图 3-12　2010—2018 年湖北省农民家庭年人均纯收入（单位：元）

（数据来源：《湖北统计年鉴 2019》。）

2018 年，湖北省农民生活消费结构有很大改善，家庭人均消费在食品方面仍然占第一位,可喜的是在居住、交通通信、教育文娱和医疗等方面的消费已经占有一定比例,说明广大农村家庭的生活质量有明显改善(见图3-13)。

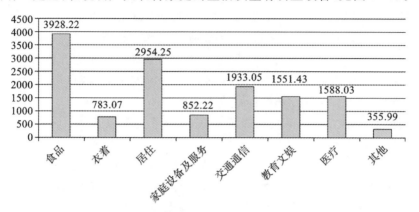

图 3-13　2018 年湖北省农民家庭年人均消费情况(单位:元)

(数据来源:《湖北统计年鉴 2019》。)

2018 年,湖北省农民家庭年人均收入来源主要来自农、林、牧、渔业,占总收入来源的 65.77%。而非农业收入只占 34.23%,说明第二、第三产业在农业的融合还有很大的发展空间,家庭农场的产业链延伸及三产融合工作还有一个较漫长的发展过程(见图 3-14)。

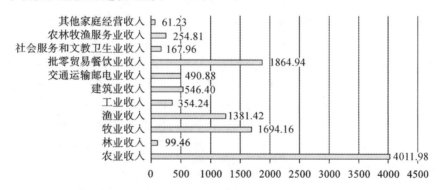

图 3-14　2018 年湖北省农民家庭年人均收入来源(单位:元)

(数据来源:《湖北统计年鉴 2019》。)

2017 年,我国家庭农场平均毛收益约为 18 万元,各家庭农场年销售农产品总值为 1765.5 亿元,户均 32.2 万元。其中,19.8 万个家庭农场的年销售总值在 10 万元以下,占总数的 36.0%;年销售总值在 10 万—50 万元的占 44.4%,50 万—100 万元的占 13.8%、100 万元以上的只占 5.8%。家庭农场用于生产的投入有明显提高,购买总值为 776.8 亿元,户均 14.2 万元。如果不考虑投入品中农业机械等折旧以及土地流转租金和人工成本,户均毛收益为 18 万元。

2018年,我国家庭农场经营状况总体较好,继续呈向好方向发展,全国家庭农场年销售农产品总值达1946亿元,户均约为30多万元。河北省邢台市南和区康怡家庭农场2019年粮食收入9000元,蔬菜收入1万元,核桃收入1.1万元,食用菌收入22万元,比8年前有了飞跃式提升。目前,家庭农场的快速发展已成为农民增收的重要渠道,如浙江省慈溪市的家庭农场,2018年家庭农场销售总收入达11.7亿元,总净利润为1.17亿元,全市户均净利润近12万元。同年贵州省家庭农场的经营收入达到23.07亿元,户均27.31万元。从全国农业形势看,2019年我国农村居民人均可支配收入为16021元,增幅6.2%,从收入结构分析,农村居民人均工资性收入6583元,占比41.09%;人均经营净收入5762元,占比35.97%;人均财产净收入377元,占比2.35%;人均转移净收入3298元,占比20.59%,说明外出务工和在本地域劳动收入增长较快,同时从事第二、第三产业的收入也有明显增加。

全国家庭农场经营状况继续稳步向前发展,但其中也有一些值得注意的问题。在对家庭农场进行的调研中发现,不少家庭农场主对目前的经营状况并不满意,希望今后在经营效益上有更大提升。近几年我国农产品价格特别是粮食价格一直呈下行状态,种植这些农作物的家庭农场经营效益持续下降。如河南省2008年玉米价格是每斤1.2元,2018年下跌到了每斤0.6—0.8元,但农资价格和劳动力成本却逐年上涨,导致很多粮食类家庭农场生产成本大幅上升,经营困难重重,不少农场采取缩小土地经营面积或转型种植经济作物的办法来规避经营风险,但实行转产又存在原有机械不配套、生产技术不熟悉、产品销路不顺畅等实际困难。有的以前种植小麦和玉米,转产种植大蒜,2018年却因大蒜价格波动又损失了20多万元,2019年再次转产种植行情较好的蔬菜。这种现象目前较为普遍,不仅对我国粮食安全会产生不利影响,也不利于我国家庭农场的长期稳定发展,应当引起各地各级领导的高度关注,要成为广大农业农村管理者的工作重点,要成为广大研究农业农村经济发展学者们关注的重要内容。

六、职业农民开始成为家庭农场的主角

2012—2016年,5个中央一号文件都对新型职业农民培育工作作出了重要指示。农业农村部在2012年开始启动新型职业农民培育试点,力争3年内在100个试点县培育新型职业农民10万人,为职业农民培养提出了具体目标。2014年启动实施新型职业农民培育工程。2016年,新型职业农民培育工程已经在全国8个省、30个市和800个示范县展开。大批高素质的青年农民正在成为种养大户、家庭农场主和农民合作社领办人,不少大学生、返乡农民工和退伍军人也加入新型职业农民队伍的行列。新型职业农民培育工程实施

以来,财政投入力度不断增长,中央财政每年投入11亿元,2016年时扩大到13.9亿元,由此带动地方每年投入近10亿元。各地将新型职业农民培育工作上升为政府行为,当作农业农村建设中的重点工作,高度重视、勇于实践,创造了大量可推广、可复制的先进经验。自2013年起,陕西、湖南、安徽、海南、山西、江苏、四川、广西、山东等省先后出台了培育新型职业农民的工作意见或制定了有关实施方案,从制度层面作了安排。江苏省委、省政府将"新型职业农民培育程度"纳入农业现代化指标体系,省财政每年投入1个亿,各市县也把新型职业农民培育工作作为年度目标考核的重点内容。陕西省2013年启动职业农民塑造工程,率先将涉农大中专学生作为新生力量列为重点培育对象,连续3年被农业农村部认定为整省推进示范省。湖南省在探索政企合作模式上迈出了新步伐,政府主动与袁隆平农业高科技股份有限公司进行合作,共同建设湘农科教云平台,2016年全省20个县的3万名新型职业农民接受线上培训。

农业农村部在《"十三五"全国新型职业农民培育发展规划》中作出规划,到2020年全国要培养2000万名新型职业农民,培养的现代青年农场主数量要达到6.3万人以上。培养工作要充分体现提高农民、扶持农民、富裕农民的基本宗旨,通过吸引年轻人务农和培养职业农民的方式,提高农民的素质,尤其是提高青年农民的素质,吸引更多青年人在农业生产经营活动中得到成长与发展,为我国农业发展提供人才储备。2017年"两会"期间,习近平指出要全力发展培育真正爱农业、懂技术、善管理的新型职业农民。党的十九大和2017年年底召开的"中央农村工作会议"对建立新型职业农民制度作出布置,培育新型职业农民成为政府工作的重要内容之一。经过近年来的努力,政府推动、部门联动、产业带动、农民主动的新型职业农民培育工作格局基本形成。通过新型职业农业的培养,家庭农场经营者的素质有了极大提升,比如湖北省刚开始建设家庭农场时,家庭农场劳动力素质整体偏低,从调查情况来看,家庭农场主中男女各占96%和4%,差别较大;农场主以35—55岁的中青年为主,其中35岁以下的仅占4%,55岁以上的占3%;农场主的学历多以中学为主,其中小学文化和初中文化程度的分别占1%和32%,高中及中专文化程度占50%,大专及以上文化程度的占17%;农场主参加培训学习的次数最多的为12次,其中有不少没有参加过任何培训学习,平均为2.1次;只有11%的家庭农场经营者持有相关资格证书。2012年,湖北省启动了新型职业农民培育工程试点,宜都、公安、新洲区、东西湖区作为农业部100个试点县(市、区)被纳入全国试点范围,后增加枣阳、夷陵、监利三个省级试点县(市、区),共7个县(市、区)作为新型职业农民培育试点。截至2017年年底,在全省103个县(市、区)中共遴选出12.3万人作为新型职业农民培育对象,已培育4.8万人,有5800多人获得政府政策扶持,计划到2020年全省有30万人接受新型职业农民培训。

近年来,我国农业劳动力情况有了很大变化,从劳动力结构看,1978年有2.83亿人从事第一产业的劳动,占全部劳动力的比例为70.5%,2002年达到3.66亿人的历史最高点,从此第一产业的劳动人员开始不断减少,到2018年减少到2.03亿人,占全部劳动力的比例下降到26%,每年下降一个百分点以上,我国劳动力结构发生了由第一产业为主发展为第二、第三产业从业人员为主的转变。2018年,农业农村部统计有大约2000万现代农业领军人物和职业农民,约占2018年第一产业从业人员2.03亿的10%。全国返乡入乡创业创新人员已达850万人,在乡创业创新人员达3100万人,两者相加接近4000万人,占第一产业从业劳动力的20%。粗略统计,新型职业化农民已占到第一产业从业人员的10%—20%。目前家庭农场的劳动力结构正向趋于合理的方向发展,据统计现在家庭农场平均劳动力是6.6人,包含雇工1.9人,除长期雇工外,不少家庭农场还临时聘请了季节工、小时工等。家庭农场除了雇佣当地农民外,一些实习生、下岗人员、退休人员等也成为其雇工的人选,这种状况既是我国家庭农场发展的客观需要,也符合有关政策规定。有政府的高度重视,有广大农民的积极参与,有社会方方面面的大力支持,新型职业农民将担负起家庭农场高质量发展的重担。

七、机械化水平显著提高

十三届全国人大二次会议政府工作报告中指出,要进一步推进农业全程机械化,要大力培育家庭农场、农民合作社等新型经营主体,表明了政府对农业全程机械化的高度重视,表明了对家庭农场发展的高度重视,由此必将对我国家庭农场的机械化发展产生重要的引领作用。

过去按传统方式进行劳作,劳动强度大,农民不仅辛苦,而且劳动效率还很低,遇上农忙时节,想雇工帮忙都非常困难。近年来,国家为推进机械化作业,加大了对农民采购农机的补贴力度,许多家庭农场购买了农用机械,极大地提升了生产效率。如使用水稻播种机可一次性完成铺土、播种、覆土等多项工序,极大地解放了劳动力,4个人一天工作8小时可以完成4000盘左右的播种量(大约300余亩的秧苗),比人工作业要提高几十倍的效率,而且工作质量较高,仅此一项一年就可为农场节约人工费上万元。有些家庭农场在完成自家作业后,还可为其他农户提供机械服务,每代育秧1亩农场收取5元左右的服务费,这样一年通过代育秧工作可为农场带来5000元左右的收入。机械化育秧与传统的人工播种相比,种子的发芽率高出20%以上,秧苗之间间距均匀,还增强了秧苗抵抗气象灾害的能力,育出的秧苗病菌少且根正苗壮,并且水稻机械化插秧具有比手工插秧分蘖快、有效穗多、便于施肥打药等优点。因此,选择机械化代育秧已成为越来越多家庭农场的自觉行为。

近年来,湖北省十堰市郧阳区的省级示范家庭农场在机械化方面都有较明显的提升,如伟超生态家庭农场有限公司的机械化率达到80%,柳陂环湖家庭农场的机械化率达到65%,杨溪缘生源家庭农场的机械化率达到68%。上海嘉定区家庭农场的发展大大地推进了农业机械化的进程。2012年嘉定全区机械化播栽面积只有0.6万亩,2017年全区机械化播栽面积已达到7.3万亩,全区91.3%水稻种植都实现了机械化作业。目前全区拥有大中型拖拉机378台、水稻直播机96台、联合收割机240台、水稻插秧机85台,机械化育秧流水线44台(套),烘干设备达133台(套),烘干能力达2600吨/批次。他们还成立了区级农机维修服务点,极大地提升了农业生产效率,保证了生产质量。嘉定区不仅农业机械数量充足、状态良好,而且农机维修、驾驶培训等服务工作也有序开展,为实现家庭农场的机械化发展创造了有利条件。家庭农场使用机械化作业后发展速度加快,由此吸引着更多家庭农场的诞生,吸引了越来越多的本地人参与农业生产经营活动。如从2015年到2018年,徐行镇的家庭农场数量从8家激增到了48家,经营着7000余亩农田。

2018—2020年国家对农机购置补贴政策作了进一步调整:一般单机补贴额原则上不超过5万元,挤奶机、烘干机等单机补贴额不超过12万元,100马力以上拖拉机、大型免耕播种机、大型联合收割机、高性能青饲料收获机、水稻大型浸种催芽程控设备等的单机补贴额不超过15万元,同时对200马力以上拖拉机、大型甘蔗收获机以及大型棉花采摘机等大型设备也给予了较高额度的财政补贴。2018年是新一轮农机购置补贴政策实施的启动年,全年共实施中央财政农机购置补贴资金174亿元,共扶持163万农户购置机具191万台(套),使我国农业机械化水平上了一个新台阶。根据我国绿色农业发展的需要,2018年还重点新增了这方面的机具,如在河南、湖南、四川、山东等生猪大省把清粪机、粪污固液分离机等畜禽粪污资源化利用机具也纳入补贴范围。湖南、广西两省2019年植保无人飞机购置补贴年度资金总额均达到1000万元。

随着家庭农场的不断发展,农业机械拥有量快速增加,农作物机械化率大幅提高。据2016年对2998个家庭农场的调查发现,每个家庭农场自有农机具的平均值为22.13万元,虽然比2015年的22.72万元下降了2.59%,但比2014年的17.09万元又提高了29.49%。在1145个粮食类家庭农场中,有86.99%拥有拖拉机,有51.35%拥有联合收割机,有35.2%拥有插秧机,有9.26%拥有烘干机。[①] 目前,全国农作物耕种收综合机械化率在67%以上,其

---

① 2016年家庭农场发展监测情况调查资料。

中主要粮食作物耕种收综合机械化率超过了80%。农业机械拥有量保持较快增长,中型拖拉机产量大幅增长,小型拖拉机产量由负转正,大型拖拉机产量降幅收窄,说明家庭农场对中小型农机需求增长较快。2019年,中型拖拉机产量23.8万台,同比增长11.1%,大型拖拉机产量4.0万台,同比下降1.1%,小型拖拉机产量34.0万台,同比增长3.0%。① 近年我国农业的机械化水平有显著提升,据国家统计局的统计资料表明,我国农业机械总动力:1978年时为11750万千瓦,2018年为100372万千瓦,比上年增长1.6%,从1979—2018年平均增幅为5.5%。② 2019年全国农作物耕种收综合机械化率在70%以上。家庭农场成了农业机械化的最大赢家,机械化使家庭农场"如虎添翼",增添勃勃雄风;家庭农场使机械化"如日中天",彰显无限生机。

八、注重现代农业科技运用

现代农业科技正在强有力地推进家庭农场的快速发展,已成为其高质量发展的不竭动力。家庭农场既是较好传承传统精细农艺的场所,又是不断推广和应用现代农业科技的重要阵地。在2019年10月农业农村部公布的26个家庭农场典型案例中就涌现出安徽省天长市稼农家庭农场、山东省郯城县农大家庭农场、四川省宜宾市叙州区稻香坛种养殖家庭农场和江西省都昌县金稻家庭农场等技术创新的先进代表。

技术领先使家庭农场充满生机活力。2016年湖北省成立了家禽业协会,协会聘请了12名行业专家组成了省家禽业协会的专家团,为全省家禽业发展提供技术支持。为充分发挥行业精英的智慧,协会在2017年还专门成立了蛋鸡产业、水禽产业、地方鸡产业、特禽产业等专业性更强的技术咨询机构,进行专门的技术指导。在省畜牧兽医局的领导下,2017年组织部分企业成立了"湖北省蛋鸡业无抗生素鸡蛋产业合作部",通过技术指导,对全省包括家庭农场在内的蛋鸡养殖发挥了科技引导的重要作用,提高了蛋品的质量和安全性,2018年,湖北省家禽产存栏量达到34706.88万只,出栏量实现53224.82万只,禽蛋产量高达171.53万吨,同比增长2.0%,蛋品出口量居全国第一。

福建省龙岩市武平县芬秀家庭农场是一个集茶叶种植、加工、营销为一体的家庭农场,2015年时还是一个传统式的小作坊式茶叶企业,茶树品种单一,茶叶加工设备数量少,生产能力低,茶叶产品单一,产品知名度较低,外销困难。近年来,该农场积极采用先进技术,引进新品种,购置机械设备,改变使用燃料,应用绿色防控体系相关技术,降低茶园化肥、农药使用量,采用生态环保

---

① 国研网,2019年4季度农业分析报告。
② 国家统计局统计资料。

节能茶叶加工设备,炒绿茶、螺形茶基本上实现半自动、流水线作业,扁形茶实现全程不落地清洁化、自动流水线作业,产品小包装全自动化,茶叶加工设备实现用电与生物燃料,结束用柴的历史,经测算每千克干茶节省燃烧料1.4元,全年节省费用4.2万元左右。先进技术的使用不仅使茶叶质量有明显提高,而且节约了成本,打开了销路。

互联网技术在家庭农场生产经营中的作用日益显现出来。据2018年8月对江苏省270位家庭农场主采用互联网技术的调查显示,从被调查的家庭农场主采纳互联网技术情况来看,有151位、94位和116位家庭农场主分别采用互联网技术购买产前生产资料、进行产中精准控制和产后开展电子商务营销,各占样本总数的55.93%、34.81%和42.96%,说明家庭农场主对购买产前生产资料的采用比例最高,开展电子商务营销次之,在产中精准控制的应用相对较低。如果将互联网技术分为移动互联网技术、智能物联网技术和互联网大数据分析技术三种子技术的话,未采纳应用任何子技术和仅采用一种子技术的农场主共计142位,占52.59%,采用两种子技术的农场主为73位,占27.04%,采用全部子技术的农场主为55位,占20.37%,说明不同农场主对互联网技术的采纳应用程度还存在一定差异。通过调查发现,互联网技术已经在家庭农场生产经营活动中开始发挥积极的作用,特别是在产品销售、生产资料购置等环节提高了工作效率,减少了经营成本和农产品的损失。当然,在对互联网技术的认识上会有一定差距,在具体实施的行动上也会产生一定的距离,这些将随着互联网技术在农业领域中的不断开发和完善得到弥补,互联网技术在家庭农场生产经营中的作用将会越来越强大,彰显着古老传统的农业和高度现代化技术的完美结合。

据田蓬鹏等学者2016年对成都市崇州、大邑、都江堰、金堂等13个地区共60个家庭农场(其中有42个是当年市级示范性家庭农场)问卷调查来看,政府主导的农技推广体系往往是关注的重点,政府农技推广机构方面的调查数据显示,政府农技推广机构对于家庭农场的服务项目主要有五类:第一类是对新技术、新品种、新成果的引进、试验、展示、示范与推广服务,占整个服务内容的33.7%;第二类是对耕地、种子、农药、饲料等投入品的质量监测、检验评估及农产品安全监测,占比为25.8%;第三类是提供农情与农业投入品、农产品市场行情等方面的信息,占比为14.6%;第四类是提供农业技术咨询,占比为19.1%;第五类是农机补贴、资金补助,占比为6.7%。从技术服务内容看,主要集中在新技术、新品种、新成果的引进、试验、展示、示范与推广,满足了家庭农场的部分现实需求,对家庭农场产生了极大的推动作用。家庭农场与农业科教机构之间的合作形式多样,其中以新品种、新技术、新成果示范基地建设为主,占比为47.4%,同时还有10.5%的家庭农场与农业科研所和院校进行过基础性、应用性和集成型技术的研发合作,有 15.8% 的家庭农场与科研单位与高校围绕当地优势农产品进行技术攻关,科研单位和高校进行过技术咨询和有过其他方面的合作的(如人才培养与输送)分别占家庭农场的 21.1% 和 5.3%。调查反映大部分农场主非常重视新技术、新产品对家庭农场的影响,也试图通过新技术的应用和新产品的开发来带动家庭农场的进一步发展。① 2019 年农业科技进步贡献率达到 59.2%,比上年增长 1.7 个百分点,主要农作物自主选育品种超过 95%。可以预期,先进适用的农业科学技术必将为家庭农场的高质量发展插上腾飞的翅膀,使家庭农场在现代农业的辽阔天空飞得更远、更高。

九、绿色发展蔚然成风

2017 年 4 月,我国启动了农业绿色发展"五大行动",2018 年启动了农业绿色发展先行先试工作,目前绿色优质农产品供给不断增加,农产品质量安全继续保持向好发展态势,2018 年一季度农产品质量安全例行监测总体合格率达到 97.3%。新认证绿色农产品 4504 个,有机农产品 1618 个,"三品一标"的农产品总数超过 12 万个。家庭农场是实现农业绿色发展的最基础和最重要的载体,是联结龙头企业、农民合作社和广大农户的桥梁和纽带,在实现农业绿色发展中具有极其重要的、不可替代的作用。

从乔玉辉、甄华杨等学者对我国东部 15 省市 468 家生态农场调查研究的结果来看,90% 的农场成立时间不到 15 年,以家庭农场为组织形式的农场占 30%。其中有 73% 的农场进行了农产品质量认证,在已采用的绿色农业措施中位居前 5 位的是有机肥/堆肥、人工/机械除草、轮作、清洁田园、杀虫灯/秸秆还田。从投入来看,种植农场、养殖农场和种养结合农场的收益率分别为 21%—70%、13%—337% 和 21%—152%,从调研结果看,尽管我国绿色农业的发展还处在初创时期,但有着良好的发展势头。② 在绿色农业发展中,许多家庭农场都采用了种养一体化的绿色生产模式,如江苏省无锡市江阴祝塘永春(孔氏)家庭农场因地制宜统一规划布局,把水产养殖、水稻种植、畜禽养殖三者有机结合,通过对低洼湿地的改造利用其生态修复、环境净化功能建立循环自净生态系统,即零排放(封闭式循环水)养殖系统,从而实现零排放、零污染,生产过程中的水资源和副产品得以内部消化和再利用,从而获得了可观的经济效益、良好的社会效益和理想的生态效益。

---

① 田蓬鹏,李冬梅,张晓俊.成都市家庭农场技术服务体系发展现状及问题研究——从两大服务主体出发[J].中国农业信息,2017(9).

② 乔玉辉,甄华杨,徐志宇,等.我国生态农场建设的思考[J].中国生态农业学报(中英文),2019(2).

经过近几年的努力,湖北省由家庭农场为主所提供的绿色农产品种类逐渐丰富,从产业分类看,在第一批无公害农产品目录中,水产养殖(鱼、虾、鳖等)占比35%、蔬菜种植占比26%、禽畜养殖(猪、鸡、牛、羊)占比23%、水果以及水稻种植占比7%,其中水果种植8家上榜目录中,有7家为柑橘种植;在第二批名单目录中,水产养殖、蔬菜种植以及禽畜养殖依旧占比较大,依次为32%、28%和23%,新增菌类种植,占比为3%;在第三批无公害名单目录中,水产养殖、蔬菜种植、禽畜养殖依旧保持优势,比例依次为36%、26%和21%,而水果种植比例开始增长,占比达到11%,相比第一批名单增长4个百分点,品类逐渐丰富,新增石榴、西瓜、火龙果等品种,此外,茶叶无公害种植开始受到重视,占比达到4%。从这三批无公害名单目录中发现,湖北省的优势产业是水产养殖,不仅产量大,而且品质优,绿色建设也处于领先地位。

江苏省盐城市盐都区的夏吉萍2012年租赁了200亩,其中生态水稻150亩,蛋鸡养殖场50亩,办起了绿岛家庭农场。农场开办之初就确定了"规模效益、有机生产、生态环保"的经营理念,决心建立生态循环系统,把农场建成集自动化养殖、有机肥生产、生态种植于一体的经济实体。2014年引进韩国大罐发酵设备,快速将禽畜粪尿进行无害化处理,同时产出优质的有机肥,用于自家农场和提供给周边农户,还带动农户进行种植生态水稻。农场还申报并获得"绿智岛"鸡蛋、"绿智岛"有机肥及"绿智岛"生态大米的注册商标,其中"绿智岛"牌鸡蛋在2015年通过了国家无公害农产品认证。实现了农场年饲养10万羽蛋鸡,日产蛋5吨、有机肥近3吨、年产生态稻米110多吨的目标,农场年销售收入在1500万元以上,年利润超过120万元。

江西省抚州市有著名的中国蜜橘之乡南丰、中国白莲之乡广昌、中国西瓜之乡临川、中国麻鸡之乡崇仁、中国香榧之乡黎川以及中国龟鳖之乡南丰等,金溪县被命名为华夏香都,南丰县太和镇被命名为"中国龟鳖良种第一镇"。近年来,他们将东乡华绿神蛋、洪门蛋业等5个中华老字号产品进行改造,新培育了广雅牌竹笋、琴城牌南丰蜜橘等5个中国驰名商标农产品,拥有江西南丰蜜橘栽培系统、江西广昌莲作文化系统2个中国重要文化遗产,拥有"世界最重冬瓜""世界最大莲池"2项吉尼斯世界纪录。在家庭农场发展中充分利用这些地方特色产品的优势,制定南丰蜜橘、广昌白莲、广昌泽泻3项国家标准和金溪黄栀子、南城淮山等39项特色农产品的地方标准。2016年新增崇仁麻鸡国家级生态农业标准化综合示范区及杂交水稻国家级农业标准化综合示范区。资溪县被国家认监委批准为全县域有机农产品认证创建单位,资溪县、黎川县、乐安县成功创建省级绿色有机示范县,南城县被授予"国家农产品质量安全县"称号。按照"品牌打造、产业培育、标志许可、证后监管"的机制,大力推进"三品一标"认证。目前,全市"三品一标"农产品总数达558个,其中绿色食品59个,有机产品131个,无公害产品343个,地理标志农产品25个。全市拥有广昌白莲、南丰蜜橘2个全国绿色食品原料基地,崇仁麻鸡获农业部国家级农产品地理标志示范样板创建(全国首批、全省唯一)。2017年,市财政"三品一标"奖补经费达179万元。绿色农业的发展不仅有效地提高了农产品的质量,较好地满足了对农产品高品质的需求,扩大了优质农产品的销售,而且还极大地促进了家庭农场的发展。

2019年,我国颁布农兽药残留限量标准1152项,农产品质量安全例行监测合格率连续5年超过96%。2019年监测指标由2017年的94项增加到130项,2019年农产品质量安全例行监测合格率为97.4%,在此也有广大家庭农场的一份功劳。家庭农场成了绿色农产品的提供者、知名绿色品牌的推广者、绿色农业的受益者,更是绿色农业持续稳定发展最有力的推动者。

十、与社会各类组织的合作更加密切

家庭农场的发展从来都不可能是孤军奋战,它需要和社会的相关组织与团体保持密切的合作,寻求它们的帮助和支持,它需要和新型农业经营主体中的其他成员加强联络沟通,形成经济利益共同体,这是社会发展的需要,更是家庭农场发展的必然选择。近年来,在家庭农场的发展过程中,除了政府给予的大力支持外,它还得到社会各界给予的大力支持,如种子、种苗、种畜禽公司的技术支持,机械设备、农药、兽药、化肥、饲料等方面的支持,金融保险机构在信贷保险方面的支持,超市、合作社、农村经纪人等在农产品销售方面的支持,由此产生了多种类型的联结模式,如家庭农场与公司的联结就是其中的一种。温氏的"公司+家庭农场(农户)"经营模式就是其中的典型代表,它通过建立较紧密的利益分配机制,使公司和家庭农场共享合作成果,促使家庭农场和公司的共同发展。进入联合的家庭农场只负责养殖,公司负责产品加工和销售。温氏所创造出的"公司+家庭农场(农户)"的"利益共享、风险共担"生产经营模式把家庭农场或农户纳入公司产业链的共建共享体系之中。温氏模式较好地破解了多数家庭农场面临的资金短缺、技术缺乏以及市场风险难题,具有启动方便、销路良好、风险较小三大优势,深受家庭农场的欢迎。2007—2017年,与温氏合作过的家庭农场获得的养殖效益共424.57亿元。2017年与其合作的农户达到5.54万户,共获养殖收益79.39亿元,同比增长2.41%。家庭农场在与公司的合作中得到实惠,家庭农场在与公司的合作中得到成长和发展。

在家庭农场与农业企业紧密联系的同时,还积极与农业合作社实行密切合作,创造了"家庭农场+合作社"的经营模式,它是在自觉自愿的前提下组成的利益共同体,合作社是实现有限资源共享的重要载体,通过对家庭农场成员提供相应的服务,提升家庭农场的竞争力。① 在实践中又延伸出了"家庭农场＋合作社＋超市"和"家庭农场＋合作社＋直销"两种模式。前者是由家庭农场负责农产品的生产,合作社将各家庭农场提供的相同产品采用统一的品牌和标准,通过超市进行销售。这种模式缩短了农产品的采供周期,减少了流通环节,降低了物流成本,保证了农产品的品质,同时也解决了农产品销售难的问题,增加了家庭农场的收益。后者是由众多家庭农场相互联合成立合作社,合作社直接进入当地街道、城市社区销售农产品,或者与学校食堂、企事业单位食堂、酒店等签订长期的供货合同,这种模式与前者的效果可谓"异曲同工"。如苏州东湖合作社就是由东湖的多个家庭农场自发组建形成的,它们利用互联网平台实现"线上采购,线下配送"的模式,保证果蔬从采摘到上门不超过一天,确保了果蔬的新鲜,三年前家庭农场的年纯收入就达到100万元。目前,这种家庭农场与合作社的联合模式还在进一步发展和完善,2020年年初新冠肺炎爆发期,在封闭小区居民的日常生活物资供应上发挥了极好的作用,较好地解决了百姓的基本生活问题。

湖北省积极加强农业公共服务平台的创建,打破地区、时间、行业、部门的限制,鼓励社会资本对农业社会组织的投入,使得家庭农场能够在产前、产中、产后得到全方位的服务。这样不仅能形成各家庭农场资源共享的机制,还可以加快农业现代化的进程。除此之外,农户们也可以在自愿互利的基础上,自发形成家庭农场协会,共商发展大计,共享经济利益,共同承担风险,从而不断提高家庭农场的经营效率。比如,襄阳市双丰收合作社对包括4个家庭农场在内的5万多亩耕地粮食生产实行全托管。天门市华丰农机专业合作社,流转耕地8.6万亩,组建了12个家庭农场,合作社对家庭农场实行生产全流程统一服务,这样的融合协作模式,不断促进了家庭农场的发展,优化了家庭农场经营体制。同时,家庭农场与龙头企业的联系不断加强,据调查,有42个粮食种植型家庭农场成为湖北省监利市福娃集团的原料供应基地;安陆市禾丰种植合作社经营出现严重亏损后,合作社成员重新注册了17个粮食种植类家庭农场,探索了鳖稻共作、虾稻共生种养模式,每亩平均纯收入超过5000元,扭亏为盈,大幅增加了农民收入。

上海市在坚持家庭农场与其他新型农业经营主体融合发展时,特别注重新型经营主体的利益联结,充分发挥不同主体的优势,实现优势互补,实践中采用了"农业龙头企业＋农民合作社＋家庭农场""农民合作社＋家庭农场""农业合作组织＋家庭农场""镇农投公司＋家庭农场"和"农机合作社＋家庭

---

① 张敏."家庭农场＋合作社"经营模式探析——以江苏省苏州市为例[J].北京农业职业学院学报,2018(2).

农场"等多种模式。近年来,上海市十分重视探索家庭农场与现代农业融合发展的新模式,将家庭农场发展的重点逐步由"培育发展"向"高质量发展"和"融合发展"转变。在引导家庭农场与农民合作社、龙头企业实行紧密联结时,把提高家庭农场生产能力作为工作的重点。上海松江区通过培育"松江大米"品牌和地理标志,要求所有粮食家庭农场都对标生产,只有达到质量要求的才能使用这一品牌,提升了家庭农场产品的附加值。浦东新区和金山区还将家庭农场作为农产品品牌培育体系中的一员,从而带领家庭农场实现品牌化经营。从 2017 年开始进行家庭农场水稻种植结构优化,逐步实现了由过去"卖稻谷"向"卖大米"的转变,然后再由"卖大米"向"卖品牌"转变,打造了有一定知名度的绿色农产品品牌,在原有的百联集团旗下联华大卖场以及标超外,近年又新开发了城市超市、绿地集团的 G-Super 全球商品直销中心、盒马鲜生等线下渠道共 53 家,并积极拓展了盒马鲜生、本来生活网等线上交易,将农产品的销售网络由上海辐射到全国。

家庭农场在自身发展的同时,与社会各方面的联合呈不断增长趋势,尤其是与其他经营主体之间的合作更加广泛,更为密切,正朝着产业联合体的方向不断前行,家庭农场在合作中得到成长,这种合作无疑将成为推动家庭农场高质量发展的强大动力。

第四章
我国家庭农场发展中存在的主要问题、障碍及原因分析

我国家庭农场虽然取得了不俗的成绩,但也面临着多重困难和存在一些问题,要实现高质量发展就必须尽可能发现所存在的问题和困难,从中探寻其原因所在,方可有针对性地提出进一步完善的对策建议。

第一节 我国家庭农场发展中存在的主要问题和障碍

家庭农场这一新型农业经营主体符合目前我国农业的发展需要,并已经取得了不俗的业绩,展现了强劲的发展势头。但目前我国的家庭农场仍处于发展的初期,在发展过程中不可避免地存在一些不足和发展障碍,需要我们探寻其产生的原因并及时提出有效的解决方案。

一、生产成本高,经营压力大

家庭农场在发展过程中往往会追求扩大规模,实行规模经营以提高农业生产率,随之用于购买化肥农药、农用机械以及基础设施的开支也在不断增加。近年来,多数农业生产资料价格上涨,造成农业生产成本的大幅提高。据统计,2015年家庭农场购买生产资料等的总投入为589.82亿元,家庭农场购买农产品的平均投入约为17.2万元,对于普通的农户来说是难以承受的,如果国家政策的支持和补贴不及时到位,是难以维持生产经营活动的。相关数据显示,我国每亩小麦的生产成本约600元(有些地方低至400—500元,有的地方高达800—900元),而国外有的国家每亩小麦的生产成本则仅为200元左右,相差悬殊。我国农业生产成本偏高,是由多种原因造成的,其中主要和

生产过程中的各种消耗直接相关。

农业生产成本在不同类型的家庭农场有较大差异,本节以种植业家庭农场为例,它的生产成本主要包括种子、化肥、农药成本,基础配套成本,雇工成本,技术成本,土地流转成本等,下面就其主要的成本进行简要分析。

(一)种子、化肥、农药成本

它们都是家庭农场生产中的必备生产资料,而且为了提高农作物的产量,就必须优选种子,在生产过程中使用化肥、农药,以获得高产。目前,种子、化肥、农药的价格均有不同程度上涨,因此,这笔支出现在也呈不断增长趋势。2018年1月,在农业农村部举行的重点农产品市场信息发布会上,农业农村部市场经济与信息司司长唐珂表示,由于化肥供不应求,价格出现快速上涨,同时由于原材料、能源价格的上涨也将导致农药、农机作业成本的上涨,叠加环境生态成本逐步显现,我国农业生产成本将重回较快上涨通道,广大家庭农场将面临生产成本上升的考验。

近年我国农业对种子数量的需求呈上升趋势,而我国种子价格却居高不下,以2011—2012年种子价格为例:水稻种子平均销售价格约60元,最高为80元;玉米种子平均销售价格约28元,最高为40元。制种农户向种子生产企业交售的水稻种子每千克平均约15元,交售的玉米种子平均约7.5元。之所以价格过高,除了物价普涨的因素外,主要是由于种子产业缺乏价格约束机制以及商家和经营中间商的炒作。① 2015年种子市场规模达到了约1170亿元,呈不断增长态势。当年单粒播玉米种子价格同比上涨7.61%,其中先玉335是56.8元/袋,隆平206是55.8元/袋;而杂交水稻种子中热销两系品种Y两优1号价格为70—90元/千克,深两优5814市场价也达到70—94元/千克。全国杂交玉米种子平均价格也呈上升趋势(见图4-1)。

从化肥生产的实际情况看,近年来,随着农业产业化进度的加快,外部因素对农业影响不断加深。从2017年9月以来,我国氮肥、磷肥、钾肥、复合肥都先后出现了价格上涨,尿素涨幅最大,涨幅在20%以上。化肥价格上涨主要是由于原材料价格上涨和化肥企业开工率下降带来的,生产企业开工不足有可能出现供应紧张,价格快速上涨。同时由于国内煤炭、硫黄等原材料价格的持续上涨也提高了氮、磷、钾等化肥原料的生产成本,国际化肥价格上涨也对国内化肥价格产生了一定的影响。

这些年我国农业生产对农药的需求量不断增大,近年来农药价格虽然有升有降,但总体来看却呈不断上升的趋势。2017年农药原药价格开始大幅上涨,除草剂草甘膦的价格从6月底的1.90万元/吨到年底时上涨了60%以上;

---

① 刘文忠,李东海,朱树琼.建立种子价格约束机制的必要性[J].中国种业,2013(2).

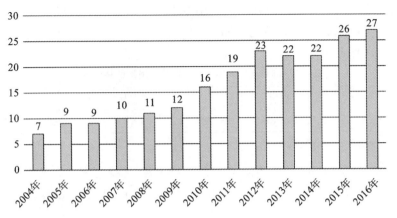

图 4-1　全国杂交玉米种子平均价格上升趋势（单位：元/千克）

（数据来源：《2017 年中国种子行业现状调研分析及发展趋势预测报告》。）

杀虫剂吡虫啉的价格上涨至 25 万元/吨，与年初相比，上涨幅度为 78.6%。其原因是国家对企业环保要求的提高，许多企业无法开工，导致原药供不应求，造成原药市场供应紧张，原药价格大幅上涨。同时上游基础化工原材料价格的上涨推及农药中间体价格持续上行，导致农药生产成本不断增长，在货源供应紧张和成本压力不断增加的情况下，生产企业不得不提高农药产品价格。有关统计数据表明，2015 年、2017 年、2018 年和 2019 年我国农药、除草剂的价格指数有所下降，但杀菌剂、杀虫剂的价格指数却持续上升（见图 4-2），2018 年以来，农药价格指数总体呈现上涨的趋势，每月与上一年度同期相比涨幅均

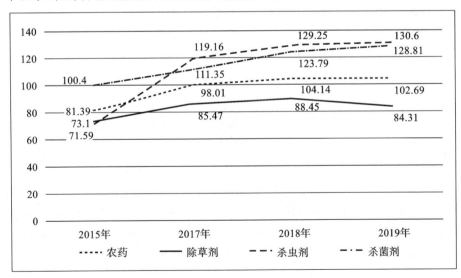

图 4-2　2015 年、2017 年、2018 年、2019 年我国农药价格指数变化情况

（数据来源：中国农药工业网。）

超过20%;2018年11月农药价格指数达到105.53,出现了环比上涨0.66%和同比上涨23.92%的情况,杀菌剂2019年1—10月的价格指数总体来看呈上涨趋势(见表4-1)。

表4-1　2019年1—10月杀菌剂价格指数变化情况

1月	2月	3月	4月	5月	6月	7月	8月	9月	10月
128.81	131.74	136.74	137.04	135.32	134.17	132.80	138.83	141.05	142.98

(数据来源:中国农药工业网。)

化肥、种子、农药等重要生产资料的价格上涨,无疑对家庭农场农业生产带来重大影响,直接导致生产成本的上升,竞争力的削弱,成为其发展的一大压力。

(二)基础配套成本

这部分开支是在农舍、水利设施、喷灌系统等基础配套设施建设方面的投入,是购置生产用机器设备而产生的成本,如除草机、耕作机、自动喷雾机等。基础配套设施的投入是实现规模化发展的重要前提,但目前家庭农场的基础设施配套成本负担较重,投入成本过高,不少家庭农场"望而却步",如许多家庭农场还采用传统的人工灌溉方式,人工成本高,灌溉效果不理想。但如果采取省水省工且增产增收的喷灌技术,每亩至少需要投入1000元,如果家庭农场拥有100亩地用于种植,那么它的喷灌系统安装至少需要10万元的投入,对于一些家庭农场来说是一个沉重的负担。不少家庭农场位于偏远山区,基础设施建设还不完善,公路不畅通,水利设施不齐全等问题尤为突出,一些家庭农场由于道路不畅,增加了运输成本,减少了销售利润。农业基础设施建设投资大,虽然近年来政府加大了投入,但由于历史遗留的问题较多,不可能在短时间内得到根本性解决,因此由于基础设施建设滞后所带来的家庭农场基础设施成本较高的现象有可能还会存在一段时期。

(三)雇工成本

它是由于雇工所发生的劳动报酬及福利奖励等开支。由于家庭农场在农忙时节或在扩大生产规模的前提下,只靠自己家庭成员往往难以满足生产经营活动对人员数量和技术方面的要求,按照当地的相关政策,就需要雇用一定数量的长工和不定期雇用短期工人,因此这笔开支也是必然要发生的,而且随着我国人民生活水平的提升和生活成本的提高,雇工的成本也不断提升,给家庭农场的发展带来一定的影响。按我国经济中等发展水平的家庭情况来看,如果一个家庭农场雇用2名长期工,每人每月2000元,年工资就是48000元,在农忙季节再增加2名短期工,每人每天150元,时间为2个月,其工资为18000元,一年中家庭农场就要增加66000元的雇工成本。由于短期雇工管理难度较大,因此无形中又会加大监管成本,在当地劳动力有限的情况下给下一次雇工增加了难度。由于农村青壮劳动力大量外流,留在家的以高龄、女性为主,若想获得理想的雇工则必须给予他们很丰厚的待遇,使得雇工成本相较以往有较大幅度提升。雇工成本提高的现象在大多数家庭农场普遍存在,因此这项费用也成为影响家庭农场发展的重要因素,值得认真思考。

（四）技术成本

它是指家庭农场为提高技术水平,在引进新品种、新技术时聘请农业技术人员亲临农场所发生的费用,在地方政府送知识下乡的情况下,是不需要这笔费用的,但在一些特殊情况下,在无法得到专业技术指导的情况下,这笔费用是必须发生的,包括付给所聘请技术人员的劳务报酬以及技术人员的交通费、生活费和住宿费等。由于多数家庭农场主的文化水平偏低,当农场的经营管理和生产技术方面出现复杂问题时,部分农场主会主动聘请技术人员和管理人员到自己的农场进行实地考察并提出有效的解决方案,而聘请相关的技术人员和专家按现行有关管理办法,每人每次在800元以上,有的可达到2000元甚至更多,如果粗略地计算,一个家庭农场一年中聘请专业技术人员或管理人员5次,一年就要增加至少4000元的开支。有的家庭农场为了获得稳定的智力投入,专门和一些专业技术人员签订了长期合作协议,每年工资8000元或更多,这种做法虽然较好地解决了家庭农场生产经营过程中的技术难题,保证了农产品的质量和产量,且提高了家庭农场的发展水平,但这笔开支也增加了家庭农场生产过程中的经营成本。

（五）土地流转成本

这些年土地流转成本也成为家庭农场不得不考虑的一个新问题。近年来,不少家庭农场实现了适度规模发展,通过土地流转,在经营面积上有了很大增长,但同时也发生了土地流转成本问题。目前,从一些地方来看,土地流转交易成本较高,农户积极性受到影响。近些年来,我国土地流转市场基本建立,中介组织也开始工作,各基层组织也在积极推进土地流转,实现"三权分置"改革,但目前我国土地流转的市场化程度还很有限,交易成本和流转费用过高是造成这一问题的主要原因。不仅土地流转中的信息费、谈判费、监管和合约履行费用过高,而且细碎化的土地又增加了土地改良的协商成本和难度,也加大了土地流转后的监管成本。浙江省2013年土地流转平均租金601元/亩;2014年为672元/亩,同比增长11.8%;2015年为738元/亩,同比增长9.8%。近些年的涨幅在10%左右。据土流网2017年年初公布的数据,2016年我国农村土地流转的平均价格是892元,只有海南、北京、天津、上海四个省(市)的流转价格较高,其他省(市、区)流转价格均不高,有21个省(市、区)在750元/亩以下,未达到全国平均流转价格,内蒙古、贵州、云南、江西等地的流转价格在400元/亩以下。据统计,2016年上海、海南和北京的农村土地流转平均价格位居全国前三位,分别是 3240 元/亩、2630 元/亩和 2371 元/亩,贵州、云南、江西等地区的流转价格只有 350 元/亩左右。2017 年,随着粮价的下跌土地流转价格也出现了下滑,北方地区每亩地甚至下跌了 100—200 元。在我国农村土地流转过程中,土地的流转价格被严重低估,不仅没有真正体现土地的应有价值,不利于土地的稳定供给,而且与我国农地资源的稀缺性也不匹配,说明在我国土地流转中市场机制还没有充分发挥作用。① 随着土地有序合理的流转,可以预计,我国农村土地流转价格会有一个不小的提升,对家庭农场流转土地的影响也就会显现出来。从一些学者的调研看,目前一些新型农业经营主体的土地流转价格普遍高于土地平均收益,且存在相当的流转风险。其主要原因是,为了扩大经营规模,一些新型农业经营主体通过提高土地流转价格,确保从农户手里获得那一亩三分地;也有不少新型农业经营主体对项目的预期过于乐观,愿意付出较高价格。以前农村土地流转价格偏低,主要是流转双方多数是亲戚、朋友和邻居关系,不好意思提高价格,加之本身就认为土地收益较低,没有从土地流转中获取更多收益的意愿。② 因此,农村土地流转价格从低价逐步向市场机制作用下的合理价格发展,必然有一个逐步提升的过程,这笔费用的增长势必增加家庭农场的经营成本。家庭农场必须在增加流转土地和规模效益上找到一个科学合理的平衡点,在不太增加经营成本的基础上获得更为理想的经济效益。

除以上所述成本以外,种植型家庭农场还会发生其他开支,比如蔬菜行业,还需要农膜、地膜、滴灌设备等等。这些价格近年来也不断上涨,给种植型家庭农场带来不小的压力。

二、农场主素质偏低,人才极度缺乏

适应现代农业的家庭农场主不仅要懂技术,更要懂管理。从我国多数家庭农场现状来看,农场主素质普遍偏低的现象还没有得到根本改变。从我们对湖北省部分家庭农场的调查情况来看,45.45% 的农场主的文化程度只有初中、中专以上学历,虽然高于同期当地农民的基本水平,但是和新型职业农民的要求差距较大,不论在思想认识、专业知识方面,还是管理能力方面都无法满足现代农业发展的需要。据郭熙保、冷成英对武汉家庭农场和郎溪家庭农场的调研,武汉家庭农场主以初中、高中和大专学历为主,比重分别达到 50.18%、28.47% 和 16.01%,具有本科及以上学历的只占 3.2%;郎溪农场主拥有初中、高中和小学学历的农场主居多,分别占 53.85%、17.54% 和

---

① 高宇,林倩倩,邵周岳.我国农村土地流转价格问题与对策建议[J].价格月刊,2017(10).
② 吴学兵,汪发元.新型农业经营主体发展中的土地流转价格问题——基于湖北省荆州市的调研数据的实证分析[J].价格理论与实践,2015(8).

15.69%，拥有本科及以上学历的只占 0.92%。①

  在家庭农场主自身文化素质偏低的情况下，家庭农场人才引进也非常困难，一方面，由于家族制的影响，对外来人员不放心，舍不得重金聘用，也不敢大胆使用；另一方面，家庭农场吸引人才的条件也很有限，在工资、福利、住房等生活待遇及学习深造、业务水平提高上条件十分有限，无法对专业人才产生吸引力，再加上专业技术和管理人员对家庭农场也不够了解，心存疑虑，信心不足，也不愿到家庭农场工作，因此形成了人才进不来、留不住的情况。目前，多数农村青壮年劳动力和高素质劳动力到大中城市务工或从事非农产业经营，留在农村看家护院、从事农业生产的人年龄偏大、素质偏低，不了解先进的农业生产技术和新品种，缺乏现代的经营观念，难以承担家庭农场发展的重任，低素质的劳动力将成为制约家庭农场高质量发展的关键因素。

  由于农场主素质偏低，导致许多专业化管理工作无法开展，如在被调查的1530个家庭农场中有财会人员的只占25.5%，有完整账目的只有34%，其他家庭农场是既无财会人员，更无会计账目，无成本管理和核算是导致家庭农场高产低效或大起大落的主要原因。

  不少家庭农场主是凭经验进行生产经营的，自身缺乏先进农业生产技术和技能，同时也缺少专业技术人员。今后家庭农场主会主动追求技术进步以获得生产效率的提高，从而实现经营利润最大化，他们将引进专业技术人员获取相关技术，同时政府也加大了对农场主的培训力度，以尽可能帮助他们解决生产中的技术难题。但是，学习的速度赶不上问题出现的速度，农场主有时在遇到临时性、偶发性问题时也会束手无策。在粮食型家庭农场中普遍面临生产技术的制约，在优质粮食品种选育、稻虾综合种养、粮食产品粗加工和深加工等诸多方面缺乏相应的技术。在养殖型、种养结合型家庭农场中所遇到的技术问题就更多、更频繁，会使农场主一筹莫展，他们需要掌握饲料配比、疾病防控、选种等技术，而且这些领域的技术更新速度特别快，要及时掌握这些新知识、新技术对于当下的家庭农场经营者来说是有一定困难的。在现实中不少家庭农场的生产经营主要依靠"夫妻档""父子兵"，外聘专业技术人员的较少，生产技术更新较慢。从第三次全国农业普查的统计来看，湖北省接受过专业培训的农业生产经营人员较少，综合素质亟待提升（见图4-3）。家庭农场经营者的自身素质远没有根据家庭农场发展的需要而与时俱进，使得多数家庭农场高质量发展缺乏强劲的内生动力。

---

 ① 郭熙保,冷成英.我国家庭农场发展模式比较分析——基于武汉和郎溪调查数据[J].福建论坛（人文社会科学版），2018(11).

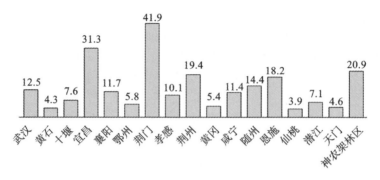

图 4-3　湖北省各地区受过技术培训的农业生产经营人员所占比重(单位:%)

(数据来源:湖北省第三次农业普查资料。)

三、粗放经营普遍,规范管理不够

从笔者的实地调查和大量的文献研究来看,多数家庭农场经营管理水平仍处于较低层次。许多家庭农场是近些年才成立的,由于成立时间较短,没有形成行之有效的管理制度和针对性强的管理办法,非常缺乏管理经验,表现在两个方面:其一,不少家庭农场主粗放经营思想严重,没有发展战略,缺乏远景规划,市场上什么赚钱就生产什么,摊子铺得很大,无法形成产业支柱,缺乏发展后劲,没有明确稳定的经营方向,在产业链延伸方面,一些有实力的家庭农场实现了"接二联三",同时涉足三个产业,面临一定经营风险。许多家庭农场的发展带有较大的盲目性,科学化程度低,一味追求经营品种的多元化,但是生产的品种和真实的市场需求存在较大差异,许多种植或养殖品种的来源是依仗农场主多年农业劳作的生产经验和自己对市场的判断。其二,以传统的家长式管理为主。在调查的家庭农场中,绝大多数是采用家长式管理,不少农场的经营管理未聘请任何专门人才,主要采用农场主亲自管理和农场主与家庭成员共同经营管理两种形式。这些现象说明一些家庭农场主的经营理念不清晰、不稳固,粗放经营思想严重,与发展集约化、标准化、专业化的目标格格不入;同时也反映出政府对各类经营主体的扶持政策界限不够清晰。不少家庭农场在登记挂牌上,既挂家庭农场的牌子,又挂合作社的牌子,甚至挂上企业的牌子,分不清各自经营主体间的区别,有的甚至是想通过多种主体从多个渠道获得更多国家在政策、资金等方面的支持。一些家庭农场没有成本核算,也不进行成本控制,不少家庭农场是既无财会人员,更无会计账目,无成本管理和核算是导致家庭农场高产低效或大起大落的主要原因之一。不少家庭农场缺乏内部控制,认为农场既然是自己的就没必要进行内部控制,从邓军蓉学者对湖北省 105 个家庭农场的调研结果发现,有 81 个家庭农场存在现金收支手续不完备的问题,没有正规的收付款凭证,公款私存的现象十分普遍;没有执行专人定期或不定期清点核对现金制度的占89.5%;没有定期对存货进行盘点以查明账实是否相符的占75.2%。105个家庭农场在与银行的业务往来中都获取了银行的有效原始凭证,但只有8个在购买生产资料的业务中取得合法原始凭证,有24个在购买固定资产的业务中能提供专业增值税发票。由于外来原始凭证的不规范或缺失,家庭农场将无法编制记账凭证和进行会计核算,财务管理呈混沌状态。事实说明有相当多的家庭农场内部控制相当薄弱,其结果必将加大家庭农场的经营管理风险,难以实现家庭农场的高质量发展。①

四、品牌意识淡薄,营销渠道不畅

农业供给侧结构性改革对家庭农场的农产品质量提出了新要求,消费者对高品质农产品的需求日益增长,农产品的竞争也是情理之中的事,农产品的品牌建设也就成为家庭农场建设中的当务之急。从目前我国多数家庭农场品牌建设的情况来看令人担忧,因为不少家庭农场本身就是从传统农户发展而来的,农场主缺乏专业的市场营销知识和先进的营销理念,缺乏市场营销能力,缺乏品牌建设在市场竞争中重要作用的认知,仍然坚信"酒香不怕巷子深"的传统经营观念,认为产品只要物美价廉就一定受欢迎,因此,舍不得在品牌建设上投入资金和精力。据李霄学者对安徽省阜阳市闻集镇100个家庭农场调查,其中6位农场主有建设自家农场品牌的想法并已有2位建有自己的品牌,18位农场主没有考虑过这个问题,76位农场主回答"不需要",调查的结果是绝大多数农场主没有自建品牌的打算和意愿。② 这些农场主认为粮食油料作物的品质差别不大,价格也相差不大,没有创建品牌的必要。而少数想创建品牌的农场主对此项目工作也没有信心,动力也不充足。从已经进行品牌建设的家庭农场来看,多数还只是一味地追求外观形式上的差别,除了简单明了、易读易记等要求外,较少考虑自身品牌和他人品牌的差异性,众多农产品品牌的名称高度相仿,其中不少是有意为之,识别系统雷同的现象大量存在,给消费者购物带来难以识别的麻烦,也没有实现品牌建设的初衷。还有不少家庭农场的注册名称与商标(或标志)名称不统一,导致品牌的宣传点与消费者的诉求点分散,最终造成品牌认知度的减弱,没有发挥对品牌形象的宣传作用,有时还可能为他人做了嫁衣。近年来我国农产品进口量迅速增长,不少在质量和价格上有较强优势的国外农产品进入国内市场,极大地丰富了我国百

---

① 邓军蓉.粮食类家庭农场财务管理现状及原因分析——基于湖北省105个家庭农场的调查[J].长江大学学报(自科版),2017(18).

② 李霄.阜阳市闻集镇家庭农场发展现状与建议——基于100户家庭农场的调查[D].扬州:扬州大学,2018.

姓的"菜篮子",我国农产品市场的竞争日趋激烈,在给消费者拥有更大选择空间的同时也给家庭农场农产品的销售带来极大的压力。

当前家庭农场销售渠道流通环节繁多,农产品流通渠道较长,容易发生生鲜农产品变质问题,又进一步增加了农产品流通成本,提升了农产品价格。由于家庭农场销售渠道的规模组织化程度较低,管理机制运行不灵,导致农产品销售渠道效率较低。目前家庭农场销售渠道的地域性特征明显,流通半径有限,造成家庭农场资源配置的效率不高。由于家庭农场规模有限、分布零散,不少还处于"单打独斗"状态,这些家庭农场依靠众多小商贩的收购和贩运,批发给邻区或生产地的农贸市场,由于外销量严重不足,导致产品所在销售市场供大于求,部分农产品滞销,出现"猪压栏、禽压棚、菜压田、鱼压塘、果压山"的现象,农民的劳动成果实现不了它的价值,进而打击了家庭农场的生产积极性,影响整个农产品供应链的持续发展。同时,由于有的地方交通不发达、物流成本过高,许多外地收购商不乐意前往收购,部分农产品直接烂在地里的现象经常发生。近年来许多家庭农场纷纷在淘宝等平台上实现网上销售,取得一些成绩,但成功实现O2O,充分发挥线上、线下优势的案例相对有限,反倒是维权救济方面的问题逐渐显现,对家庭农场的线上销售提出了挑战。农场产品的销售渠道较多,但不够稳定,据调查,有36.67%的产品卖给流动商贩,自己销售的占30%,卖给合作社的占3.33%,合作企业占10%,国家收购的只占3.33%,多元化的销售渠道说明农产品的目标市场还没有完全形成,不利于大宗农产品的销售,它也导致部分农产品销售困难的原因之一。

五、基础设施建设滞后,社会化服务体系尚不健全

家庭农场的高质量发展需要有强大的社会化服务支持和完善的基础设施作保证,而目前这些方面还存在不少问题。由于家庭农场土地多是靠流转来的,出于土地租期较短、地块分散、缺少资金等原因,在投资完善水利设施和购置大型农机具方面可谓"有心无力",导致服务于家庭农场的基础设施普遍比较落后,如农业生产性基础设施民堤、民垸等存在严重防洪隐患,水利设施建设严重滞后,水利工程设备老化,水利工程年久失修,沟渠淤塞十分严重,有效排灌能力大大减弱,有效灌溉面积大幅缩减。目前,家庭农场希望能参与当地农田基础设施建设,愿意先行垫付建设资金,验收后再以奖补方式返还,甚至部分家庭农场愿意分摊部分建设资金。在一些乡村,安全饮水问题有待解决,大量饮用的是水塘、水井的水,水质污染严重,地下水中氟超标严重。通村公路还有少数地方未通,田间道路尤其是机耕路,数量少且路况差,不利于开展机械化作业,而且粮食晾晒难度大,仓储设施缺乏,影响粮食的品质和保存,严重影响家庭农场的发展。电信网络建设延伸力度不够,电子商务信息传递不及

时,影响线上交易和消费,多数地方农产品的电子商务工作还刚刚起步。同时,服务性设施能力弱化,虽然近年来加大了农村教育、卫生、广播电视等公共服务设施建设力度,消除了一批中小学危房,改善了农村医疗卫生条件,但多年积累的问题,积重难返,在部分地方上学难、就医难、出行难等问题依然存在。

近年来,我国农村的社会化服务工作虽然取得了不少成绩,但社会化服务体系不健全的问题依然存在,主要反映在以下两个方面。

(一)农业科技支持力度有限

笔者对湖北省部分家庭农场的调查中发现,不少家庭农场的技术问题主要是靠农场主的经验,政府农技部门所提供的比重不到1/4,合作社和龙头企业所提供的农业技术极少,农场主自己进行交流学习所得占近1/5,只有1/10的农场聘用了技术人员。在农场的生产中,60%的农场是以人工种植或养殖为主、机械生产为辅,目前还有20%的农场全部采用的是传统人工种植或养殖,说明不少家庭农场的生产方式过于陈旧,先进的农业技术使用较少,生产机械化程度偏低。农机使用与维修、配方施肥和病虫害防治等方面的社会化服务工作还远没有到位,不少农户信奉"庄稼一枝花,全靠肥当家"的经验,不管土地和农作物生长的实际情况,盲目施肥,盲目打药,一味追求高产、丰产。

(二)家庭农场服务保障工作不完善

其一是农业保险服务有待完善,目前已开展水稻、烤烟、能繁母猪等农业保险,但还没有实现农作物保险的全覆盖,且险种较少,防灾避灾机制和赔付水平有限,对现代农业的保障力度仍然不够。其二是农业风险评估服务缺位,基于农业高风险的特点,行业部门的规划指导不及时,多数家庭农场对农业生产的风险性缺乏足够的认识,造成经营中可避免损失的发生。其三是公益性技术服务能力不足,主要反映在农技推广、气象预报、植保联防、网络宣传、农产品质量安全监测等公益性和经营性服务的组织发展较慢,适应不了家庭农场高质量发展的要求。家庭农场由于无法及时了解最新的市场信息和得到技术上的指导,耽误了农时,错失了发展良机,阻碍了家庭农场发展。如黑龙江省农业社会化站点虽多,但由于需要帮助的对象更为庞大,且服务站点的服务人员多为农民,农忙时他们也需要回家忙于农活,服务站往往人手紧张,很难满足农场主的需求。[①] 其四是组织协调和业务指导工作有待改进,许多地方领导对家庭农场高质量发展的认识不足,积极性不高,部门间协调不够。目前,品牌建设和环评标示是提高家庭农场竞争力的最有效的手段,但在申办过程中遇到论证无门、认证费用高、认证程序复杂、涉及单位多、评审周期长等诸多问题,如规模养殖场的环评需要上万元论证费,不少农场主只好望"钱"兴叹。

---

① 古欣.推进种植业家庭农场社会化服务的调查研究[J].统计与咨询,2019(4).

近年来,家庭农场因为种子、化肥、农药等生产资料的质量问题与经销商或生产厂家发生经济纠纷时,也没有得到有关机构的帮扶,最终只能得到一点象征性的赔偿,伤害了家庭农场主的感情,打击了生产的积极性。

六、融资难、贷款贵,农业保险尚待完善

融资难、贷款贵已成为家庭农场发展中较为突出的问题。农业产业的特点使其不像工业企业那样有更多的抵押物,而且家庭农场相对其他经营主体来说规模较小,信用贷款获得难度更大,同时农担系统这些年重点覆盖家庭农场的数量也不够,导致家庭农场在融资方面困难重重。根据周应恒、陈旭研究团队对苏皖2县部分家庭农场融资情况的调查发现,在被调查的家庭农场中只有10.53%的家庭农场表示其资金需求能够完全得到满足,有29.82%的融资需求基本得到满足,但近60%的家庭农场的融资需求得不到满足。调查得知,家庭农场获得的贷款总额总体基本在20万元以下,但被调查家庭农场的资金需求规模多在40万元以上,供求缺口较大,使得众多家庭农场陷入融资难的困境。江苏省高邮市被调查的家庭农场也面临同样困难,50.98%的家庭农场的资金需求得不到满足,而安徽省怀远县有59.65%的家庭农场表示其资金需求得不到满足,其融资难的问题更加突出。①

家庭农场融资主要通过银行贷款和民间借贷两个渠道进行,一般银行贷款需工资、房产等抵押物品,而家庭农场大多固定资产价值低廉,生产的粮食、畜禽等生鲜农产品又无法抵押,授信担保难度大,同时还存在申办手续繁杂、隐性交易费用较高等诸多问题。近两年不少地方采取了很多相对灵活的办法,推出了一些新的融资产品,但是这些金融产品还比较传统,缺乏金融科技的支持,导致金融机构在识别农村客户信用情况、掌握家庭农场生产经营的真实情况、预先感知农业风险等方面手段十分匮乏,影响了融资产品的推进。民间借贷方式灵活,但利息高、风险大、筹资数量有限,存在的主要问题有:一是民间融资的贷款利率较高且浮动较大,尤其是高利贷的利率最高可达30%,比家庭农场的资产利润率要高出很多;二是尽管向亲朋好友借贷的利率相对低一些,可资金随时都有可能被回收,融资需求还是得不到有效解决;三是大部分民间融资尚未签订具有法律效应的合同,一旦借贷双方产生资金纠纷将难以处理,农场主往往因此而遭受损失,不仅资金缺口问题没有得到缓解,反而会陷入更大的困境。目前政府的扶持政策也有限,在涉农建设项目、财政补贴、税收优惠、信贷支持、抵押担保、农业保险、设施用地等方面的扶持对象虽然都提及了家庭农场,但真正落实的相对有限。以项目资金为例,2017年某地区省、市两级财政拿出151万元作为全县家庭农场项目建设的资金,共有20

---

① 周应恒,陈旭.苏皖2县家庭农场融资行为影响因素[J].江苏农业科学,2019(7).

个农场得到扶持,平均不到 8 万元,更多的家庭农场则无法获得项目资金的支持。近年来针对农户开展的小额贷款也难以满足家庭农场发展的需求,因为小额贷款的额度不超过 10 万,并且贷款期限也只有一年,但是贷款利息却很高。虽然小额贷款的程序相比其他贷款要简便得多,但对于素质偏低的农场主来说依然感觉复杂。

目前,多数家庭农场处于分散经营状态,抗拒和转移风险的能力较弱,而且农业本身就受气候条件、地质地貌等多种不可抗拒因素的影响,自然灾害时有发生,搞好自然灾害所带来的风险防范已成为影响家庭农场发展的重要因素。目前,主要的问题表现在三个方面:一是农业保险产品供需不一致。基础险种无法满足家庭农场经营产品多样化的现实需要,近几年农业保险市场上正在试点的蔬菜价格指数保险等新险种适应了部分园艺果蔬类家庭农场的需求,但众多经营其他特色产品的家庭农场对新型农业保险产品的需求也十分急切,农业保险市场上的供需不一致的问题仍十分突出。二是政策性补贴的保险品种有限。目前中央财政给予保费补贴的险种共有 15 个,各地在执行的时候存在较大差距,如湖北省只开办了水稻、油菜、棉花、能繁母猪、奶牛、森林、"两属两户"农房、农民工意外 8 个险种,河南省、安徽省和湖南省开办的险种分别只有 14 个、10 个和 9 个。一些地方在开展政策性农保的同时,也尝试开展了一些具有区域特色的农保业务,但从目前试点情况看,各地的农业保险创新工作的进度和水平参差不齐,影响了部分地方家庭农场的发展。如作为水产养殖大省的湖北,连续 20 年保持全国淡水产品总产量第一,但在水产养殖保险方面却没有相应的政策补贴和保险产品。三是赔付金额偏低。家庭农场在发生保险事故后得到的赔偿金额对经济损失的弥补一般在 30%—50%,而作为家庭农场则希望能通过赔付弥补他们一半及以上的经济损失。我国农业保险制度起步较晚,且长期实行"低保额"政策,对于保护以家庭农场为代表的新型农业经营主体的积极性和促进农业农村可持续发展是极为不利的。

七、土地流转尚需完善,产业融合有待跟进

近年来,中央曾多次对加快培育发展家庭农场作出总体部署,强调要健全土地经营权流转服务体系,鼓励土地经营权有序向家庭农场流转。目前,我国家庭农场经营的土地 71.7% 是来自流转和租赁,家庭农场在适度规模经营上取得了可喜的进步。但随着土地流转工作的深入,也暴露了一些不利于家庭农场发展的问题。主要表现在:一是土地"碎片化"现象突出。该问题是人为因素(如钉子户的存在)、流转成本较高或土地分散等原因导致的,流转的土地还存在肥力低、位置偏、不便经营管理的现象,致使家庭农场在土地流转后也很难实现规模效益。二是土地流转期限短。许多农民惜地待租意识强,导致流转期限普遍较短和租金标准较高的现象,家庭农场与农户之间的合同基本

上都在10年以下,1—3年或3—5年的短期土地流转合同较为普遍,甚至还出现部分流转期限届满后不续约的情形,不利于家庭农场的长期稳定发展。三是流转合同执行不理想。由于种种诱因土地流出方会单方面提高土地流转价格,如果家庭农场不同意将会面临"毁约退地"的可能,如果接受被有意抬高的价格将会造成土地使用成本的上升,导致经济效益的下降,致使家庭农场左右为难。四是土地流转服务工作不到位。许多地方没有建立专业、规范的土地流转中介机构,也没有建立农村产权交易服务平台和产权管理服务站,增加了土地流出和流入双方的沟通协调成本,导致沟通协调不力,诸多流转问题难以在协商中化解,不利于土地流出和流入双方的相关利益保障。由于土地流转信息不畅,一方面是家庭农场想租地却租不到地,另一方面是外出务工农户的土地闲置抛荒。五是合同执行中的问题难化解。当家庭农场因经营不善而宣告破产时,对家庭农场的土地权利、机械设备、债权债务等的清算问题、家庭农场的债务偿还问题、对偿还债务后的剩余财产的分配问题等一直还没有获得合理有效的解决方案,如果不能得到妥善解决,将会导致土地流转双方的利益冲突,将会直接影响土地合理有序流转的速度和质量。

产业融合既是家庭农场发展的客观需要,也是家庭农场发展需要解决的新问题。过去家庭农场主要是从事第一产业的劳作,经济效益普遍不理想,自从我国提出农业要实现第一、第二、第三产业融合发展以来,不少家庭农场积极行动,虽然在产业融合发展上取得了一些初步的成绩,但存在的问题也是十分明显的。目前存在的主要问题有:一是产业融合的层次较低。产业融合对于家庭农场来说是一种新生事物,现在还处于认识、理解和发展的初期阶段,与第二、第三产业的融合度有限,融合水平偏低,产品附加值不高,还有较大的发展空间有待开发。家庭农场多以农产品的生产为主,加工环节涉及不多,目前经过加工转化成最终产品上市的农产品较少,基本都是以初级农产品低价销售,而农产品的附加值往往是通过加工环节而产生的。休闲农业等多功能层次也尚待完全开发,不少乡村旅游缺乏特色文化和民俗的带动,无"故事"可讲,经营模式单一,很难对游客形成较强的吸引力。二是基础配套设施建设滞后。家庭农场实现产业融合需要较为完备的交通、通信、供电、医疗、购物、娱乐等相关基础设施和配套设施的支撑,但是目前我国很多农村地区这方面设施还较为落后或建设滞后,家庭农场只重视了"小环境"建设,而无力进行大环境改善,一些休闲观光型家庭农场在内部道路、供水等基础设施上还需要加大建设力度,只有网通路畅、供水充足,才能促进休闲观光农业发展,否则将会使家庭农场的产业融合进入进退两难的窘境。三是多数农产品缺乏市场竞争力。不少家庭农场缺乏品牌化经营,产品同质化问题突出,市场上产品鱼目混珠,良莠难分,在监管不力的情况下,农产品质量难以保障。而农业生产周期较长,回报见效慢,家庭农场的利益难以得到切实保障。四是管理和技术满足不了新要求。由于家庭农场经营者技术和管理水平一般,对产业融合发展中出现的新情况、新问题一筹莫展,因此急需相应的人才来解决生产技术和管理方面的问题。由于家庭农场短时间内很难得到相应的技术、管理人才,最终制约了产业融合的健康发展。同时,由于缺乏适应新形势的营销平台和现代营销手段,导致产品销路不畅。

八、职业农民难寻觅,扶持政策难到位

目前,我国职业农民的培训教育工作已经取得初步成绩,一批"会经营、善管理、懂科技"的新型职业农民脱颖而出。但从现有家庭农场的实际情况来看,真正由职业农民来进行管理的家庭农场还非常少,可谓"一将难求"。根据国家统计局有关统计资料,截至2018年年底,我国人口为139538万人,乡村常住人口为56401万人。按现行对职业农民的培养计划,即使到2020年新型职业农民培养规模达到2000万人,那么也只占常住人口的3.6%左右。虽然各地都加大了对职业农民的培养力度,提出了具体的数量指标,但由于各种主客观原因,不一定能达到培养的质量要求和数量要求,因此,在现有情况下,家庭农场对新型职业农民的需求一时恐难以满足。我国很多地方职业农民门槛较高,从某种程度上也影响了职业农民数量的增长。如湖北省不少地方的农民因超过规定的培养年龄而无法得到培训,根据《湖北省新型职业农民培育发展规划(2016—2020年)》,职业农民的培养对象为返乡创业大、中专毕业生,农民工,退伍军人等有志青年,要求具有高中及以上学历(或同等学力),年龄在18—45周岁的青年农民,而实际目前在农村生活和从事农业生产经营的主力多为留守在农村里的老人、妇女及孩子,而返乡创业大、中专毕业生,农民工,退伍军人所占的比例还非常有限,真正符合条件的人相对较少。因此,按照现有规定既带来职业农民培训招生上的实际困难,也打击了一部分农民参与学习培训的积极性。

近年来,政府为鼓励家庭农场发展出台了一系列扶持政策,应该说在政策的鼓励下,不少家庭农场确实得到了较快发展,但据有些学者的调研来看,政策在一些地方落实的情况并不理想,没有发挥其应有的作用,主要表现在三个方面:一是缺少为家庭农场量身定制的支持政策。虽然中央政府和地方政府已下发多个支持新型农业经营主体的文件支持其发展,但是真正能在家庭农场发展中起作用的相对有限,在政策制定时对家庭农场的特殊性考虑不够,对新型农业经营主体中处于弱势地位的家庭农场照顾不周,造成政策与家庭农场实际需求不完全一致的现象,最终影响政策的执行效果。二是政策落实效率不高。一些政策在落实过程中往往需要经过各个管理部门层层下达,中间环节较多,政策从上到下既存在一定的时滞性,影响了政策的及时执行,也存在对上级政策理解不够、执行不力的问题,从而导致政策落实效率不高。三是政策执行结果不理想。虽然中央到省市各级政府相继出台了许多关于家庭农

场的扶持政策,但落实情况还存在着一定的问题。据笔者前两年对湖北省部分家庭农场调查发现,有些地方管理部门和单位大局意识不强,对政府出台的优惠政策采取实用主义态度,对部门有利的就执行,没利的就不执行;容易落实的就执行,不易落实的就不执行;和本部门规定一致的就执行,不一致的就不执行,致使上级政策难以落到实处。据调查,有50%以上的家庭农场没有享受到相应的优惠政策,政府对农户的优惠政策主要涉及融资支持、政府补贴、土地流转政策和社会化服务,但在人才培养和拓宽销售渠道这两方面的优惠政策相对甚微。多数农场主认为政府的支农惠农政策落实程度也不理想,其中有36.84%的农场主认为政策落实程度一般,36.84%的农场主认为政策的落实程度较差,其他农场主认为政府政策落实很好的只有5.30%,认为政策落实程度较好的有21.02%,可见各地在政府出台的关于扶持家庭农场的一系列支农惠农政策的"落地"上还有大量的工作要做(见图4-4)。

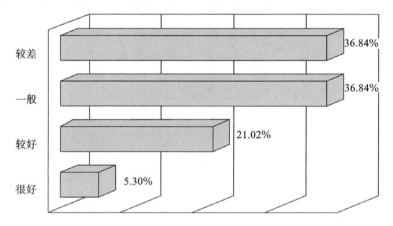

图 4-4　家庭农场对政策落实程度的评价

(数据来源:根据调查数据绘制。)

政策落实成本较高,如某省某县为落实政策,先后组织了县直机关和乡镇的1000多人到农村宣传政策,仅每人300—400元的食宿、差旅费,全县共开支50多万元,印制宣传材料(36万份)、召开各级会议、部门调研等开支30多万元,粗略估算,一次落实政策的工作成本就在80万元以上。这既不符合当前中央关于压缩行政开支的要求,也说明基层政府的工作还不实,还需要扎实改进工作作风和采用高效率的工作方式。

第二节　对我国家庭农场发展中问题和障碍的原因探析

从上节所述可知,我国家庭农场在取得明显进步的同时也还存在许多需要解决的问题或障碍,其中有的是主观原因造成的,有的是客观条件的原因所致,也有的是主客观两方面共同作用的结果。本着促进家庭农场高质量发展的目的,在这一节中将对引起这些问题的原因作一系统的分析,以便在今后的工作中能有针对性地开展工作,加快家庭农场高质量发展的步伐。

一、农业生产资料成本、技术成本、基础设备成本、雇工成本的提升导致生产成本居高不下

从我国农业发展的实际来看,生产成本较高已成为制约其高质量发展的重要因素。从家庭农场的具体情况分析,主要是由于农业生产资料成本、技术成本、基础设备成本、雇工成本等的不断提升,导致生产成本无法降低,经济效益难以提高,市场竞争力难以提升。

从上一节的阐述不难发现,近年来我国农业生产资料的价格呈不断上升的趋势,种子、化肥、农药、农膜、地膜等的价格都上涨较快,究其原因主要是原材料价格上涨、原材料生产供不应求等诸多因素综合作用形成的,因此,从农业生产资料价格来看,受外界影响较大,虽然国家也采取了一些措施,但家庭农场仍然感受到巨大的经济压力,在农业生产资料价格普遍上涨的情况下显得束手无策、无可奈何。

基础设备成本提升也是导致生产成本上升的诱因之一。修建农舍、建设水利设施、喷灌系统等基础配套设施方面的投入较大,而且是一次性投入,要收回成本往往需要很长的一段时间,有的甚至要好几年。如果树从种植到收获销售一般要三年时间,三年中所花费的种苗购置、土地租赁以及人工成本等方面的费用是很多的,尤其是前期的基础投入较大,并且在产品销售之前是只有投入,没有产出的。基础配套的建设投入也呈逐步增长趋势,家庭农场的负担也随之逐渐增长。

对于技术成本趋高的现象也不可忽视,由于多数家庭农场主的文化水平偏低,当农场的经营管理和生产技术方面出现复杂问题时,部分农场会主动聘请技术人员和管理人员到自己的农场进行实地考察并提出有效的解决方案,为此会发生一些技术咨询或劳务开支,对提高家庭农场的技术水平和管理水平是非常必要的。这项开支在以前对外没有交流的情况下是不会发生的,现在这笔费用的产生既带来了积极的一面,也同时增加了家庭农场的经济压力。对于这个"两难"的问题,如何化解?如何处理好两方面的关系?值得我们深入研究。

雇工费用的逐年升高明显地增加了家庭农场的雇工成本。我国部分家庭农场由于经营的土地分散不利于实行大型机械化作业,有的家庭农场机械化水平较低、设备陈旧落后,在很多情况下都需要雇用短期工,尤其在农忙季节,

农场主都会雇用一部分有农业生产经验的农工作为短期工人,辅助长期工完成各种农活。但由于大量青壮年农民进城务工,有的在农忙时候也只能回来完成自己那一亩三分地的农活,给家庭农场的短期雇工带来了极大的困难,要找到理想的人员就得花费较大的代价,从而加重了家庭农场的雇工成本。

二、管理水平偏低的原因探析

家庭农场普遍存在管理水平偏低的问题,有主观和客观两方面的原因。从主观方面来看,有以下两点值得关注。

一是家庭农场经营者管理意识不强。作为家庭农场的法人代表,农场主管理意识水平的高低是家庭农场得以高质量发展的关键所在。从大量学者的调研结果来看,很多家庭农场主由于文化程度不高,对农场的生产管理、技术管理、财务管理、员工管理、销售管理等几乎都不太了解,对国家的法律法规也学习不够,在农场的发展上也缺乏长远考虑。调查结果显示,认为管理非常重要的家庭农场主大约只有10%,也就是说,大部分家庭农场主都没有意识到管理的重要性,普遍认为农产品的生产是最为重要的,重技术、轻管理的现象较为普遍。

二是家庭农场提升管理水平的内生动力不足。目前,我国部分家庭农场缺乏提升管理水平的内生动力,从财务管理的视角分析有以下三方面的表现:其一,多数家庭农场起步较晚,融资渠道狭窄,投资能力较弱,农场主没有提升融资和投资决策水平的迫切要求。其二,由于复杂的宏观环境影响,目前只依靠农场主的能力去规范内部和外部的不规范行为是有相当难度的,因而要进行专业的会计核算是不太可能的。其三,现阶段即使家庭农场不进行专业会计核算,也不会受到相关处罚,而且花费了一定人力、物力,规范了会计核算的家庭农场也不一定能够被评上示范家庭农场、获得国家财政及项目补助来补偿其成本。因此,那些更讲"实惠"的家庭农场主便失去了提高财务管理水平最宝贵和不可缺少的内生动力。由于家庭农场主在思想认识、文化修养、管理能力等诸因素的影响,导致在其他专业管理方面也存在着类似的问题。

从客观方面来看,有以下两点重要原因。

一是我国有关家庭农场方面的法律法规尚不健全。目前还没有颁布我国有关家庭农场方面的法律法规,也还没有针对家庭农场及其财务管理出台专门的法律法规,只有一些相关的制度和办法,如1993年颁布的《农业企业财务制度》和《农业企业会计制度》、1998年颁布的《股份有限公司会计制度》以及各省及地方政府制定的《家庭农场核算的简易办法》等。由于缺乏专门的法律法规,特别是近年来出现了许多新情况、新问题,家庭农场自身发展的状况和特点也发生了较大变化,我国对各行业的管理不断完善,在财会制度方面发生了很大改变,因而在新时期应该对家庭农场这一特殊群体进行规范化管理,把家庭农场纳入国家管理的范畴,为其制定相应的法律法规,通过强化法制建设促使家庭农场步入规范化发展的轨道。

二是家庭农场外部监督机制不够完善。一些家庭农场是在当地政府的引导下成立的,应该说和政府有着一定的天然联系,有的家庭农场是在可能获得政府的财政补贴及税收优惠等利益的驱动下成立的,带有较强的经济利益追求目的,况且多数家庭农场主自有资金有限以及客观上存在的许多缺陷,使得许多家庭农场在成立后一直处在成长的初期,迟迟没有成长壮大。目前家庭农场的外部监督机制还很不完善,如工商部门在家庭农场登记注册时没有进行认真验资,给一些家庭农场虚报资产提供了方便,最终造成账实不符;财政、农业等部门对家庭农场的会计核算缺乏有效的指导与监督,导致家庭农场不建台账、不重视基础管理工作的现象比比皆是;税务部门对增值税发票的监管不到位,给家庭农场不合法、不合规的原始凭证提供了可乘之机。在内部控制无力、外部管理不到位的情况下,要把家庭农场的管理水平提升到一个新的高度看来是一件不太可能的事情。①

三、品牌建设滞后的原因分析

目前,我国农产品的"三品一标"工作正在推进之中,在过去的发展中,农产品品牌建设工作一直处于滞后状态,造成这种状况的原因主要有三个方面。

(一)多数家庭农场不具有品牌创建与应用知识

由于受到文化水平、年龄、成长环境等因素的影响,长期以来大多数农户还是死守"酒香不怕巷子深"的传统观念,认为只要产品好就不会卖不出去。绝大多数农场主没有意识到品牌创建与应用的重要性,品牌概念模糊,更不会在品牌创建与应用上进行投入。由于对品牌创建与应用知识的缺乏,大多数农户对品牌知识普遍感到陌生,更不会去应用。不少农户得到政府补贴之后,都是把大量资金用于添置设备或用作其他方面,在品牌建设上的投入很少,即使投入也是微不足道的。政府在农产品品牌创建与应用方面的引导工作还不够深入,一些家庭农场仍在观望等待。

(二)地方政府对家庭农场品牌创建与应用工作还重视不够

在国外许多家庭农场建设中政府除了在政策、技术、资金等方面给予扶植外,还始终把品牌建设作为农场发展中的大事来抓,在农场创建与品牌应用上积累了很多经验。我国一些地方由于受传统观念的影响,认为产品品牌创建

---

① 邓军蓉.粮食类家庭农场财务管理现状及原因分析——基于湖北省 105 个家庭农场的调查[J].长江大学学报(自科版),2017(18).

与宣传是经营者的事，政府主要是营造好的营销环境和提供必要的政策支持，往往会通过各种补贴形式投入大量的资金用于农户的设备更新、技术升级改造等，但缺少了用于品牌创建与应用的专项资金，从而形成了我国各级政府重视注册、技术、资金等方面的惠民措施，而忽视了对家庭农场品牌创建与应用的扶植，导致了政府在农产品品牌建设与维护中的无所作为。

（三）农产品品牌形象维护系统有待完善

农产品品牌创建难，要把品牌维护好就更难。近年来，不少"名优特"农产品由于忽视了对自身品牌的维护，以至于自己创建的品牌被他人窃用，为他人做了嫁衣，给自身发展带来麻烦甚至损失。从品牌维护角度应该做好的两项工作，目前都成了农产品品牌维护中的短板：一是通过不断提高产品的品质和产品附加值来维护其产品形象，而实际上不少家庭农场的产品一旦成了名牌，就会自我感觉良好，不思进取；二是要建立和完善品牌形象维护的法制体系，在实施品牌创建与应用战略时，必须维护好自身品牌形象，防止他人伪造、剽窃、假冒品牌的行为发生。目前，我国农产品也面临这方面的问题，如何提升产品品质及预防不法行为的发生，还需要建立一套针对性强、便于操作的措施，以打击不法行为，保护自身品牌利益。

四、销售渠道不畅的原因探寻

（一）流通企业与家庭农场没有建立长期稳定的产销关系

目前，我国批发市场、电商企业、大型超市等农产品流通企业还没有普遍深入乡村，各种形式的产销对接活动还较少，没有与乡村和家庭农场建立长期稳定的产销关系。许多家庭农场的农产品销售仍以农贸市场交易为主渠道，与企业、专业市场、超市等签订供销合同的家庭农场相对较少，运用网络进行电子商务交易的家庭农场更有限，家庭农场农产品销售渠道拓宽的任务还需要加强。

（二）缺乏和农民合作社的紧密联结

近年来，各地的农民合作组织虽然得到快速发展，但有些地方与合作社合作的家庭农场数量较少且紧密程度不高，有些家庭农场虽然加入了合作社，但许多合作社由于缺乏有效管理，没有发挥应有的作用。农民合作社和家庭农场的合作多采用签订农产品订购合同或协议的方式，订单既明确了双方的权利、义务，也形成了对双方的约束，不仅为家庭农场降低了市场风险，也减少了交易费用，应该是一种较为理想的农产品销售方式。但由于不少合作组织统一销售的辐射范围仍有限，家庭农场与其联结的程度也不高，没有成为真正的"利益共享、风险共担"经济利益共同体，导致家庭农场还在为产品的销售担心发愁。

(三)农村物流配送体系建设速度较慢

目前,我国不少地方正在推进"快递下乡"工程,由于过去乡村网络建设滞后,致使乡村快递网点覆盖率偏低,在实施供销、邮政及各类企业把服务网点延伸到贫困村时感到困难重重,在一些条件相对艰苦的乡村还没有通邮、通网。电子商务全面走进农村的工作和对贫困地区农村邮政、快递等物流配送设施建设的支持力度还不够。在供销、邮政、快递、交通运输企业和农村地区合作范围、合作领域上还需要进一步拓宽,互利共赢、服务规范的合作机制还没有建立,给家庭农场农产品的销售带来了不便。

(四)生鲜农产品生产基地冷链设施建设滞后

目前,我国不少地方充分发挥地方资源优势,开发生产了一些有地方特色的优质生鲜农产品,但这些地方的冷库、预冷库、移动预冷库、具有冷藏功能的产地加工集配中心等冷链设施建设还迟迟没有到位,极大地制约了生鲜农产品的预冷和储藏保鲜能力,由于"最先一公里"冷链物流短板的存在,无法延长农产品货架期,以提高错峰销售能力。同时在标准化的清洗、烘干、分级、包装等商品化处理设施建设上也存在较大的完善空间,不利于提升农产品初加工和产销对接能力,不利于提高农产品附加值和市场竞争力。

五、基础设施建设滞后原因分析

农业基础设施建设是农业发展中的重要工作,虽然经过这些年的建设有较大改善,但和现代农业发展的要求还不相适应,也不能满足家庭农场高质量发展的需要,究其原因主要有以下几个方面。

一是"二元结构"的影响。我国"二元结构"导致城市和乡村在基础设施建设等多方面极不平衡,由于国家政策倾斜,城市建设投入较多,乡村建设投入较少,形成了城乡之间在基础设施方面的巨大差距。虽然改革开放以来,特别是近年来加大了农村基础建设上的资金投入,但由于我国农村人多地广,无论从人均投资量还是地均投入量来看,与城市的投入相比仍然存在着巨大差距,历史遗留的问题太多,很多问题的解决还需要一段时间。

二是基础设施建设的资金保障不足。随着农村经济的不断发展,其基础设施建设资金短缺的压力也日益明显,同时由于基础设施建设多属于公益性事业,不可能产生直接的经济效益,所以又很难得到信贷的支持,也极少有社会投入。国家的财政支持相对有限,多数乡村和家庭农场又无力筹措建设资金,资金的缺乏成为制约农村基础设施建设的"瓶颈"问题。

三是资金来源分散。由于基础设施建设的资金来源较多,在我国现有体制下,难以形成合力,只能办"小事",难以办"大事"。过去建设资金政策是由各主管部门自行制定,实行专款专用,缺乏部门之间的统一协调,造成在资金的使用方向、投入力度等方面难以协调项目安排,甚至导致重复建设。有限的资金难以形成合力,资金使用效果差、使用效率低的现象较普遍,最终造成农村基础设施落后的问题长期得不到根本性解决,对家庭农场的发展和农民生活水平的改善造成了不良影响。

四是建设规划不科学。一些地方在农业基础设施建设上缺乏长远科学规划,在基础设施规划时,有些项目又缺乏前期的严格论证,最终没有达到预期的效果,造成现实上的资金浪费。头痛医头、脚疼治脚,在建设资金不足的情况下,往往顾此失彼,造成许多建设项目施工结束后不能达到预期的效果,甚至出现了一些"半拉子"工程,严重影响了家庭农场正常生产经营活动的开展。

五是工程质量难保证。偏远农村地区山高路远,基础设施建设难度巨大,在投入严重不足的情况下,工程的质量问题无不令人担忧。不少基础设施项目由于本身自然基础条件差,再加上人为的原因,造成工程质量不高,抗灾害能力弱,同时后期的养护工作没有跟上以及对设施的监督管理不到位,致使基础设施的使用寿命缩短,安全隐患突出,无法发挥为家庭农场提供良好基础性保障的作用。

六是农村集体经济实力单薄。目前多数农村集体经济发展不理想,经济效益较差,根本没有能力顾及农村基础设施的建设和改造,仅靠转移支付资金是远远不够的,可以说是"心有余而力不足"。同时,不少乡村集体经济没有充分利用当地的资源条件优势,盘活农村集体资产,"端着金饭碗讨饭",没有想方设法为农村基础设施建设和维护创造财富、积累资金。

六、社会服务机构发育迟缓的原因分析

(一)农业社会化服务体系的科技服务力度尚需加强

农业科技服务力量与农村经济特别是和家庭农场尚未实现很好的对接,农业科技需求的多样性、差异性供给不足,涉农信息服务不到位,信息资源开发不足,信息搜集整理能力不强,信息服务缺乏综合集成和有效分析。涉农网站专业性、时效性、实用性不强,信息质量不高,虽然各地都开办了农业信息网站,但不少网站基本停留在新闻报道、会议通知、文件发布、商品销售信息的层次上,适时满足农业生产技术需要的信息更新较慢或没有更新。不少基层服务机构专业技术人才大量流失,大学毕业生又不愿到乡镇从事比较艰苦的基层工作,造成专业技术人员严重缺乏,难以承担起对家庭农场等农业组织进行技术指导服务的职能。

(二)家庭农场对农业社会化服务的认同度不高

从一些地方的调查来看,只有不到10%的家庭农场表示对农业社会化服务非常了解,而绝大多数家庭农场表示知道一些或从未听说过。农业技术服

务站提供的服务内容较多,既包括推荐品种、提供育秧技术、移栽技术,还包括施肥技术、病虫害防治等技术服务,但从实际情况看,更多的是发放相关资料,对技术的真正指导严重不足,没有发挥农业技术咨询、指导和推广的作用。目前已开展的服务主要集中在产前、产中,而产后服务仍然比较薄弱,对农场需要的农产品销售、加工、包装等方面的服务滞后。同时还有部分农场主认为目前农业社会化服务体系建设中急需提高各部门之间的协调能力,近年家庭农场因为种子、化肥、农药等质量问题和经销商的矛盾时有发生,农场主找经销商,经销商就找生产企业,多数企业往往给家庭农场一定数额的赔偿完事。缺乏化解社会服务机构和家庭农场之间矛盾的协调沟通机制,挫伤了各方进行联合的积极性,影响了各自的经济利益。

(三)政策和资金的投入力度还需要加强

家庭农场能否享受高质量的社会化服务是决定其能否高质量发展的关键所在,尤其在家庭农场的发展初期,需要社会大家庭给予更多的关爱与扶持。而目前多数乡镇农技推广机构力量单薄,工作经费少,农技人员待遇偏低,工作环境差,必备的仪器设备档次低,无法满足现代农业科技研究的需要,少有的先进设备无人会操作,长期闲置,致使新技术推广和服务工作长期滞后,新品种、新技术的推广无法顺利实施。究其根源还是政府在政策、资金上的支持力度有限,特别是在对投入资金的使用效率和效果上的监督考核不够严厉,只重视出台政策和资金投入,却没有关注政策落地的情况,忽略了对资金使用的监督,导致政策执行出现偏差和投入的资金没有发挥应有的作用。

七、融资难问题的症结所在

家庭农场的融资问题一直以来是困扰和制约其发展的重要因素,那么为什么会造成如此难以解决的问题呢?从大量的分析研究看主要有以下几方面原因。

(一)农业生产的高风险性且周期较长

从经济学角度分析,农产品的需求弹性相对较小。农产品的生产周期短则数周,长则1年甚至2—3年不等,多数产品从生产到上市时间较长,在这一段时间内,产品的价格可能会发生很大的波动。而且,农户之间相互独立,信息不互通,生产的产品同质性很高,极有可能出现供大于求的现象,最终导致家庭农场的收入不稳定,还款能力的不确定,信贷违约可能性大大增加。同时,我国的家庭农场多数还处于"靠天收"的状况,一旦发生严重的自然灾害,农作物会大幅度减产甚至颗粒无收,前期大规模基础设施建设的投入会遭到破坏,大量的资金投入化为乌有,这时农民就无法偿还贷款本息,势必使支持家庭农场发展的金融信贷机构承担更大的风险。正是由于家庭农场经营的周期长、风险大,造成大多数金融机构出于对信贷资金安全性的考虑不愿意给家庭农场贷款。

(二)家庭农场面临较大的贷款信用风险

主要表现在两个方面:一是目前我国多数农村地区的农民信用制度不健全,家庭农场的信用档案缺失现象极为普遍,加之有些农户的法律意识匮乏,时常出现不归还贷款的现象。二是家庭农场与涉农企业之间存在信用风险问题,因为涉农企业要与农户签订种子、化肥、农药等协议组织生产,但由于市场价格、自然条件不稳定等的影响,涉农企业会面临一定程度的违约风险。同时,涉农企业在农产品生产加工方面与农户也有密切合作,如果在原料生产或农产品供给等环节出现问题,都可能造成企业产业链脱节甚至断裂,给企业造成不可预估的损失。如果涉农企业与家庭农场之间出现了上述情况,最终都会由曾经支持其发展的金融机构"买单"。

(三)家庭农场缺乏有效抵押品

在现有条件及政策法规条件下,家庭农场缺乏有效的担保,很难提供有效抵押品,导致金融机构难以给家庭农场进行贷款。根据现有规定,家庭农场所拥有的房屋、农机具、温室大棚、种养动植物以及成片的荒山、林地、耕地等主要财产都不具备信贷抵押资产属性,在无法提供有效抵押物的情况下,金融机构是无法满足家庭农场贷款要求的。家庭农场较低的担保抵押能力与经营的高风险高度错位,使得家庭农场要想获得商业贷款"难于上青天"。

(四)贷款产品设计还需要进一步完善

目前金融产品与家庭农场融资需求之间存在不一致的问题,涉农商业性金融机构如农业银行、邮储银行、农村信用社、农业发展银行等用来支持发展家庭农场的金融产品种类少,贷款额度小,不能满足家庭农场发展的需要,且金融服务方式单一,服务手段较落后,并且金融产品难以满足家庭农场周期性及短期资金需求的特点,导致了融资需求和金融产品供给严重的不匹配。

(五)非正规渠道融资险象环生

家庭农场在正规渠道难以获得贷款的情况下,被迫选择非正规融资渠道进行融资,因为其门槛低且借贷期限和利率由借贷双方协商确定,但同时也面临更高的融资成本,还要求借款人必须积累一定的社会资本。因此,家庭农场首选内源融资(自筹)方式进行筹集资金,这种方式速度最快且成本最低,但金额有限,杯水车薪,难以解决问题;在自筹满足不了资金需求的情况下会选择非正规融资渠道筹集资金,最后才会考虑正规渠道融资。家庭农场融资渠道似乎有多条,其实条条障碍重重,处处险象环生。

八、农业保险推进难的原因分析

(一)农业保险产品供需矛盾突出,服务网络不健全

从多地采用的基础险种难以满足家庭农场经营产品多样化的保险需求。虽然近年来保险公司也针对农业生产的特点增设了如蔬菜价格指数保险等新险种,但农业保险品种少的现象依然存在,针对性强、多元化的农业保险产品较少,不能满足各类农业经营主体的差异化需求。家庭农场对新型农业保险产品的需求十分急切,但农业保险市场上的供需不平衡矛盾仍然没有化解。一些地方没有组建专业的农保公司,当地的农业保险工作主要由人保财险、中华联合财险等公司完成,而这些公司的业务重心在城市,农业保险并非其工作重点,要心无旁骛地从事农业保险是不太可能的。一些县乡服务网络建设滞后,很多乡镇没有专业的服务网点,从事农业保险的专业人员明显不足,而且缺乏农业保险的工作经验,在风险识别、定损核损、理赔服务等方面缺乏专业知识。由于目前保险公司的农业保险经营业务亏损较多,因此降低了保险公司开展农业保险的积极性,导致市场有效供给不足。

(二)农业保险赔付金额偏低,保险经营不够规范

家庭农场在发生保险事故后得到的赔偿金额对经济损失的弥补普遍在 30%—50%,而农场主希望通过保险公司的赔付能弥补一半以上的损失,在期望值和实际赔付的力度之间形成了较大差距,农场主的考虑很现实,如果损失一旦发生,在短期内是无法通过其他的农业途径来弥补的,只有寄希望于保险公司一定额度的赔付才能让其"起死回生",别无选择。我国农业保险制度长期实行"低保额"政策,对于还处在发展初期且势单力薄的家庭农场来说是极不适合的。缺少合适的保险产品、政府补贴过低、保费过高、赔付率低等也引发了农户理赔难的问题。农业保险经营的不够规范也加深了问题解决的难度,目前有部分村镇农业保险是采取政府承办、按村投保的模式,这种有悖于农业保险初衷,对农业保险的市场化运作和规范化管理具有极大的阻碍作用,甚至会诱发违规理赔、套取中央保险补贴资金等问题。

(三)家庭农场对农业保险的认知度低,制约了对农业保险的购买意愿

从对家庭农场的农业保险需求调研结果来看,家庭农场主认为最主要的风险来自市场,包括价格风险、渠道风险,然后才是自然风险。由于农场主对农业保险缺乏了解,明显地制约了投保积极性。多数家庭农场并未选择农业保险来规避风险损失,而是向亲朋好友借款或自家独自承担风险所造成的损

---

① 王玉婷,张艺琳.家庭农场对农业保险购买意愿及其影响因素研究——基于江苏省307户的调查[J].安徽农业科学,2017(20).

失。除了对农业保险不够了解外,办理理赔手续复杂,不能及时理赔、定损程序复杂、理赔标准不清晰等问题也成为制约家庭农场购买农业保险的重要原因。①

九、土地流转推进慢的原因探析

尽管我国土地流转发生率逐年增长,但比例依然较低,究其原因有四点。

一是农民认识模糊,积极性不高。土地是农民的命根子的观念根深蒂固,他们把土地视为他们生命得以延续的最后一道防线,有着强烈的依赖情结。不少农民担心土地一旦流转后就失去了生活的基本依靠,况且流转收益也不大,因此宁可抛荒也不愿流转给别人耕种,最终造成撂荒、遗弃土地现象的发生,导致农民实施土地流转的积极性不高。

二是土地流转不严肃,流转管理欠规范。从目前的情况看,不少土地的转让主要发生在村内或亲属内部,而且没有明确流转期限,绝大多数流转没有正规合同,多是口头约定,土地流转的时间短、随意性问题十分突出。在流转程序、流转手段、流转档案管理等方面没有统一规定,而且基层政府和村级组织不能提供相关的流转服务,土地管理部门没有发挥好对流转土地的管理和监督作用。有少数地方土地延包30年的规定没有落实到位,个别地方的承包合同不规范,经营权证发放不到户,农民缺乏对承包土地的安全感,从而影响土地的有序流转。

三是服务工作未到位,流转信息不畅通。目前,大部分地区从事土地流转的中介组织还有待发展,土地承包经营权流转价格评估机构较少,统一规范的土地承包经营权流转市场还没有形成。少数地方虽然建立了流转中介组织,但还不能提供周到及时的服务,市场运作机制无法正常发挥作用,致使土地承包经营权流转的速度受限。近年来,一些乡镇纷纷成立了土地流转服务中心,但多数"徒有虚名",并没有真正发挥流转服务媒介、履行服务的职能。很多地方农村土地承包信息化管理工作滞后,土地流转信息不畅通,在一定程度上也影响了土地流转的规范发展。

四是流转利益纠纷时常发生,风险保障体系有待完善。近年来,由于缺乏土地流转协议、合同或协议,合同不规范以及土地流转规模逐渐扩大等,在少数地区土地流转纠纷时有发生,既增加了当地政府的工作负担和压力,也给土地流转双方带来了精神上和经济上的较大压力。同时,土地流转的风险较大,土地出让方会为土地流转之后的各经营项目是否能维持长时间的经营而担心,是否能够按时收到出让金而忧虑,能否顺利收回土地而不安;土地受让方

---

① 夏立村.关于湖北省家庭农场农业保险供需问题的研究[J].农业经济与科技,2018(15).

则对出让方是否会在合同不到期的情况下单方毁约感到忧虑,为难以收回投资并造成自身经济利益损失而发愁。除此以外,土地流转也面临着难以预测的自然风险和巨大的市场风险,多重风险的叠加对土地的流转造成了极大的负面影响。在风险保障体系不健全的情况下,必然会削弱土地流转双方的主观能动性,影响土地流转工作的顺利开展。

十、新型职业农民不足的原因分析

家庭农场的高质量发展需要大批高素质的新型职业农民,而造成目前供不应求状况的主要原因如下。

一是思想认识不足,社会氛围不浓。部分地方领导和涉农部门还没有对新型职业农民的培养引起足够的重视,有畏难和观望情绪,同时政府的态度也导致不少农民参与培训的热情并不高。农民并不太关注这个"称谓",他们关注的是"称谓"能带来的实际利益和扶持政策。无论叫"职业农民"还是"实用人才",带给农民的到底是荣誉,还是实惠?或是一个宣传的概念?"职业农民"也真的像其他称谓一样受到社会的普遍认可并成为人们所追求的职业吗?特别是职业农民职业发展路径是什么?职业的规范是什么?这些问题都需要慎重研究。

二是教育资源分散,没有形成合力。部分地方政府对职业农民培训的投入不足,难以满足新型职业农民培训需要,同时培训资源却分散在多个部门,很多地方谁来牵头培训工作、分工合作的边界都不清楚,导致都"管"、都不"管"的问题,部门之间缺少相互协调,缺乏系统布局安排,多部门主办的低层次重复培训较多,一些地方出现了农民"被培训"的现象。

三是培训管理不严,培训内容待完善。少数地方的职业农民培训还不实,甚至极个别地方还有弄虚作假的现象,未参加培训的学员名字赫然出现在签到表上,有学员没有参加全程学习,有的培训班时间较短,有的培训班时间安排不合理,不符合职业农民培训相关规定,影响了培训质量。有些培训班的培训内容和形式有待进一步完善。

四是重培育指标制定,轻培育成果考量。目前,全国各地都制定了当地的职业农民培育的规划和方案,编制并下达了各年度各地新型职业农民培育的数量指标和任务,但缺少对新型职业农民培育后的跟踪考核和培育质量的调查考核,重视培育数量,忽视培育质量,特别是对新型职业农民培育的科学性和可持续性还缺乏周密思考,更没有做出相应规划。有的地方为了完成上级下达的培养任务,想尽办法凑人数。有的地方以发礼品或发误工补贴来吸引农民参加培训。有的农民为了和当地政府保持"友好"关系,也不得不参加培训。

五是政策不配套,培育工作缺乏吸引力。一些地方由于土地流转不畅,土地的规模经营难以成为事实,不利于职业农民开展规模经营,不利于职业农民的发展,也影响了后来者的加盟;获得职业农民头衔并不能为申请信贷带来任何好处,依旧很难得到国家金融机构的信贷支持。金融部门本身也是市场主体,同样具有追求效益的"嫌贫爱富"特性,在缺乏资产抵押的前提下很难向职业农民贷款。因此,不少农民对职业培养并不感兴趣,没有形成较强的内生动力。

六是申请要求过高,认定条件苛刻。全国各地对新型职业农民认定的条件各不一样,有些地方出于"高标准严要求"的考虑,对新型职业农民的认定要求过高、限定太多,导致新型职业农民培育的数量较少,难以满足我国家庭农场对职业农民的需要。农业农村部曾明确指出,各地应根据当地的社会经济发展实际,重在职业素养、知识技能的提高。但是在具体认定时,有的地方不仅要对申报对象的学历、教育培训、生产技能等方面有具体要求,而且还在年龄、经营规模、收入来源、资金实力、管理能力、对国家政策的了解上有限制。严格职业农民的评定是对的,但从目前不少地方的做法来看不太符合我国当前农村的发展实际,造成了职业农民"一将难求"的局面。

第五章
国外家庭农场发展经验借鉴与启示

根据国内外众多学者的研究和世界上一些农业强国的农业发展实践,发现家庭农场已成为全球最主要的农业经营组织,已承担起全世界食物生产的重任,在农业发展中扮演着极其重要的角色。从对 105 个国家和地区的农业普查可知,家庭农场在全世界所有农场中所占的比例高达 98%,在所调查的 4.83 亿个农场中就有 4.75 亿个是家庭农场,而这些家庭农场拥有其中 53% 的土地,它们提供的食物占所有食物的 53% 以上。联合国粮食及农业组织的《粮农状况》报告中利用 30 个国家的农业普查数据,分析预估全世界 5.7 亿个农场中至少有 5 亿个是家庭农场,它们占有 75% 的农地。[①] 依此可见,家庭农场是国际农业发展主流的观点也就成了不争的事实。下面我们从美国、法国、日本、新西兰等国家庭农场的发展来获取一些值得我们学习和借鉴的东西。

第一节 国外家庭农场发展概况

本节将对北美洲、欧洲、亚洲和大洋洲的几个主要农业生产大国家庭农场的发展情况作一些简要介绍,这些家庭农场特色鲜明,各具优势,通过对它们的了解,能对我国家庭农场的发展给予一定的帮助。

一、美国家庭农场发展的特点

美国是一个农业大国和农业强国。究其缘由不仅得益于广袤丰富的自然

---

① 张云华.家庭农场是农业经营方式的主流方向[N].中国经济时报,2016-04-22.

资源和地多人少的先天条件,而且家庭农场发挥了不可或缺的重要作用,它在美国农业发展中的地位是不可低估的。截至2016年年底,美国各类农场共有206万个,经营着9.11亿英亩(1英亩≈4046.86平方米)的土地。据美国农业部首席经济学家办公室Warren Preston介绍,家庭经营的农场在美国农业多元经营主体中的比重达到98.7%,是名副其实的经营主体。各类农民专业合作社、社会化服务以及相应的协会组织,都是伴随家庭农场的产生而出现和发展的,国家对农业的支持保护政策也随着家庭农场的发展变化而不断完善调整,加速了家庭农场的发展。在美国已经形成了以家庭农场为农业生产经营主体、社会相关服务组织为强有力支撑、政府政策支持为重要保障的现代农业经营体系,为美国农业在全球竞争中保持明显的比较优势提供了重要的保障。据美国农业部的统计,2015—2016年,美国生产了3.46亿吨玉米,占全球总产量的35.96%,出口0.48亿吨,占全球出口总量的39.81%,两项均位居世界第一;生产大豆1.07亿吨,占全球的34.14%,出口0.53亿吨,占全球出口的39.83%,分别位居世界第一和第二;生产棉花1289万包,占全球的13.36%,出口915万包,占全球的25.94%,分别居世界第三和第一。[①] 其中家庭农场的贡献是不言而喻的。从美国家庭农场的发展看,呈现以下特征。

(一)生产经营规模化

20世纪以来,随着美国家庭农场数量的逐步减少,经营规模却日益扩大。家庭农场所占比重上升到了89%,占有81%的耕地,提供的谷物产量和销售额分别达到83%和77%。美国农场的数量在20世纪30年代达到顶峰,随后持续减少。主要有两方面原因:一是美国经济从萧条中缓慢复苏,非农就业发展速度较快;二是农业机械化水平不断提高带来农业劳动生产效率的提升,从而对从事农业生产经营人员的需求数量不断下降。在两种原因的相互作用下,越来越多的农民纷纷退出农场经营,从事非农产业活动。1935年时拥有681.4万个农场,但到1990年时只剩下215万个,以平均每年8万多个的速度减少。之后呈现缓慢减少的趋势,从2015年到2016年又减少了8000个,农场总量为206万个,从经营的土地面积看已从1950年的212英亩增长到2016年的442英亩,是过去的2.08倍。这"一增一减"的变化也说明了美国家庭农场在发展过程中经历了由数量发展到质量发展的更替。

(二)生产经营专业化

美国在国内划分了10个"农业生产区域",各个区域实行高度的专业化生产。从其地理分布和资源禀赋看,北部平原主要是生产小麦,中部平原主要是生产玉米,南部平原和西北部山区主要饲养牛、羊,大湖地区则主要生产乳制

---

① 张红宇,寇广增,李琳,等.美国家庭农场考察与启示[J].中国乡村发现,2017(4).

品,太平洋沿岸地区以水果和蔬菜生产为主。通过区域化布局实现了生产经营高度的专业化。从20世纪50年代以来,美国农场实现了从多种经营向专业化经营的转变,如美国棉花农场、大田作物农场和果树农场的专业化率分别高达76.9%、81.1%和96.3%。美国的各类果品基本上都是由专业化农场经营的,在这些农场中有直接从事果品专业化生产并进行筛选、分级和包装,然后把产品投放到市场的;也有经营从生产、产品加工直到销售的。专业化水平的提高极大地促进了家庭农场劳动生产率的提升,给家庭农场高效率的发展注入了强大动力。

（三）生产集中度高

在家庭农场生产经营专业化的同时,美国家庭农场的发展还呈高度集中的发展趋势,在小型农场逐渐大型化发展的同时,大型农场的市场竞争力越来越强。美国农业部经济研究服务局Kent Lanclos介绍,美国把农场分为四种类型:一是小型家庭农场,年收入在35万美元以下,占农场总数量的89.7%;二是中型家庭农场,年收入在35万美元至100万美元之间,占比6.1%;三是大型家庭农场,年收入在100万美元以上,占比2.9%;四是非家庭农场,采用非家庭经营方式的农场,只占约1.3%。大型家庭农场在农产品生产经营上所占比重越来越大。小型家庭农场虽然占整个农场数量的90%、经营土地面积占48%,但生产的农产品产量只是农产品总量的24.2%。尽管大型家庭农场数量不到整个农场的3%,经营土地面积比重也只占23%,但农产品产出比重却高达42.4%,它的产出份额相比于其1991年的32%,25年时间增长率超过10个百分点,可谓发展迅速。充分说明大型家庭农场在土地产出率、劳动生产率方面比中小型家庭农场有更快的提升速度。从近些年看,大型家庭农场的经济效益更加显著。根据2015年的统计,已有42%的大型家庭农场的营业利润率在25%以上,而只有16%的小型家庭农场营业利润率达到25%这一水平。同时,中小型家庭农场比大型家庭农场面临更高的经营风险。2015年,由于发展效益显著,大型家庭农场的财产往往是小型家庭农场的4—5倍,在财力富裕的情况下,他们更具有强烈的投资意愿与能力,以投资农机、设施设备和扩大农场经营规模,使得农场发展步入良性循环的轨道,这也正是美国家庭农场能高质量发展的重要原因之一。

（四）租地农场较为普遍

美国在1820年建立了将共有土地以低价出售给农户的家庭农场经营制度,这种制度的建立对美国西部家庭农场的发展产生了极大的推动作用。纵观美国农业发展史,农场主耕种自己所有的土地成为一种普遍现象。在1964年农场主经营自有土地的比例占农场用地总量的70%,创下历史最高。但伴随城镇化建设步伐的加快和农村老年人口的增多,不少农场主不再从事农业,子女也不愿接班从事农业,越来越多的土地被迫出租。根据美国农业部的统计,2014年年底美国的农地有高达39%是通过出租而得到的,种植大豆、玉米、小麦、棉花等的土地有一半以上是出租得到的,种植水稻的土地出租比例超过了80%,这种现象为实现农业规模化发展提供了重要的前提。目前在美国家庭农场中,拥有一部分私有土地并租赁一部分土地的家庭农场越来越多,1935年时这种农场只占25%,而到2012年时已经超过了一半。因为在美国购买土地的费用很高,而租地费用相对较低,且经营形式灵活,每年租金费用只占生产成本的10%—20%,而且税负很低。所以,土地出租比例还会进一步扩大,租地将成为美国农场在实施扩大规模战略上的一个主要手段。

(五)产业链延伸水平高

20世纪50年代美国就基本上实现了农业现代化,这个时期也正值农业产业链发展的初期。据统计,1965年至1994年期间,美国农业生产指数提高了81.3%,年均增幅高达21%。实行农工商一体化发展,将农业生产实现前向部门(种子培育、饲料生产等)与农业后向部门(农产品储运、加工和销售)的联合,既降低了市场风险,又提升了经营效益。前向服务主要是农资公司与合作社承担,后向服务主要是按合同生产制由农业产品加工企业、合作社或经销商收购农产品并进行加工、储存、运输和销售。由于美国农场经营规模普遍较大,90%的农场主平均拥有的土地都在10000亩以上,且地域分布广,促使单个农场不经过其他中间环节就直接为零售企业提供批量大、品种多的农产品。有78.5%的农产品就直接在产地进行分级、包装,直接送往销售终端,减少了农产品物流环节,实现了低成本、高效率的营销。美国建立了农产品的追踪系统,应用条形码技术对产品流出情况和流入农产品的状况进行监督和回溯,提高了农产品的流通效率。

(六)组织类型多样化

美国的家庭农场类型较多,包括个人独资企业、合伙企业(包括有限合伙)和公司三种类型。1982年至2007年期间,基本上以个人独资企业为主,从1987年至今一直占86.5%左右;但合伙企业与公司两类组织却呈此消彼长之势,1982年合伙企业占10%,公司只占2.3%,而2007年合伙企业占比下降为7.9%,公司占比提高到了3.9%。之所以出现多种类型的家庭农场,是因为各类家庭农场存在着各自的优劣势,农场主在选择家庭农场组织形式时,除了要考虑设立程序的难度和经营成本外,还会考虑投资者承担的责任是否有限、税负的轻重、家庭农场中财产转让(继承)难易程度以及对吸引非家庭成员投资是否便利等诸多因素。目前,美国家庭农场以个人独资企业为主,因为个人独资企业设立较为简便且税负较轻,而且在决策机制上相对于合伙企业与有限责任公司还具有比较优势,没有有限合伙企业和有限责任公司的委托代理问题,降低或免除了代理成本或监督成本,还有效地提高了决策效率。合伙企业和有限责任公司既可以广泛吸引非家庭成员投资,还具有避免双重纳税的优势,在进行财产转让时,不仅能保留对家庭农场的控制权,还能获得税收减免的优惠。政策、法律上的有利条件导致农场主作出了不同的选择,使家庭农场呈现出多种形态的发展。

二、法国家庭农场发展的特点

法国农业可使用的土地面积约为3000万公顷,占整个国土面积的55%,农业面积约占欧盟农业面积的23%,是世界上农业高度发达的国家之一,是欧洲地区农产品生产和出口最多的国家。谷物产量位居世界前列,是世界上生产和出口谷物的主要国家之一。法国农业采用的是以家庭农场为主的经营方式,1997年拥有68万个农场,农场平均占有土地面积大大超出欧盟18.4公顷的水平,至20世纪80年代,全部农场中有80%是家庭农场,占有76%的耕地。法国的农业经历了由弱变强的过程,20世纪初,法国一个农民只能养活2.5人,80年代能养活30个人,90年代起可以养活40个人。法国生产的花卉、玉米、小麦、大麦、蔬菜、葡萄等产量均位居世界前列。家庭农场发展呈现出数量减少与规模扩大的显著特点,法国家庭农场数量从1970年的1.66万家下降到2000年的0.71万家,平均土地经营面积则由1970年的19公顷增加到2000年的42公顷。从法国家庭农场的发展来看,具有以下特点。

(一)专业化水平高

法国的家庭农场在全世界应该是首屈一指的,基本上每一个农场只专心生产一种农产品,力求在农产品的生产经营的各个环节上的高质量,充分发挥专业设施、专门设备、专门技艺在产品生产经营中的作用。在实现专业化生产时也极大地提高了家庭农场的生产产量、生产效率和经营收入,可谓一举多得。农场主也因此感到满意,更增添了他们搞好农产品专业化生产的兴趣和信心。同时,法国对农场的各项服务工作也十分重视,服务业发展比较兴旺,为农场在农产品的收获、运输、储藏、营销等方面也提供了极大的便利,进一步促进了家庭农场的发展。目前,法国家庭农场专业化生产体系已经基本形成,从事谷物经营的占60%、从事花卉经营的占11%、从事蔬菜经营的占8%,从事养殖和水果经营的各占5%,其他农场则是采取多种经营的方式。法国家庭农场专业化生产经营占比情况如表5-1所示。

表5-1 法国家庭农场专业化生产经营占比情况 (单位:%)

年份	奶牛养殖	肉牛养殖	大田种植	葡萄种植	多种养殖	种养结合	其他
1979	20	6	13	11	5	13	32

续表

年份	奶牛养殖	肉牛养殖	大田种植	葡萄种植	多种养殖	种养结合	其他
1990	14	11	18	12	6	11	28
1997	11	12	20	12	6	11	28
2000	10	13	21	11	7	10	28
2010	12	11	20	12	8	10	27
2015	11	13	21	12	6	11	26

（数据来源：法国农业部。）

（二）经营规模以中型为主

法国家庭农场经历了从小到大的发展过程，1789年法国大革命以前，2%的法国封建贵族和传教士占据了35%的农地，而占人口总数95%的农户却只有65%的土地。法国大革命以后，这种现象有了极大改变，将封建阶层的土地出售给农民，农民的生产积极性得到高涨。但由于土地非常分散，无法发挥规模经营优势。从19世纪末开始，法国加快了农业现代化建设的步伐，颁布了一系列促进土地规模化经营的政策，这阶段法国的小农经济的格局开始发生改变，小型家庭农场被中型家庭农场代替成为常态。此时，法国的家庭农场数量明显减少，而在经营土地的面积上却有显著的增加，其经营规模有较大的提升。从1955—1979年二十多年的发展来看，法国家庭农场数量同比下降了32.08%，而平均土地面积同比增长了39.60%。随着土地面积的增加，家庭农场的规模效益也不断显现出来。

（三）组织形式多样化

随着法国农业的不断发展，尤其是农业现代化进程的推进，农业生产经营组织的形式也发生了较大变化，从农地产权或经营方式的角度看，在法国的农业组织中，在家庭农场发展迅速的同时，其他组织形式也层出不穷，如农业共同经营集团（GAEC）、有限责任农场（EARL）、民事团体、商业集团等。从总量来看，家庭农场仍然占有84%的份额，经营的农地面积占到全国总数的76%，但从近些年的发展来看，却呈现逐步递减的趋势，而其他农业组织的数量却呈逐年递增的势头（见表5-2）。

表5-2 法国农场的组织形式

农场的组织形式	1979年数量（万个）	1997年数量（万个）	1997年比1979年的变化率（%）
农业共同经营集团（GAEC）	1.53	4.3	+181
有限责任农场（EARL）	—	4.23	—

续表

农场的组织形式	1979年数量（万个）	1997年数量（万个）	1997年比1979年的变化率（%）
民事团体	0.56	1.38	+146
其他	2.7	1.01	−63
各类组织合计	4.79	10.92	+128

（数据来源：赵鲲.法国农场经营形式的变迁与启示[J].世界农业,2001(9).）

（四）以生态有机农场为主

法国城市所需要的食物供应主要依赖其他国家尤其是欧洲其他国家提供，本国农业对城市食物供给的功能相对被弱化。因此，法国农业打破了自给自足的状态，而把主要精力放在提升农业的生态功能上。他们利用农场把高速公路、工厂等有污染的地区和居民分隔开来，为城市居民和农村人口创造宁静、清洁的生活环境。从20世纪30年代开始就在农户、医生和消费者等群体中灌输生态农业的理念，使生态有机的概念入脑入心，之后越来越多和农业环保相关的组织相继出现。20世纪80年代就颁布了有关有机农业生产方面的规范和制度。1985年，法国有机农业面积就已占欧盟有机农业面积的45%。虽然之后有起有伏，但经过努力有机土地的面积又有了新的增长，2013年法国成为有机土地面积最大的十个国家排名中的第七位。截至2014年，法国有机农业种植面积达110万公顷，成为欧洲有机种植面积的第三大国（西班牙和意大利分属于第一、第二）。法国家庭农场形成了以生态有机农业为主的基本格局，家庭农场担负起生产并提供高端有机农产品和为城市人提供休闲娱乐场所（休闲农业）的重任，并因此获得了较理想的收益。法国有机食物需求的不断增长为法国有机农业和有机农场的发展提供了重要的市场和发展空间。

（五）政策引导与保护

20世纪60年代，法国颁布了两部促进农业发展的法律，对农业生产结构进行了重大调整，加大了农业机械化投资的力度，同时对农产品实行价格保护政策，政府给予价格补贴，或者政府委托有关部门统一收购并加以保管，再择机销售，以期保护农民的利益和积极性。为扩大农产品出口，当国际市场出售价低于国内市场价时，政府将承担国内市场的差价。1992年法国农业又进行了一次大的改革，主要是三个方面的工作：一是将农产品保证价在三年内降低30%；二是农民因粮食价格降低而受到的损失由政府直接补贴，其费用由政府财政支出；三是土地实行逐年强制性休耕，所造成的损失由政府给予补贴。2004年，法国农民得到90亿欧元的直接补贴，每个家庭农场的直接补贴有

12456欧元,农业生产收入中各种补贴约占65%的比例。① 各项政策的出台与执行,对法国农业的发展特别是家庭农场发展产生了极大的推动作用,生产结构得到优化,农产品库存减少,家庭农场收入得到稳定增长。

（六）以政府为主导的服务体系

由于家庭农场规模并不大,如果一个农场要完成耕种、田间管理、收获、运输、储藏等作业就需要很多的农业机械,其利用率一定不高,因此,由社会化服务机构承担所有的服务是非常经济的,家庭农场只需要根据享受服务的数量和质量付费。法国形成了以各级政府及其部门占主导地位、合作组织和私人企业的农业服务为补充的农业社会化服务体系。政府主要进行农业生产基础设施方面的建设,同时为农业科研、农村教育及技术推广提供贷款等服务,农林部下属的一些组织向农场提供生产资料的供应、农产品收购、加工及销售等服务。合作组织提供专门性服务和综合性服务,如购销领域的服务、物流运输及加工过程的服务。私人企业通过"公司+农场""公司+农户"等形式在农产品加工及流通领域提供服务,它是法国农产品供销一体化的产物。由于私人企业在农产品的收购、加工、流通及销售过程中提供了周到和专业化的服务,尽管它在农业社会化服务体系中并不占主要地位,但也是其体系中不可或缺的组成部分。

三、日本家庭农场发展的特点

日本的国土面积较小,约80%的地方都是山地和丘陵,农用土地十分有限,不适宜开展大规模的农业生产,全部农地面积只有499万公顷,仅占国土总面积的13.2%。日本的基本情况决定了它不可能像美国那样发展大型农场,实现规模化发展,发展"小而精"的家庭农场更符合日本实际情况。经过第二次世界大战以后几十年的发展,如今日本的家庭农场已具备集约化、专业化、小型化、高品质的特征,家庭农场经营业绩快速提升,成为全球小型家庭农场的突出代表。20世纪60年代以来,日本实施了土地所有制改革,较好地解决了阻碍农业大规模经营的制度性问题,着力突破人力资本短缺瓶颈,通过政策性引导、调整产业政策,使家庭农场在较短的时间内得到较快的发展。目前,日本家庭农场机械化、信息化、品牌化特征日益显现,已成为全球小型家庭农场发展的榜样。

（一）农地"两权"分离

日本人口较多而地域面积有限,能用于耕种的土地非常缺乏。1946—

---

① 赴法国家庭农场运行与管理体制培训考察团.法国农业发展现状考察报告[J].中国农垦,2006(2).

1950年,日本政府为了解决这一问题采取了强有力的措施,政府从地主手中购买土地再转卖给少地、无地的农户,由此在总农户中自耕农的比重达到88%,耕地占到90%,并且规定每家农户所拥有的土地面积不得超过3公顷。[①] 1952年颁布了《农地法》,将以上规定通过法律形式固定下来,以确保土地的合理利用,确保小规模家庭经营的合法性,也为家庭农场的产生与发展奠定了基础,从法律层面为家庭农场确立了土地所有权与使用权的分离,确保了实行土地集中经营的法律地位。从此,小规模家庭经营便成为日本的主要农业经营方式。20世纪70年代以来,日本农地改革实现了由所有制向使用制的转变,鼓励农地所有权与使用权的"两权"分离,政府还连续颁布了一系列有关农地改革的法律法规,倡导推行农田租赁和作业委托等形式实现农业的协作生产,既能克服土地集中的困难,又能有效解决由于土地的过于分散给农业发展带来不利的问题。通过土地租佃进一步推进土地经营权的有序流动,有利于农地集中连片经营,也有利于共同基础设施的建设;通过当地的农协加强对核心农户和生产合作社的农地出租和委托作业工作。租赁经营为日本家庭农场的适度规模经营提供了重要基础,1980年的租赁面积是1970年的30多倍,1986年比1980年又增长了50%,达到5万公顷。

(二)注重新技术的应用

为解决人多地少、提高农产品产量的问题,不少家庭农场积极选择以生物技术为主、小型机械化、精细化方式从事农业生产。为帮助家庭农场的发展,从20世纪80年代开始在全国建立了多个无土栽培的示范农场,为推广和普及无土栽培技术,实施"有机农业"和"绿色农业"奠定了良好的物质技术基础,同时也培养了一批能采用先进技术的农技人员,取得了良好的经济效益和社会影响。与此同时,还加强对土地改良的力度,虽然日本家庭农场的规模普遍较小,但是由于积极采用先进的农业技术和精细化生产,用科技手段改善贫瘠土壤,把贫地变良田,土地利用效率一般都较高。日本政府还十分重视新品种、新设备的应用,在新品种技术、病虫害防治技术、测土配方施肥技术方面开展了大量卓有成效的工作,有效地提升了农业生产的机械化水平,显著地提升了日本家庭农场的劳动生产率和推进了新兴农作物的生产,较好地满足了市场需求,也提高了家庭农场的整体经营绩效。在先进技术的实施过程中,主要是通过农协组织发挥引领和帮扶作用。农协组织从农业生产的各个环节开展工作,建立了从帮助农民育种直至农产品销售全过程的生产体系,形成了环环相扣、节节相连的格局。农协为家庭农场提供统一的技术指导,根据各地的实

---

① 蔺全录,包惠玲,王馨雅.美国、德国和日本发展家庭农场的经验及对中国的启示[J].世界农业,2016(11).

际情况和农产品生产的特点进行针对性强的农业科普教育,对农业科技在家庭农场的推广和应用产生了重要推动作用。

（三）做好深加工和品牌建设

日本家庭农场为解决产品的销售和提高自身经济效益的问题,采取了三项具体措施:一是对生产的农产品质量管理,对农作物生产中化肥、农药的使用以及病虫害的防治等都严格按有关标准执行。注重延伸农产品加工深度,有效提高农产品附加值。因为多数家庭农场生产的是有机产品,虽然产品产量有限,但由于和家庭农场联合的相关企业积极采用现代化的加工技术,不仅较好地保证了农产品的新鲜感,提高了产品的附加值,而且也有效地减少了原料在加工过程中的损耗,为加工企业和家庭农场赢得了良好的经济效益。二是做好农产品的品牌建设,对品牌进行科学的规划设计,通过各种途径进行大力宣传,并对其品牌进行严格的管理。这些举措既能提升家庭农场及农产品的知名度和美誉度,又使得不少农产品受到市场的认可和欢迎,扩大了产品销售。不少家庭农场还通过深入挖掘日本传统文化的办法,在农产品品牌建设中融入了大量优秀传统文化元素,使消费者对其产品感到可亲、可近、可靠,由此逐步形成忠实于本品牌的客户群体。比如"大北食品"生产豆腐的原料就取自在日本有一定影响力的"四叶联合会"旗下的有机黄豆种植户的黄豆,保证了原料的高质量。在生产环节应用现代技术与传统工艺相结合的方法进行产品加工,严格把控产品质量,确保产品的品牌质量,使产品成为市场上的抢手货。三是采用会员制的销售模式,不仅减少了流通环节,降低了物流费用,加快了产品销售的速度,而且还有效地扩大了农产品的销量,形成了较稳定的客户来源,使家庭农场、联合加工企业和消费者三方受益,皆大欢喜。

（四）积极培育农场后备力量

日本的青年人不愿意留在农村发展,多数青年人都千方百计地奔向城市,给日本农业特别是家庭农场的发展带来严重的人才危机。为解决这一问题,日本政府从多方面扶持家庭农场,在培养家庭农场后备队伍方面做了大量卓有成效的工作:如政府对45岁以下愿意从事农业生产的中青年人给予经济上的补偿,保证他们能获得最基本的经济收入;政府还鼓励他们参加由政府牵头组织的各种培训,培训的内容涉及农业生产技术、商业知识、海洋养殖以及产品销售等。如果他们需要在农业技术学校、先进家庭农场、农业法人等机构学习先进的农业生产经营技术,可每年提供150万日元的经济补贴,持续5年,以保证他们能学习和掌握先进的技术,成为生产技术和科学管理方面的能人,以适应现代信息化社会对家庭农场人才的迫切需求;与此同时,政府对农业经营者培训机构还给予专门的资金支持,以解决其改善教学环境、提升教学设施水平、购置农业机械设备、培训优秀师资等方面的需要,尽力提高其办学能力,培养高水准的学员。为了加大对家庭农场后备力量的扶持,政府还出台了有利于家庭农场融资的相关政策,建立了对家庭农场投融资的鼓励性制度,建立了相应的监督机制,以管控资金的流向和合理使用,最大限度地保证金融资金流向农业生产经营领域,特别是保证满足家庭农场的资金需要。这些做法对日本家庭农场的可持续发展,尤其是对日本家庭农场后备力量的成长注入了强大的正能量。①

(五)健全的社会服务体系

日本的社会服务体系的建立与完善是促进家庭农场迅速发展的重要原因之一,日本农业协同组合(即农协)发挥的作用显而易见。在政府的倡导和大力支持下,形成了国内高效运转的农协网络,这个网络系统为农业组织提供的服务内容非常广泛,涉及农作物种植、农产品销售、农资采购、农户医疗福利等方方面面。农协与家庭农场之间形成了多种较紧密的经济联系,在农业生产的产前、产中和产后始终扮演着向导与参谋角色,成为家庭农场和农产品市场之间的纽带,成为小农户走向大市场的"红娘"。当土地有限的农户希望扩大生产规模时,就直接找农协,提出他们的想法和申请,由农协出面和农地所有者进行谈判,以较高的工作效率和较低的价格为家庭农场争取到土地的经营权,成为农户寻找土地的"红娘"。同时,家庭农场在贷款、保险业务办理、技术培训等方面也得到农协组织的大力帮助。政府还专门投资相关高校,鼓励其开发新型农机具,形成公立科研机构、民间组织与高校三方的研发协同机制,围绕农业生产中的实际问题,有针对性地研究和开发新型设备和新的生产技术,并将研发的优秀成果经过试验成功后在家庭农场进行全面推广,取得了非常满意的效果。

(六)积极发展观光农业

20世纪60年代日本就开始了对观光农业的探讨与实践,目前发展非常普遍,特别是一些家庭农场主认识到发展观光农业的重要意义,认为观光农场不仅能增加农场收入,而且能缩短品牌与消费者之间的距离,培育并带来更多潜在消费者,有利于农场,有利于社会,也有利于游客。观光农园主要有三种类型:一是即日式农园,由于建在城市周边,以蔬菜种植为主,农场规模适度,且生产技术较为先进,游客在一天时间内体验生产、了解操作、采收购买,非常方便。二是多日式农园,虽离城市较远,但环境优美,有一定规模,种植多种农产品并提供餐饮、住宿服务,游客往往需要多日才能完成体验。三是游园式农园,一般也建在城市附近,也提供餐饮、住宿等服务,但最主要是满足那些以体验采摘农产品和知悉农产品生产过程为目的的游客需要。为了积极支持观光

---

① 何建.日本家庭农场研究[J].商,2015(44).

农业的发展,日本政府会直接参与观光家园的规划,把观光农业园的建设变成政府行为,规定由农林水产省负责对其管理、咨询,对观光家园的建设和运行提供补助经费和贷款,从而有力推动了日本家庭农场观光园的发展。为保证观光农园建设的顺利进行,日本还专门制定和颁布了一系列相关的法律制度,在《观光立国推进基本法》和《食品、农业和农村基本法》的基础上,先后又颁布了《旅行业法》《离岛振兴法》《农山渔村余暇法》《山村振兴法》《景观法》《温泉法》和《停车场法》等专项法律法规,使日本的观光农业在法律的保护下成长,使日本的家庭农场的发展在法制的轨道上运行。

四、新西兰家庭农场发展的特点

新西兰是世界上畜牧业强国之一,畜牧业早已成为新西兰经济发展的支柱产业。新西兰是一个人少地多、牧场资源尤为丰富的国家,全国人均达3.8公顷。畜牧业产值大约占农业总产值的80%,有80%的农业人口从事畜牧业生产经营,人均养羊、养牛量是全世界最多的国家。新西兰的家庭农场承担了畜牧业发展的重任,成为新西兰农业发展的重要力量,但出于自身的原因,家庭农场的经营规模普遍较小,从事牛、羊饲养的农场平均规模为538公顷。新西兰家庭农场所拥有面积占农场总面积的50%以上,农场主及其家庭成员人数占农场劳动力的75%。家庭农场发展具有以下特点。

(一)一业为主多元发展

新西兰的家庭农场基本上都是畜牧农场,近几十年来,新西兰奶牛农场发展出现了规模扩大、数量减少的趋势,减少了2600多个,目前大约还不到12000个,但单个农场的奶牛数量却有了明显增长,在奶牛数量上实现了翻倍,达到场均419头的规模。与此同时,新西兰从事畜牧农场的劳动者也减少了1500多人,人们对乳业发展的信心大大下降,1996年还有70%的从业者希望拥有自己的农场,但2016年时这种人已经不到47%了,给新西兰畜牧农场的发展带来了一丝阴影。为进一步发展好畜牧农场,农场主们也不断拓展市场,在以畜牧业为主的同时,积极利用自身的优势,充分发挥自身资源优势,将农场的触角延伸到旅游业。新西兰虽然是一个以畜牧业为主的国家,在现代工业高度发达的时代显得有点滞后,但随着全球生态系统的不断恶化,这个自然环境优越、较少受工业污染的国家则在旅游业发展上展示了极强的魅力。目前,新西兰的多数家庭牧场除了放牧外,纷纷加入旅游业的行列,邀请游客参观他们的牧场,进入他们的家庭,通过发展旅游业增加了农场的收入,而且呈现不断递增趋势。

(二)商品率和外贸依存度高

由于新西兰农业的机械化和专业化程度较高,实行集约化发展,不仅单产比较高,而且农业劳动生产率也相当可观。2001年新西兰谷物单产平均达到3104千克/公顷,1999年牛奶产量达到1137.2万吨,平均农业劳动力提供的牛奶量、羊肉产量、羊毛产量、奶酪以及黄油产量分别为63.3吨、3.8吨、2吨、1.1吨和2吨。新西兰的许多农牧产品都必须出口,通过国际贸易活动,获取自身生活和发展所需要的其他物资。因此,新西兰具有极强的对外依赖性,国际市场的变化往往会对农业以及整个国家经济产生一些影响。羊毛、肉类、奶制品、皮革等畜产品是新西兰最重要的出口产品,外贸出口总值中有80%以上都是通过畜产品出口的贡献。羊肉和羊毛出口量分别居世界第一和第二,羔羊肉主要出口欧洲,大量羊毛出口中国,牛肉和小牛肉的63%出口美国,鹿肉绝大部分出口德国和欧盟其他国家,韩国和中国香港是其鹿茸的主要出口地区。在水果类产品的出口中,猕猴桃和苹果分居第一、第二位,猕猴桃主要出口欧盟地区和日本。新西兰在林产品和鱼类方面的出口也很有实力,龙虾是主要出口品种之一,深受国外客户欢迎。通过强有力的外贸支持,新西兰的经济得到较稳定发展,家庭农场不仅对本国外贸作出了重大贡献,也因此获得了可观的收益,得到可持续发展。

（三）注重农产品改良

新西兰农场种植的猕猴桃产量大、出口量也大,可很多人不知道新西兰的猕猴桃是在1904年从我国引进的。猕猴桃每年为新西兰提供几亿美元的外汇收入,已成了新西兰国宝级植物。20世纪70年代以来猕猴桃的种植得到快速发展,得益于优良品种的采用和适宜的生产方式以及修剪等关键技术。"海沃德"品种的猕猴桃果大且耐储藏,便于运输,管理部门作出明确规定只允许"海沃德"猕猴桃出口。最终导致各农场栽培的基本上都是"海沃德"。种植时在架式和修剪工艺上进行改进,从过去采用的"篱架"改变为"T形架"和"大棚架",并且采用新的修剪方式,单位产量显著提高,被认为是猕猴桃栽培技术史上的一项重大革新。猕猴桃含有丰富的维生素,独特的绿色成为许多食品的天然色素。美国1981年出版的一部英语词典这样解释"几维果"："新西兰葡萄园生产的一种可食用的水果,形状如大个的醋栗,在美国作为一种美味出售。"在国外的水果市场上,新西兰在每个猕猴桃上都贴着精美的标签;在冰淇淋里,人们看到它柔和的绿色;在超市里售卖着大量纸盒装的猕猴桃汁。改良后的农产品为新西兰的出口贸易增色不少,赢得了国内外市场的赞誉。

（四）重视依靠科技进步

新西兰政府十分重视发挥科技进步在农业发展中的作用,家庭农场主也感受到了科技进步带来的好处,在农牧业生产过程中积极采用先进技术,节省资源,努力提高劳动生产率。由于新西兰的气候温和湿润,十分有利于牛羊露天自然放牧,充分吸取大自然的养分。为了提高生产率,新西兰特别重视发展人工草场,目前人工草场面积是天然牧场的好几倍。新西兰的航空施肥水平居世界前列,航空施肥面积 300 多万公顷。肥料种类以磷肥为主,还包括用于调节土壤酸度的石灰和少量的氮肥,近年来对奶品生产基地的牧草增施钾肥,以期改善牧草质量。为加强植物保护普遍采用了可控雾滴式喷雾器,用拖拉机或飞机喷药,效率较高。为保护畜牧业的健康发展,气象部门根据地形、气候和土地类型分行业作出及时、准确的天气预报,使畜牧农场能根据气候变化作出相应决策。利用先进技术对家畜品种进行改良和繁殖,现已普遍推广乳牛人工授精技术、液氮冷冻精液技术,不仅配种率高,而且后代产奶量创世界新的纪录,奶牛平均年产奶量高达 3200 升,产奶脂也提高到了 153 千克。近年来山羊业发展也非常迅速,通过杂交育种技术满足对开司米羊毛不断增长的需求。新技术的推广和应用极大地促进了新西兰畜牧业的发展,成为畜牧农场发展的不竭动力。

(五)受法律法规保护

新西兰的农场发展受到一整套法律法规的保护。由于 20 世纪 80 年代以来国际形势的风云变化,新西兰对部分法律法规也进行了有针对性的修订和补充。如在水产养殖方面的法律法规比较完备,1971 年和 1983 年政府先后制定了关于海水和淡水养殖的相关法规,而且为确保本土自然环境不遭破坏,对水产养殖品种的进口采用了更为严格的检疫标准。以前在新西兰附近海域进行捕捞的多为日本、苏联、韩国等外国渔船,为发展新西兰的渔业,政府开始对外国渔船的活动严加控制,限定其捕鱼量,尤其是远洋捕捞方面,有效地保护了自身渔业的发展,渔业也成为新西兰重点发展的产业之一。

(六)注重产品质量

为保证农牧产品质量,政府引入第三方机构实行公正、公平、有效的监管。第三方机构独立于农牧场、加工企业,主要职责是负责产品质量检测,对农牧农场经营活动进行风险评估,细化到农场选址是否符合有关要求、奶牛饲养管理及健康状况的各个环节是否达到有关规定、饲料和兽药使用是否按有关要求执行等。一经发现某个环节出现问题,就要追究相关农场和相关管理机构的责任,问责力度大,处罚十分严厉。一旦发现鲜乳质量不达标,那么该批次的所有鲜乳就要全部倒掉,同时还要承担一定的经济处罚,事发后每天都要对该产品进行高密度的跟踪检查。如果是原料进入加工环节出现了问题,如农药残留超标的话,那么所有的奶样同样也要倒掉,并且还要承担商家的赔偿。羊毛的销售采用拍卖方式,先由农场主打包装好,然后送到拍卖公司分级和质检,最后双方商定销售价格进行拍卖。在畜产品出口时,加工企业和贸易商必须严格遵循两级标准,一是北美制定的关于畜产品加工和运销的卫生标准;二是本国的相关法律法规。正是由于标准化生产和严格的质量管控,新西兰的农牧农场才更加注重产品质量,新西兰的畜牧业才能做大做强。

第二节 国外家庭农场发展的经验与启示

从以上四个国家家庭农场的发展情况看,各有特色,既有各自的优势,也有发展短板。美国、法国和日本分属大型家庭农场、中型家庭农场和小型家庭农场的代表,新西兰则作为畜牧农场代表,它们虽分属不同的地域、不同的国度,拥有不同的气候、不同的资源禀赋,且具有鲜明的特色,但都在本国现代农业的发展中发挥着极其重要的作用。美国、法国、日本、新西兰等国家庭农场经过上百年的发展,成为全世界家庭农场发展的先进代表,有许多成功经验值得学习和借鉴。

一、国外家庭农场发展的经验借鉴

(一) 政府全方位的大力支持

美、法、日、新四国虽然农业已实行了私有化,但政府仍要制定有关农场方面的各种法律法规,要为农场提供各种经济补贴,没有政府的大力支持,就不可能有家庭农场发展取得的良好业绩。美国政府对家庭农场的发展予以高度重视,为鼓励其发展政府制定了一系列相关的补贴政策,为农场主收入的增加提供了安全保障。在1929—1933年的世界经济危机爆发后,当时罗斯福政府就及时颁布了《农业调整法》,至此美国对农业高补贴政策的框架基本形成,采取稳定农产品价格、支持性收购、差价补贴、直接补贴等多种举措,对粮食等主要农产品的整个生产过程均实行补贴,同时这项政策也随着各种情况的变化而不断地进行完善和修订,并且各种保护力度也随之不断增加。如对生产粮食的家庭农场的补贴就包含:为防止农业出现生产过剩的休耕补贴、依照种植面积和粮食产量对符合补贴范围的粮食进行的专项生产补贴、为保持粮食市场供需均衡而引导农场主把部分多余谷物储藏起来的储备补贴、为鼓励粮食更多出口交易的出口补贴。通过这些针对性和鼓励性极强的补贴,美国的粮食家庭农场有效地规避了市场风险,扩大了粮食出口并且增加了农场收入。在补贴政策效果显著的同时,政府还颁布和推行了积极的信贷支持政策。自1935年以后,美国政府开始为农场提供贷款,以进一步推进家庭农场的持续发展。为此专门成立了隶属于农业部且具有鲜明的政策性金融特征的信贷机构,由农场主之家管理局、商品信贷公司和农村电气化管理局三方合作组成,资金主要来自政府拨款,该机构不考虑盈利,而是以为解决家庭农场的实际困难为初衷。美国的家庭农场受到高度重视和保护,政府多年来还一直给予许多税收优惠,与其他行业相比,农民交纳的税少,额度较低,极大地保护了农民从事农业生产的积极性。

　　由于法国的农场规模适中,政府鼓励各农场之间开展生产和营销合作,为解决土地碎片化问题,号召中小农户抱团发展,组织了农地共同经营组合和农地组合等多种农业合作组织。20世纪80年代,法国农地组合就发展到2万多家,在很大程度上实现了规模化发展。法国政府通过财政、信贷、税收和价格等多种经济手段对家庭农场的稳定发展产生了直接或间接的促进作用。在法国,农业补贴较为普遍,目前已成为政府支持农场发展最有效的手段,法国农业补贴涉及面广,涵盖到农户生产的各个环节,而且数额巨大,成为法国家庭农场和农户生产收入主要来源之一。近年来,法国政府在价格补贴方面也作了较大改变,即由暗补变为明补,将由于价格因素造成的损失直接通过银行划拨到农户账户上,农户拿到了政府拨付的真金白银。与此同时,政府还增加了对农产品生产环节补贴的比重,补贴金额与农场规模挂钩,按此规定,大约有60%的中型家庭农场每年可直接获得政府给予的3万欧元补贴,大型家庭农场则每年可获得5万—10万欧元的政府补贴。另外,法国政府为鼓励老年农场主放弃耕作还设置了脱离农业的终身补贴,此项措施一方面减轻了老年农场主脱离农业的后顾之忧,另一方面也较好地解决了土地细碎化问题,促进了农场合并,形成一定规模的家庭农场,从而提高家庭农场的生产效率。

　　日本政府在家庭农场发展上的主要工作是将农地改革的重心放在经营形式的改革上,大力发展农业协作组织,通过委托经营和作业委托的经营方式解决土地规模偏小的缺陷,逐步实现农地集约化经营。通过经营和作业的委托方式可以使受托人实现规模作业,从而较好地规避了由于农地规模偏小所带来的不利影响。政府还通过法律、行政、经济等多种管理手段不断完善农地制度,加大对家庭农场资金支持的力度,如提供更多无息贷款、降低贷款利率并延长还贷时间。政府有计划地投资农业基础设施建设,加强农田基础设施改造,提高了农田的质量,从而提高农产品产品率,加强公路、铁路等基础设施的建设力度,为促进家庭农场下游产业的发展创造了便利条件。政府还投资科研院校,支持科研人员为家庭农场农地质量的改善和生态发展提供强有力的科技支持。

　　新西兰政府从20世纪80年代给予农民贷款利率贴息就高达36%以上,当时农场主收入中的相当一部分就是来自政府补贴,对稳定农场发展产生了积极作用。同时,新西兰还建立了较完善的法律法规体系,对农业发展发挥了很好的保障作用,除颁布了《农业法》以外,新西兰还制定了《合作组织法》。为确保农场产品的质量,还设计建立了较完善的农业标准化生产体系,制定了高规格的生产鉴定程序,对所有农产品都有食用农产品标准和农作物种子质量标准,同时在种育、加工、进口、出口、运输、储存等环节都制定了明确的质量等级标准。真正实现了农产品全过程的有规可循,有法可依。

在美国从事农业管理的社会服务机构较多,如隶属于农业部的农场服务机构、农产品外销局和风险管理机构等。农场服务机构的主要任务是以市场为导向,确保美国农业在社会发展、环境不断优化的情况下,在提供充足、安全食物方面所需要的各类服务,如政策咨询、技术开发与运用等。风险管理机构的主要任务是确保农民拥有抵御农业风险的金融工具,主要是通过联邦农作物保险公司向农户提供农业保险和采取改善农业经济稳定性的措施两种方式来实现的。农业保险是针对农户个体的,同时采取积极的措施加大农业发展的稳定性,使所有农户受益。联邦农作物保险公司主要负责为美国上百种农作物和牲畜提供保险服务,使农作物保险购买者能够享受保单上列出的由自然因素引起的损失领域的保险服务,降低了损失,避免了风险;对没有参与保险的农户也会得到农场服务机构提供的非保险作物灾害援助计划的援助,在遭受自然灾害造成大面积减产、存货损失时享受财政的扶持帮助。同时,农业各产业协会也发挥了非常重要的作用,通过网络提供政策、贸易、天气、市场、病虫害防治、新品种等实用信息,服务广大农民。协会管理层由农民直接从同行中选举产生,因此工作效率高,工作活力充足。

（二）完善的社会服务体系

健全和完善的社会服务体系是家庭农场得以快速发展的重要影响因素,高效的农业社会化服务体系的建立是伴随现代农业分工与协作进一步发展的必然产物,是农工商一体化日益加强的客观要求。从经济发达国家看,高效的社会化服务已成为各国扶持家庭农场成长的重要基础。如美国农业劳动力只占总人口的3%,而为农业配套服务的人员却占总人口的27%,形成了"多数人"为"少数人"服务的格局。从1935年以来,美国政府高度重视发展社会化服务,特别在1979年"世界农村改革和发展会议"以后,全世界普遍看好家庭农场这一经营形式,美国政府开始推出了一系列扶持政策,促使家庭农场的不断发展,于是大量为家庭农场服务的社会化服务机构接踵而来。为帮助家庭农场有效面对气候和市场等不确定因素的影响,提高农场发展的稳定性,政府对家庭农场给予极大支持,在农业政策制定、信贷计划实施和农场推广计划等方面做了很多实实在在的工作,改善粮食等农产品在海外的市场准入机制,以便提高美国农产品在全球市场的竞争实力。美国的家庭农场与相关的商业公司之间有着非常紧密的联系,农场在产前、产中、产后的若干服务（如运输、储存、销售等）以及其他需要解决的问题,只需电话告知商业公司,都会得到门对门、点对点的优质服务。美国的产业协会和农业合作社也是家庭农场的强大后盾,是家庭农场得以生存和发展的重要支撑力量,各产业协会都建有独立的网站,为广大家庭农场提供政府政策、市场需求、技术开发、新品种等方面的信息，成为家庭农场的重要参谋和向导；合作社则主要提供农场需要的产前、产中服务，并通过对农产品进行深加工以及使用统一品牌和统一销售渠道等方式来提升农产品的附加值。

　　日本虽然主要以小规模家庭经营为主，但日本只用了短短30年左右的时间就实现了农业现代化，其中"农协"组织所发挥的作用是不言而喻的。日本农协在推动其家庭农场发展方面发挥了很好的作用，农协为家庭农场提供了全方位、高质量的服务，把以往实行分散经营、规模较小、实力单薄的农户与全国的市场紧密联结起来，从而较好地解决了小生产与大市场之间的矛盾，使家庭农场成为日本农业发展的一支重要力量。广大农户根据农协提供的市场信息，能科学地规划农场的发展规模和选择生产的产品品种，能有针对性地开展经营活动，降低风险，减少损失。另外，农协的信用部在解决家庭农场融资难问题上提供咨询并牵线搭桥。在日本已经形成较为成熟的"政府＋农协"社会化服务体系，为鼓励发展农业，政府出台了无息贷款、延长还贷期限等激励政策，调动了农户的积极性。日本的农业科研院所为家庭农场提供强有力的技术支持，先进技术的推广和应用促使家庭农场向生态农业、观光农业的方向不断发展。日本农协的宗旨不是为了赚钱盈利，是以为家庭农场提供满意周到的服务为初衷，它是日本农业政策的有效传播者和有力执行者，也为农民培训和利益保护作出了突出贡献。

　　法国农业社会化服务体系属于政府主导型，和美国、日本的区别较大，法国农林部及其下属机构是农业社会化服务的绝对主力，是农业社会化服务体系中的"国家队"。主要为农业生产基础设施建设的规划并组织实施，在农业科研、农业教育及新技术推广应用上提供贷款和相关服务，确保科研、教育更好地服务农业。农林部下属的这些机构还承担为家庭农场提供生产资料、收购农产品、对农产品进行深加工及销售等方面的服务任务。同时，政府还对农业生产资料的价格进行控制，规范农业生产资料市场秩序，以保证农户利益不受伤害；政府农林主管部门和半官方性质的农业商会还为家庭农场提供农业信息服务，大学和科研院所主动为农民提供农业技术培训等服务。除了政府提供的服务外，法国的合作组织以及私人企业提供的服务也发挥了非常重要的作用。法国的农业合作组织形式多样，如农业供销合作社、农业服务合作社、农业工会等，各合作组织都有明确的分工，表现非常活跃，这些组织中有提供专门性服务的，也有提供综合性服务的，政府对这些合作组织采取了财政和税收上的优惠政策，其目的是支持农业合作社的发展，以便能更好地为家庭农场等提供良好的服务。私人企业主要是提供农产品深加工及流通领域的服务，采用"公司＋农场"和"公司＋农户"等服务形式，在农产品收购、深加工、农产品流通及销售环节也发挥了很好的作用，成为法国农业社会化服务的重要组成部分。

新西兰的农业社会化服务体系也非常完善，服务领域广泛，涉及农产品生产经营、加工、运输、保险、贸易等方面，甚至还包括科技、税务、教育、卫生等领域，其中农协等经济合作组织扮演着非常重要的角色，其和广大农户共同构成了紧密的利益共同体，新西兰有33%的农民是各类合作经济组织的成员，有近1/4的农产品由合作经济组织生产和销售。目前，新西兰合作经济组织的实力不断增强，已经有11家跻身全国资产规模100强的行列。近年来，新西兰农业服务机构的管理模式进行了重大改革，将原来的行政机构逐步实现企业化运作，使这些机构能更好地接近农业、亲近农户，能提供更贴身的服务，如原归属农林部的从事农业推广服务的咨询服务局变成了为"用户付费"的市场化服务机构，1995年该机构和新西兰规模最大、实力最强的农业服务性企业PGG Wrightson公司实现强强联合。新西兰奶品局（New Zealand Dairy Board）是新西兰奶业发展和运行的核心，已经有70多年的发展历史，是新西兰奶业发展上的行业"老大"，2001年它与几家大的奶业公司联手组建了新西兰最大的奶制品合作集团公司Fontem，较好地实现了农牧业的产业链延伸和第一、第二、第三产业的深度融合。商业服务机构在农产品的运输、保管、流通等领域中为农业、农场的发展发挥了不可替代的作用。

（三）生产经营的高科技化和网络化

高科技和网络化是经济发达国家家庭农场腾飞的"两翼"。农业生产的现代化对优化农业结构和提高农业生产率产生了巨大推动作用，促使经济发达国家家庭农场的规模日益扩大并在产业链延伸等方面取得了优异的成绩，随着家庭农场生产规模的日益扩大，农业机械化水平得到空前提升。位于美国东北部的康涅狄格州格雷格的农场，将安装了GPS全球卫星定位系统的大型无人驾驶拖拉机用于农田耕作，这种拖拉机由卫星导航、电脑控制、无人操作，能自行解决漏耕或重复耕种的问题，极大地提高了工作效率，使用的GPS全球定位系统具备良好的数据交换功能，能与周边的农业科技中心及时交换数据，自动调整设备的工作参数，目前该系统主要用于农地耕作和作物收割，同时还具有对牛的识别和追踪功能。有报道称，目前美国有的农场已经开始用高速数码相机对小牛或小羊的视网膜进行扫描，然后将扫描影像存入电脑，把电脑与GPS全球卫星定位系统连接，这样该系统就可以实现对牲畜从牧草养殖到进入屠宰场的全程追踪，实现了其生命全过程管理。美国农场在科学种田也积累了不少经验，采用科学的农田管理方法，不仅增加了产量，也减少了对环境的污染，还增加了农田肥力。据了解，已有1/5的美国家庭农场开始用直升机进行耕作和农田管理，部分美国中等规模的农场和几乎所有大型农场都安装了GPS定位系统。生产管理的网络化在一些农场发挥了很大的作用，如对牛的饲料进行合理配方;将牲畜的关键信息输入电脑并进行全程动态跟踪;控制仓库中粮食的湿度和温度;对土壤中的盐分、酸碱度、温度、成分等进行监测和分析;对粮食种植量和杀虫农药的剂量进行计算;进行财务决策;了解每天农场当地的天气状况;能进入全国各地方的政府农业中心、高校、科研院(所)和图书馆里的数据库,及时获得产品价格波动、新品种、新型农机设备、病虫害防治等方面的最新信息;能浏览股市和期货市场行情,作出粮食销售的决策。

新西兰特别重视农业科技创新和推广应用与农民实际需要的密切结合,把科学技术作为推进农业发展的重要手段。新西兰财政预算中有18%是直接用于科技的经费,其中用于农业的科研经费在30%以上。同时,政府对农业企业的科研创新项目给予高达50%的补贴,加快了科技创新的速度。新西兰的农牧业科技工作者在牧草品种的选育、培育牲畜良种、牧草施肥技术、轮牧方式、电围栏装置、挤奶设施、产品质量安全信息系统、奶制品深加工技术、猕猴桃品种改良以及种植技术改进、葡萄酒品种选育和加工技术、鹿的饲养以及产品加工方面不断创新,不少技术在世界上处于领先地位。每年召开的农博会成为吸引世界各地客商的极好机会,也成为新西兰展示先进农牧业技术成果和新产品的平台。为鼓励技术创新,政府投资建立的占地16.8公顷的创新园区也为农业科技创新创造了良好的条件。广大农牧农场从高科技中得到了实惠,从而也增强了他们采用新技术的信心和动力。

日本农业的信息化是在第二次世界大战后随着日本经济复苏才开始建设的。采取的是由点到面、由局部扩展到整体的信息化发展路径,高度注重农业市场信息系统和农业科技信息系统的建设。目前,随着互联网技术的不断发展,使日本农业智能化水平有了显著的提高,在农业智能化技术应用上保持与农户、农场主等的紧密联系,倡导农户、农场主及时更新智能设备,和国家农业信息化系统保持同步同网,既能拓宽视野,还可以获得降低农业生产及流通成本的信息。在日本由于信息化的快速发展,推进了农业与工业的结合,即将工业工程的思路、原理、方式、流程与技术运用到农业生产的各个领域。2019年,日本开始采用农业智能机器人Donkey(驴子),它不仅具有施肥、除草、运菜的功能,还能检测病虫害、处理鸟兽危害,是广大农户的贤惠小管家。而使用和维护这样一位"上得了厅堂、下得了农田"的小管家,每月只需要1.5万日元(约合人民币932元),极大地减少了人力成本。Donkey还将在耐热、防水和便利性等方面进行进一步改进,完善后将进行田间试验,帮助农户进行茄子、草莓、西兰花等作物的种植,这种省时、省力、省钱的好办法值得推广应用。

近年来法国现代农业的提升得益于大数据、人工智能、互联网等高新技术的广泛应用,让农业这一古老而传统的产业变成"时尚"和充满生机的产业。

从无人机、机器人等科技设备，到农业气象、土壤等分析软件，再到农具租借、项目众筹等互助互利机制以及电商平台、农场管理方案等，数字科技已经广泛地应用在农业产业的方方面面。无人机搭载的传感器利用多光谱成像原理，通过不同颜色标识作物的健康状况，清晰明了，监测准确度高，农民可以据此信息采取针对性强的改善措施，极大地提高了劳动效率。据法国一家投资机构的统计，目前在法国有 200 多家从事数字农业领域、且势头较好的初创企业，覆盖农业价值链的各个环节，科技创新项目呈"井喷"式增长。法国的农业电商发展迅速，在近 4 年间最大的农业电商平台 Agriconomie 的用户数增加到了 2.5 万户，同时还受到西班牙、意大利、比利时等欧洲国家的普遍欢迎。网上购买农机具、肥料、种子等已成为常态，网上价格比市场平均价低了将近 10%，还有物流配送到家，省时省钱，何乐不为。法国农民的互联网普及率高达 90%，大多数人都有社交网络账户，随着消费者对商品和服务的要求不断提高，农场主利用互联网技术并积极采用先进的科技方案以适应环保、产品可追溯等消费新趋势。目前，数字科技农业在法国已经起步，2018 年年底，法国农业部农业和渔业管理局联合法国国家投资银行、法国环境与能源管理署三方在全国范围内发起了"未来农业与食品"项目的招标，呼吁从事农业科学研究的企业、学校和研究机构投身创新性研发，数字农业转型就是其中四大招标课题之一，据悉，凡中标项目将至少获得 200 万欧元的资金支持。法国农业部为建立农业创新孵化器投入了 1.5 亿欧元，该孵化器集中了 300 多名各方面的研究人员，是一个集研究、培训和企业创新于一身的跨学科的科研平台。

（四）生产经营的规模化和专业化

美国等国家庭农场的发展呈现出农场数量减少和经营规模扩大的发展趋势。1935 年只占美国家庭农场总数 1/4 的大型农场，其生产量占全国农产品总量的 85%。20 世纪末，大型家庭农场的数量占到 89%，拥有全国 81% 的耕地，谷物的收获量占全国的 83%，农场销售额占全国的 77%。中小型家庭农场要想在强大对手的竞争中生存下来，就必须善待资源，实行特色经营，通过特色经营获得竞争的有利地位。美国将全国划分为 10 个"农业生产区域"，每个区域主要生产 1—2 种农产品，如北部平原主要种植小麦，中部平原主要种植玉米，南部平原和西部山区主要发展以饲养牛羊为主的畜牧业。在区域化布局的基础上，美国农业的规模化和专业化得以充分发展。

法国家庭农场专业化生产对提高资源的利用率、促进农业经济的可持续发展发挥了重要作用。家庭农场规模化发展改变了传统小农经济结构，有效解决了土地分散、人地矛盾突出的问题。法国采取的主要措施是实现农业机械化，扩大生产规模，政府高价收购农民的零散土地，重新规划，选择性地出售给就近的农场主。政府还利用法律手段明确农场主的合法继承人只有一个，实行税收优惠,鼓励农民入股,开展联合经营,并提供低息贷款,对农民自发的土地合并经营实行减免税费的激励办法,促使农场规模的逐渐扩大。同时,政府还鼓励农村富余人口退出土地经营,对自愿离农者给予可观的补贴;对年龄在55岁以上退出土地经营的农民发放一次性"离农终身补贴";对愿意退出农业到城镇从事工业、服务业去投资或就业的青年人给予奖励性的赔偿和补助。这些办法的实施达到了预期的目的,使第二次世界大战后法国的农场数目大量减少,而农场规模却迅速扩大。为促进法国农业机械化发展,政府设立了专门的农机试验研究中心,主要从事农业机械的研究、实验和鉴定,对农场设备现代化进行经济分析,负责农机资料的收集、整理和发行,编写出版农机教材以及培训农机技术人员等。政府还向购买农业机械的农场提供长期的低息贷款,政府还对购买农业机械的农场实行价格优惠和补贴政策。20世纪70年代,法国完全实现了农业机械化,在规模化和专业化发展上取得了显著的成绩。

日本和美国、法国的国情不同,农业自然资源十分稀缺,耕地面积只有456万公顷,人均耕地面积为0.036公顷。日本农业也通过扩大经营规模、提升土地生产率和利用率等途径,试图和其他发达国家一样从分散式经营向集约化和适度规模化经营发展。在20世纪的30—70年代,日本的农业机械化发展迅猛,农户数量日渐减少,70年代,工农兼业性种植户数量越来越多,耕地规模得到扩大,专业农户大量减少。近年来,日本家庭农场的数量持续减少,经营规模却逐步扩大。2010年,从家庭农场拥有的农地面积来看,面积在20公顷以上、10公顷以上和5公顷以上的家庭农场占比分别为20%、35%和45%。

新西兰农场的平均规模在农场数量不断减少的情况下得以不断扩大。在规模经济趋利力推动下,加之信息技术等高新技术的应用推广,新西兰奶牛场平均占地131公顷,平均每公顷饲养2.8头奶牛,在过去20年中,奶牛场数量减少21%,奶牛农场规模平均增长了60%。新西兰农场在规模化和产业化经营上成绩斐然,奶业、肉和羊毛,苹果和梨、猕猴桃产业等都成立了非常强大的行业组织。1935年新西兰有500多个奶牛农场,1985年减少到100个,2000年只剩下4个大型合作企业了。2008年,新西兰的Fonterra(恒天然)合作集团公司、Westland合作乳品公司和Tatua合作乳品公司三个合作企业的牛奶收集量占新西兰牧场牛奶收集量的96%。Fonterra是新西兰最大的合作企业,2008年9月的收集量占整个的92%,新西兰90%多的奶牛农场主都是它的股东和社员。

(五)健全的土地使用机制

健全的农地使用制度是家庭农场实现规模经营和快速发展的基础性制度。1960年法国制定了《农业指导法》,从法律上明确规定了对土地转出方的补贴,对土地流转的性质和规模都作了明确说明,向土地转出方提供不同的财政补贴。土地流转后不得随意改变耕作方式,并从法律的角度进行了严格规定：私有农地不得用于非农业领域，也不能弃耕、劣耕，如有违反，政府将有权购回征收土地，或通过增加高额的土地税或责令其出租土地以起到惩戒的作用。为提高土地流转效率，法国还专门设置并完善相应的管理机构。政府主管部门发挥主导作用，主要制定土地政策和审核监督土地流转等工作。为强化土地管理，法国在各个县设立了由政府管理部门、社会环保组织、消费者以及农业技术人员等组成的"农业发展委员会"，其主要职能是制定和实施当地对农场的各项补贴政策，制定并落实农场规模扩大、经费分配等方面的政策，监督并防止农场土地细碎化现象，帮助建立农地事务所对农地市场运行进行管理，承担农地转让或租赁合同的审批和监管工作。在政府的引导和支持下，法国积极培育相关的民间土地流转管理机构，把农地流转过程中具体的交易工作交给民间机构完成，为土地交易双方提供全方位的土地流转服务，实践中获得了非常满意的效果。法国在全国范围内成立了28个非政府、非营利性机构——土地治理和乡村建设组织，该组织集中介、管理、交易等多职能于一身，为解决法国各地较复杂的土地流转问题发挥了独特的作用。

1975年日本在修订后的《农业振兴区域整备法》中规定，在保护农民土地所有权不变的情况下，地方政府可以引导农户转让土地经营权，以法律的形式消除了农户不愿转出土地的后顾之忧。1980年，日本为进一步推进土地出租工作，又颁布了一系列鼓励土地租赁的政策，其中明确规定对长时间、较大面积农地出租的农户进行一定的补贴，凡出租期限在3年以上6年以内的，转出户每公顷将得到10万日元的财政补贴（100日元约合6.14元人民币，按2018年汇率）；对于租赁期限在6年以上的农户，每公顷的补贴将增加到20万日元；补贴额度按照出租土地面积的增加而相应提高。这种做法较好地解决了农场主希望获得更多土地以扩大生产规模的问题，不失为解决规模化经营的有效办法。对于那些不愿再从事农业生产而自愿流转土地的农户，政府一次性给予每公顷62万日元的补贴。

为推动土地集中生产和规模经营，同时也为了减轻农民对土地的过度依赖，法国在鼓励老年农民自愿放弃或出让土地时，还专门设计了"非退休金的补助金"制度，这个制度明确指出，对于退出农业的农户可拿到35年的预备年金，凡年龄在55岁以上的农民还会获得一次性"离农终身补贴"。日本政府主动为兼业农户提供各种技能培训，提供更多的非农就业机会，促使其离土离乡；建立并实施符合民意的退休和养老金制度，降低年长农户对土地的依赖，日本政府于1970年创建了农业人养老金制度，这项制度内涉及农民老龄年金、离农给付金、经营权转让年金、购买农地资金贷款以及农地的收购与转让金等内容，丰厚的资金奖励以及完备的社会保障制度既保障了转出方的合法权益，又有效解除了年老农户退出土地的后顾之忧，极大地推动了土地的集中使用和规模化经营。

除了政府的有力推进外,还有不少民间组织也在为实现土地的规模化经营不懈努力。如日本的农地保有合理化法人就是一个著名的民间组织,主要负责土地的买卖、租赁及农地信托等事务,属于非营利性的社会中介组织,为出租方、承租方以及政府之间牵线搭桥。该组织从政府财政获得补助金,一般是一次性得到10年的租金,并将10年租金全部一次性支付给农地出租方;承租方只需分期向该组织交付10年的租金,就可以获得10年土地的使用权。这种管理办法深受出租方的赞许,它使出租方在出租期初就得到未来10年的租金,消除了在土地流转后自身权益受损可能产生的风险,而且对承租方也可以减轻地租增长可能带来的巨大经济压力,且可以很好地规划土地的使用,提高土地的使用率和效益。这种办法极大地促进了农地的快速合理流转,使得农场规模在原有的基础上呈上升趋势。同时,该组织还入股农业生产法人,参与生产经营,并向其成员提供农业机械、基础设施建设等服务,以更具体的行动支持农场发展。这种对土地出租方、承租方、政府都有利的事何乐不为。

(六)高度重视经营者培养

培养高素质的家庭农场经营者是国外扶持家庭农场发展的重要举措之一。为保证对农场经营者的培养,许多国家都制定了相应的法律,并逐步形成了健全的教育培训体系。如美国农业部和各州赠地大学负责家庭农场经营者的教育培训工作,具体事项推进是由各州赠地大学农学院的农业推广站和县农业推广站负责。从1862年以来,美国国会先后颁布了《莫雷尔法》《哈奇法案》《史密斯·利费农业推广法案》《史密斯·休士法案》等系列法案,形成了集农业教育、科研、推广为一身的农业科研教育体系。在美国由"大学农学院—农业推广中心—县级农业推广站—家庭农场经营者"构筑而成的教育培训体系已经较为成熟。各州的赠地大学农学院在全国设置了51个州农业推广中心,各州的农业推广中心下面又设置了县农业推广中心,州农业推广中心负责推广人员的招聘和管理,实行较高层次的管控。县农业推广中心的工作人员深入基层走访农民,对农场经营过程中的管理、技术方面的问题提供咨询并提出整改方案;了解家庭农场经营者的培训意愿与实际需求,有针对性地开设相关课程进行培训,聘请政府、企业、协会的专家或技术人员参与培训指导。美国对家庭农场主的培养十分注重把农场主的需求调查作为提高培训精准性的前提,通过大量的问卷调查、电话询问、实地考察以及座谈交流、网上测评等方式弄清并找准实际的真实需求,在对需求分析的基础上制订培训计划、安排培训内容、实施培训活动,做到学有所需、学有所获。为强化培训效果,实行分级分层分类培训,根据不同对象、不同情况、不同需求,开设相应的培训课程,如根据农场经营时间的不同,学习不同的内容,经营时间在5年以内的农场主,主要培训他们如何渡过农场的"初创期";农场经营时间5—10年的农场主,主要培训他们如何发展壮大企业;农场经营时间在10年以上农场主,主要培训他们如何实现最大盈利,实现稳定发展。在培训中,根据农场主的实际情况实行线上培训与线下指导相结合的方式,美国家庭农场经营者多数是参加在线学习,在线教育的类型很多,既有学历教育和技能培训,也涉及信息传播和互动交流等。当农场经营者有应对突发事件、比较急迫的学习需求时,培训机构会通过面授的方式进行指导。通过灵活多样的学习方式,对农场经营者素质和能力的提升发挥了很好的促进作用。美国的家庭农场中有不少农民都接受过高等教育,有知识、有智力,善于创新,勤于观察市场,在现代化农业设施使用和现代管理知识的运用上发挥了积极作用。

为了提高农牧农场对现代科技的运用,新西兰高度重视农民的教育和培训工作,通过多种方式、多种渠道,开展广泛的教育培训,培训内容涉及各种养殖技术、作物种植技术以及农田灌溉、农具维护、防火消防、修剪羊毛、酿酒、化肥和农药的使用等,并对各项技术设置了相应的技术等级标准,以此对培训农民进行考核,评定水平。目前,新西兰的多数农民都受过13年的初中级教育,具有一定的文化素养,其中不少年轻农民还接受过高级职业教育和高等教育的学习。政府、高等院校、私营培训机构和民间培训机构是新西兰进行农民教育的主体,且形式多种多样,如AgITO(Agriculture ITO)是隶属于政府的非营利培训机构,从事农民教育培训的管理,具体工作涉及监督审核培训标准、认定职业资格证书以及对培训质量的评估等,管理工作环环相扣,措施得力。从事培训工作的师资力量非常雄厚,他们中多数是拥有相关领域博士、硕士学位的高学历人士,强大的师资力量和高水准的专业化知识对保障农民职业教育的质量发挥了重要作用。教育培训工作因不同地区、不同要求开展有针对性的学习,使培训活动特色鲜明。在培训形式上除了面授外,还积极开展网络培训及资源共享等现代农民教育的新形式,促进了新西兰农民职业教育的发展。

法国在农民教育培训方面也开展了大量卓有成效的工作,农民的培训制度层次分明,公立与私立培训机构相得益彰,培训学校、科研机构、农商会、合作社之间分工明确,较好地满足了农场工人、农业技师、农业高级技师到工程师及科研人员各个层次的培养需求。经过专业对口的分类培育之后,不少人成为职业农民,能独立从事家庭农场的生产经营活动。为保证家庭农场的可持续发展,不断学习新知识、更新经营观念,职业农民每年还必须接受两周的培训。

二、国外家庭农场发展带来的启示

(一)政府的大力支持是家庭农场发展不可或缺的重要外部资源

纵观国外家庭农场的发展不难发现,家庭农场的发展需要政府的大力支持和推动。在家庭农场产生和发展的各个阶段,为其创造良好的外部环境和条件是政府义不容辞的责任,政府的功能主要体现在三个方面:首先是制定和颁布一系列有助于家庭农场发展的法律法规,制定较严格的市场准入制度和公平的市场交易制度,维护良好的市场秩序,对交易活动进行必要的管理,营造良好的市场环境;其次是重视对家庭农场发展的研究工作,制定针对性强的管理制度和管理办法,通过制度的力量促进家庭农场的稳定发展,并为家庭农场的发展提供强有力的理论支持;最后是政府要继续加大在农业教育、科研服务体系和基础设施建设方面的投入,尤其要重视投资效果的评估与分析,从宏观上引导家庭农场的发展,为家庭农场的进一步发展提供优惠政策。

近年的中央一号文件多次提到要大力发展家庭农场,中央到地方各级政府也陆续出台了一些政策,对发展家庭农场给予了高度重视。从全国的情况来看,目前不少政策的执行情况还不能令人满意。因此,政府相关部门在制定出具体支持家庭农场发展的法律、政策措施的同时必须加大执行工作的检查力度,并不断根据新情况完善其政策、法律。特别要制定好家庭农场法及家庭农场财务会计制度等法律法规,尽快完善支持家庭农场发展的可行性措施,加大财政资金、项目支持、税收优惠、基础设施建设等方面的工作力度,同时根据家庭农场融资难、融资贵的现状,尽快完善金融贷款方面的政策,通过完善的政策进一步调动家庭农场的积极性。

(二)合理的土地流转是确保家庭农场适度规模发展的重要前提条件

实现家庭农场适度规模发展是保证其高质量发展的必不可少的基本条件,而实现适度规模发展就必须做好土地的合理有序流转。因此,完善土地流转制度,加快土地经营权流转,实行"三权分离"是家庭农场实现适度规模经营的基础。政府要完善土地流转方面的法律法规,通过激励性政策引导土地流转,对土地流转的程序、参与主体及操作程序要做到应有尽有,使流出农户能得到法律保护,保证土地流转顺利进行。实行奖补资金制度并完善社会保障工作,更有效地降低流出方对土地的依赖。从国外的实践看,不管是经营规模稍大的法国,还是经营规模偏小的日本,为土地转出方都提供了理想的奖励政策和较完善的社会保障制度,尽可能减轻其农地转出后的利益损失以及收入不稳定的顾虑。目前,我国土地流转难、流转贵的原因是多方面的,从根本上讲还是由于多数农民对土地的传统观念根深蒂固造成的,同时我国对土地转出方的奖补力度没有达到他们预期,对农民的社会保障体系极不健全,从事非农就业极不稳定。所以,我们应借鉴他国的成功经验,既加大对土地转出方的奖补力度,又要尽快建立健全长效的农地退出和社会保障机制。对年轻及高龄的农户在自愿的前提下,建立鼓励其退出农业的机制,给予一次性的退出补贴,提供必要的非农技能培训,提高他们的就业生存能力。还应该建立并不断完善农村的社会保障制度,在实现脱贫后逐渐解决好农村人口的养老、医疗、教育等问题,通过多措并举降低农户对土地的依赖程度,为农村土地的合理有序流转和家庭农场适度规模经营创造必要的条件。

(三)建立健全完善的社会服务体系是家庭农场发展的重要保障

完善的农业社会化服务体系的建立是国外家庭农场得以快速发展的重要积极因素。我国要实现家庭农场的高质量发展就必须营造良好的宏观环境,要发动全社会做好家庭农场的服务工作,政府机构、科研机构、高校、企业齐上阵,构筑多层次、多功能、多渠道、高效率的社会化服务体系,加大对家庭农场在资金、信息、技术推广、教育培训方面的投入,加强在市场运作、经营管理等方面的指导与扶持,从而降低家庭农场的管理成本,要把培育新型农业服务主体作为重中之重,要在实行服务内容和服务方式的创新,使社会化服务体系建设成为家庭农场高质量发展的重要抓手。

现阶段,我国家庭农场的社会化服务体系还很不健全,不仅数量少,而且形式单一,因此,建立健全完善的社会化服务体系便成为当务之急。完善的社会化服务体系应成立以政府为主、科研院校为辅的咨询类机构,为家庭农场提供土地流转、市场行情、价格等方面的信息;要成立技术中介机构,提供产前、产中、产后一体化服务;成立相应的金融机构和提供家庭农场需要的金融服务,鼓励村镇银行、小微银行等金融机构降低贷款门槛和利率,延长还款时间;成立相应的保险服务机构,扩大家庭农场保险的服务范围,规避经营过程中的来自自然界和市场的风险。在为家庭农场营造良好社会化服务环境时,要发扬"店小二"精神,通过多方努力,方能形成合力,才能切实为家庭农场的高质量发展提供全方位、及时周到满意的服务,这也是国外家庭农场发展实践中的经验总结。

(四)新型农业经营主体之间紧密联合是家庭农场发展的重要内容

通过理论分析得出这样的结论,即加强农业产业链管理既降低了交易成本,又提高了生产经营活动效率。目前,我国各新型农业经营主体之间客观上存在明确的分工合作关系,各主体间通过与产业链的结合可产生超出原个体叠加的综合竞争力,农业产业链上的各经营主体在市场竞争中都具有自身的优势,当然也存在自身的缺陷,客观上也要求实现紧密联合,取长补短,克难攻坚。实现"从田头到餐桌"的农业产业链管理,在极大地提升农业生产专业化、社会化和商品化水平的同时,还通过与产业链的紧密结合增强了其产品安全的可信度和美誉度。同时,家庭农场加入农业产业链运作也是提高农户收入的重要手段。家庭农场由于自身的局限性,要学会主动投入农业产业链大家庭怀抱,要主动承担家庭农场应有的责任,用真心真情参加产业链的活动,通过农业产业链的高效运作从而避免无序竞争,降低交易成本,分享农业产业链带来的效益。要采用"龙头企业＋农民合作社＋家庭农场＋市场"等多种形式,实现经营主体之间的紧密联合,将"外部事务内部化",增强一致性,显著节约交易成本。因此,家庭农场加强与产业链上相关组织的紧密联结就显得格外重要,家庭农场加入农业产业链的运作与管理将对提高其综合竞争力带来巨大的促进作用。

（五）提高与关联企业的信息化水平是家庭农场高效运作的关键

国外农业发展非常重视信息化水平的提升,法国数字农业协会"数字农场"推广负责人卡里纳·卡约介绍,数字农业具有三大优势:一是节约时间和减少体力,很多程序化、低附加值的体力劳动可由机器人来完成;二是降低成本、提高收益,计算机不仅可以帮助农民较准确地预测农作物的病虫害情况,以减少农业风险,还可以大量减少劳动力;三是从生态农业发展的视角看,生态农业给环境的压力相对较小,通过智能化的合理施肥、用药以及灌溉将对生态农业的发展发挥非常重要的作用。国外农场在充分利用先进的现代信息技术提高农产品质量安全方面也积累了极其宝贵的经验,带给我们许多启发。高质量的农产品不仅需要完善的制度规定、管理机构和组织保障体系,而且还需要有先进的检测手段和现代信息系统的支持。同时,在家庭农场的经营活动中也时常存在信息不对称的现象,特别是目前我国不少农村信息化水平还处在初级阶段,信息基础设施的建设也起步较晚,不少经营主体还普遍存在着手工处理信息的现象,网络系统、电子数据交换等现代化信息管理手段的作用还没有得到充分发挥。极少数家庭农场虽然制作了网站,但功能单一,内容陈旧,没有发挥其应有的作用,仍习惯于传统的信息沟通方式,电子商务活动也不是十分活跃。因此,根据家庭农场高质量发展的要求,家庭农场与其关联企业尽快建立快速反应的现代化信息管理系统已成为必需,信息化水平的提升能使各相关组织得到及时、准确、适应性强的信息,更好地推动我国农村电子商务活动的开展。

（六）培育新一代家庭农场主是家庭农场稳定持续高质量发展的关键

新一代家庭农场经营者是我国家庭农场能稳定持续发展的最为关键的因素,国外对农场经营者的培养为我们提供了有价值的参考和遵循。他们采取多种培训方式,加大线上和线下课程开发力度,推进混合学习方式。美国的在线学习非常普及,成为农民培训的主要形式,随着"互联网＋"的深入推进和智能终端在农村的普及,我国家庭农场经营者获取知识信息的途径也将产生较大改变。在借鉴国外经验的基础上,充分考虑我国各地农村的实际情况,有针对性地开发出符合家庭农场经营者学习规律和特点的在线学习课程已成为必然。要加强混合学习方式改革的力度,根据我国农村农业发展实际和农民自身特点和需求,有针对性地选择一些学习需求较普遍的基础性综合性课程,进行混合学习的试点,探寻适合中国国情的农业经营者混合学习的方式和路径,强化培训效果,为未来农业发展提供更多的优质人才。在我国现有家庭农场主普遍年龄偏大的情况下,特别要重视对新一代农场经营者的培养,要下力气引导青年回乡务农,未来我国家庭农场的发展需要大批善于管理、精通技术的新型职业农民。把对新一代农场经营者的培养作为现阶段的工作重点,努力提高他们经营管理水平,加强农耕养殖、病虫害防治等方面的学习,提升他们应用先进农业生产技术的能力,为培养新一代青年家庭农场主提供强大的人才支撑。

（七）强化农产品质量和品牌建设是家庭农场快速发展的根本要求

法国农产品品牌和质量在全世界是做得最成功的,对我国有重要的启迪作用。法国把农业标准化建设和农产品品牌建设统筹考虑,同步建设,以品牌认证为开端,以质量认证为基础,加强农产品各环节的质量管控,加大政府的扶持力度。为此法国建立了众多的产品认证体系,其中最典型的就是"原产地命名控制"认证体系（即 AOC 认证标志）。该体系准确地反映了农产品与其产地之间的密切关系,经过 AOC 认证的农产品在地理气候环境、种养技术和经营管理方面优势明显,品质优良,受到消费者的认可和欢迎。欧盟国家中法国在农产品的标签、成分、生产过程的管控等方面是最为严格的国家,如为确保香槟酒质量和酒文化的美誉度,对香槟葡萄从种植土壤、品种到酿造工艺的每一个环节都有十分明确的规定和要求,只有那些使用香槟葡萄且完全按照传统酿造工艺酿造出来的气泡葡萄酒才能称为香槟酒,否则将当作气泡酒或气泡葡萄酒销售。

我们要根据各地区农业经济发展的基础和发展特色,发展全链条、全循环、高质量、高效益的家庭农场。要引导家庭农场根据自身优势,积极开发出一批有地方特色、有一定知名度的农产品,不断提升产品质量,主动创造特色品牌。培育更多有地方特色的农产品,要充分发挥传统文化的优势,讲好"地方故事",搞好高质量有机特色产品的"三品一标"工作,扩大品牌效应,增强品牌竞争力。要加强农产品风险防范管理,加大对农产品质量安全的执法监管,建立健全农产品质量标准体系,进一步完善监管制度并提高监管能力,这不仅是国外家庭农场发展的经验之谈,也是我国社会经济发展的必然要求,更是家庭农场高质量发展的客观需要。

（八）建设具有中国特色的家庭农场是其实现高质量发展的重要工作

任何先进事物的产生都需要有一定的环境条件,国外家庭农场的发展给我们带来了很多宝贵的经验,也给我们带来很多的启发。其成功取决于众多的主客观因素,有的我们目前已经具备,有的我们还在积极创造之中,有些方面的工作我们还有很长的路要走。因此,要实现我国家庭农场的高质量发展,不可能有一个固定的模式，也不能按照同一个速度，更不能完全照搬国外的做法，要严格遵循实事求是的原则，根据各地经济社会发展的实际，结合自身的特点，创造性地实现家庭农场高质量的发展。比如，在家庭农场规模上，要因地制宜发展家庭农场，规模大的家庭农场能够带来一定的规模效益，但必须充分考虑当地土地资源状况，不能一味追求规模效益，按照我国的实际情况，多数地方应按适度规模的要求进行建设。在家庭农场建设的模式上，要注重特色发展，不能搞成"千场一面"；在发展速度上能快则快，不能"统一步调"和"统一行动"，切不可相互攀比，盲目追求缺乏质量的高速度；在高质量发展的具体措施上各地家庭农场应当根据生产的产品特点、当地土壤、气候和市场的不同而有所差别，不能"千篇一律"，要做足特色文章。家庭农场未来发展方向是农产品的品牌化和精细化，要求一致，标准相同，但实现高质量发展的具体路径应各具特色，最终达到"异曲同工"的效果。

第六章
我国家庭农场高质量发展路径探究

要实现家庭农场高质量发展就必须有科学的原则可遵循,需要有通畅的路径与针对性强的对策,本章试图在这些问题上作一些探讨。

第一节 我国家庭农场高质量发展的基本原则

我国家庭农场的高质量发展是今后一个时期我国农业农村发展中的一项重要工作,进展如何与成效如何,不仅影响到家庭农场自身的发展,而且对我国农业的现代化建设、对我国农业的供给侧结构性改革以及乡村振兴战略的实施都具有十分重要的影响。因此,此役必全胜。我国家庭农场高质量发展应遵循以下六大基本原则。

一、不忘初心

农村繁荣、农业发达、农民富裕是我国"三农"工作中面临的重大课题,它和国家的社会经济发展以及民生问题息息相关。实现我国家庭农场的高质量发展不能忘记让农民生活富裕的初衷,不能脱离提升农民生活质量这个根本。不论是在我国农业由粗放发展向集约发展转变之时,还是在实现农业高质量发展的每一个环节、每一项活动中,农民都是最积极、最活跃、最关键的因素。农民不但切实参与并见证了家庭农场的发展实践,还作为其发展的主要推动力起到不可忽视的重要作用。要坚持农户主体地位,充分调动和发挥他们的主观能动性,采取积极有力的措施鼓励那些有志农业农村发展的农户兴办多种类型的家庭农场;要进一步巩固和完善家庭承包经营责任制在家庭农场高质量发展中的基础地位,发挥好这一制度的优势,发挥好家庭农场在我国农业发展中的优势;要坚持农民自愿、经营者自耕的原则,让农民在掌握对国家政策和相关规定的情况下,依法依规地自觉、自愿、自主经营农场。农民高兴不高兴,农民满意不满意,则是衡量家庭农场高质量发展成功与否的重要标志,同样也是评估家庭农场高质量发展水平的重要指标。不能盲目推进家庭农场的高质量发展工作,而忘记了农民切身利益的保障和改善;不能只重形式、规模和工作力度,更忽略了农民生活品质的提高。若是仅仅看重结果,一味追求单纯或片面的所谓的高质量发展的话,那么将背离我们的初衷,终将一事无成。因此,在推进家庭农场高质量发展工作时,从政策设计到法律法规上都要以农民利益为出发点,以此更好地推进我国农业的高质量发展。

二、差异发展

实现农产品的特色化和差异化将是家庭农场高质量发展中重要的竞争力。我国农业生产地分布广阔,而各地在资源禀赋、气候土壤、地形地貌、基础设施及农民素质等方面存在较大差异,因此,在实施家庭农场高质量发展过程中要根据各地自然条件、资源禀赋和现有经济基础的差异,确定发展重点,创新发展思路,因地制宜,彰显优势。

高质量发展要充分考虑区域间的发展差距,要实行分类指导、分区评价。发展不平衡、不充分是我国目前农业发展的现状,各地基本上都存在这样的问题。因此,不能搞"齐步走",起点不一样,终点也应该有所区别。对于不同的区域,高质量发展的要义和内涵也应该具有明显区别。对于那些经济较发达的地区就应该把高质量发展的重心落实在"高质量"上,要放眼全世界来思考农业的发展和家庭农场的发展,力争在某些方面处于世界前沿地带;而对于那些经济还比较落后的地区,其工作重心要落在消除贫困并巩固脱贫攻坚成果逐步实现农民生活富裕的基础上加快家庭农场的发展。因此,在思考家庭农场高质量发展路径和设置高质量发展考评体系时,要充分考虑地区间的发展差异,采取针对性强和可操作性强的措施,在各地的具体发展战略和策略上没有绝对的统一,许多经验可学习借鉴,但切不可照抄照搬,在家庭农场的发展模式、发展路径、发展对策方面,没有"放之四海而皆准"的"真理",都必须根据家庭农场自身实际,创造思维,创新工作。在对高质量发展工作考核时应该采用"共性+个性"或"历史状况+现有水平"的综合考核评价指标体系,或是按不同的发展定位制定考评体系,使家庭农场在高质量发展中所面临的共性问题和个性化特征都能得到充分反映,使考评更具针对性和有效性。通过对家庭农场高质量发展工作的考评,达到"以评促建,以评促改,以评促发展"的目的。不要过多给地方下达家庭农场建设的指标或任务,家庭农场的建设与发展应当是在良好的外部环境和自身条件相适应条件下的产物,不能成为行政命令的附属物。家庭农场要学会并实施差别化和错位竞争,切忌简单模仿,要彰显差异,做出特色,防止结构趋同的恶性竞争。要按照"一村一品、一场一品"的思路来引领家庭农场发展主导产业,产业的选择一定要以当地的资源禀赋为依托,充分考虑产业优势和基本条件,不能盲目选择。家庭农场在产业类型、经营品种、生产方式、经营模式、经营规模、品牌渠道等方面应该形成差异,通过"差异化发展"满足差异化的消费需求,增加家庭农场的竞争实力,实现其高质量发展。

三、适度规模

有一定规模的家庭农场是区别于一般小农户的重要标志。规模经济并不是规模越大越好,家庭农场要实现规模效益,多大的经营规模才是最合适的? 标准就是看它的效益,要防止"垒大户",不能以规模论英雄。在工作中要防止少数地方急于求成、贪大求快、好大喜功、一哄而起的做法,应该在具体的发展战略、规划上下功夫,在科学发展上动脑筋,在政策落实上下力气,用必要的行政手段推进家庭农场的建设和高质量发展,同时还要防止对家庭农场建设无动力、无力气、无要求的现象,对于那些确实想干但确有困难的农户,要采取必要的帮扶措施,逐步实现家庭农场建设的"全覆盖"。

家庭农场经营规模要充分考虑经营者的劳动生产能力的具体情况,既不可超越经营者现有生产能力而实施盲目扩张,也不能放空生产能力而人为缩小,能大则大,采取适合的规模为宜。根据一些学者的研究和我国家庭农场发展的实践,现阶段家庭农场的经营规模一般以100—200亩为宜,随着农业劳动生产率的逐步提高和农村劳动力的转移,可以考虑扩大土地规模,不断提高劳动生产率,获取更大的规模效益。要引导家庭农场根据从事的产业类型和自身经营能力,量体定制,实现理想的规模效益。家庭农场的规模标准也不是固定不变的,它将随着社会经济的发展变化,经过一定的经济发展周期会有一个数量上的增加和质量上的改进。

适度规模的"度"的把握应该注重两方面的情况,一是效益,二是状态。所谓"效益"就是指家庭农场经营者的纯收入应该等于或大于城镇职工的平均收入,也就是只有这样农场经营者才能从中获得较为满意的收入,才愿意继续留在农村长期从事农业生产经营活动,才可能真正感受到从事家庭农场经营是一个受人尊敬的"体面"职业,否则他们会进城务工或另谋高就。同时,只有在家庭农场有效益的前提下才可能实现可持续发展,否则将会停滞不前甚至退出市场。当然这个"效益"还应该包括社会效益和生态效益的内涵,但首先要考虑"经济效益",并争取三方面效益的和谐统一。因此,效益好坏是衡量规模是否合适的最重要的砝码。所谓"状态"就是要看家庭农场在此经营规模下的运行情况,特别是在外部环境条件变化不大或持续向好发展的情况下,家庭农场是不断在发展壮大,还是处于停滞不前或持续下滑状态。这两个因素构成了家庭农场适度规模经营的必要条件,是确定家庭农场规模是否适度的重要依据。两者联系紧密,但又相对独立,从不同的侧面反映了家庭农场经营者和家庭农场的状况,从两者的重要地位看,"效益"处在比"状态"更优先的位置,应引起全社会的高度关注。

四、市场导向

发挥市场机制作用是我国改革开放四十多年来较重要的经验之一,在解放和发展农村生产力、提升农业竞争力方面发挥了非常重要的作用。现阶段要实现家庭农场的高质量发展,在市场导向方面还具有很大的改革潜力,还有许多工作需要进一步推进,市场化将为提升家庭农场高质量发展提供巨大动力。特别是在经济全球化、贸易自由化、城乡一体化背景下,市场导向的作用发挥得越好,家庭农场的市场化程度就越高,对政府的依赖程度就越低,就能够在全球农业竞争中得以成长壮大。

家庭农场的法律定位是市场主体,家庭农场在注册登记时可以是个体工商户、个人独资企业、合伙企业、公司等类型,从它的法律属性看,家庭农场属于企业或者公司组织,因此,它的经营行为是要获取一定经济利益的,是以利润为导向的,具有企业组织的一般特征。但凡企业组织都必须以满足市场需求为基本目标,在提供优质产品及服务的前提下获得利润。当然,除了需要利润外,还需要企业的信誉、营销特色。家庭农场只有在具有企业家精神的职业农民的经营管理下才可能在市场竞争中立于不败之地。最近这些年粮食安全、食品安全一直是全社会共同关注的话题,家庭农场作为企业组织,需要有自己的产品、品牌、信誉,市场的无形之手将会让家庭农场为消费者提供"从田间地头到餐桌"的系列产品及相关服务,这是市场呼唤的结果,是家庭农场高质量发展的必需。

按市场导向培育发展家庭农场,就是要让家庭农场成为市场真正的"主角",让农场自己作"决策",要充分相信家庭农场会在市场这只"看不见的手"的作用下创造出理想的效益、高质量的发展和最具实力的家庭农场竞争格局。为此需要做好两方面工作,一方面要赋予家庭农场更大的经营自主权,按市场需求生产经营是家庭农场生存和发展重要的内生动力,遵循市场经济规律是推动家庭农场高质量发展的基本前提。家庭农场要依靠和充分发挥市场在资源配置中的决定性作用,以市场需求为工作出发点,在发现需求、满足需求、引领需求上下功夫。首先要及时发现需求,及时捕捉市场动态,开拓新的市场空间;其次是充分满足需求,在加强自身发展能力建设的前提下,生产出尽可能多的农产品,满足消费者对高品质农产品的需求;最后还要学会引领需求,在准确把握消费发展变化趋势的前提下,主动满足消费者不断提升的消费需求,研究特色市场,让古老的农产品具有新的功能、新的用途,以此引领需求。让家庭农场更加贴近和了解市场,根据市场需求变化进行经营决策。另一方面,政府也不能"缺位",应该尊重家庭农场的主体地位,充分发挥市场在资源配置中的决定性作用,切忌过多进行行政干预,搞强迫命令,要遵循家庭农场发展的规律,加强政府对家庭农场的引导和支持。当前政府应当重点搞好土地流转公共市场建设、发展社会化服务体系、推动农村金融保险制度创新、加强基层公共服务体系和公共基础设施建设等方面的工作,为家庭农场的高质量发展当好"店小二"。逐步把家庭农场打造成"自主经营、自负盈亏、自我发展、自我约束"的现代化企业组织,在增加农产品的有效供应和提高农民生活水平、建设共同富裕文明的新农村、逐步实现农业现代化方面做出应有的贡献。

五、绿色发展

农业绿色发展就是要提高绿色农业投入品的数量和质量,以确保农产品安全、绿色供给为目标。家庭农场是我国农业生产经营的最基层组织,理应成为绿色发展的主力军,要成为绿色发展的践行者和受益者。要实现我国农业的绿色发展必须重视家庭农场的绿色发展,把家庭农场的绿色发展作为我国农业发展的重点工作。2017年我国启动实施了农业绿色发展行动,这些行动有利于改变传统生产方式,减少化肥等投入品的过量使用,优化产地环境,提升农产品品质,从源头上确保优质绿色农产品的供给。

家庭农场的绿色发展主要包括两个方面的重要内容:一是提升产品质量。经过改革开放后四十多年的发展,我国粮食生产连年丰收,已连续五年稳定在6500亿千克以上,2019年粮食产量达6638.5亿千克,创历史新高,为解决中国人的吃饭问题奠定了较雄厚的物质基础,其他农产品的产量也有不同程度的提高。因此,目前农产品的数量得以较好解决,不再成为主要问题,而农产品的质量问题却日益突出。在推进农业供给侧结构性改革和实施乡村振兴战略的过程中,家庭农场作为我国农业的基层生产组织,承担着大量农产品的种植、养殖任务,担负着保证和提升农产品质量的重要职责。因此,家庭农场必须坚持质量兴场、绿色兴场的方针,牢固树立质量第一、效益优先的理念,坚持质量就是效益、质量就是竞争力、质量就是可持续发展的生命力的经营理念。要彻底改变过去长期形成的追求数量的做法,不再以GDP(国内生产总值)论英雄。家庭农场要把绿色发展、质量安全、农民增收、生态和谐等作为工作的重点,以追求绿色GDP为目标,将人才、科技、装备等各方面力量汇聚成质量兴农的强大量。二是实行集约生产。要实现家庭农场绿色发展就必须改变传统农业的生产方式,实现由粗放型发展向集约型生产方式的转变,而集约型生产方式将全面提升资源利用率、提升农产品质量、大幅度地改善乡村环境,实现生产要素数量上的相对减少和质量上的绝对提升,从而提高家庭农场的劳动生产率,提高我国农产品的国际竞争力和国际美誉度。当前我国家庭农场发展中出现的许多问题,其中有不少都和不科学、不恰当的生产方式有着密切联系。以往普遍存在重产量,轻质量,不重视自然资源成本的情况,为了高产不惜大量使用化肥农药,一些水利资源并不丰富的地区还在实施大水漫灌,最终造成农业面源污染的蔓延、农业生产成本的不断上升和自然生态环境的日趋恶化。实现家庭农场的绿色发展就必须对生产方式进行调整,对农业生产经营的目的要重新思考,要把当前利益和长远利益统一考虑;要把局部利益和整体利益统筹考虑;走经济效益、社会效益和生态效益和谐统一的发展道路。

家庭农场是提升农产品质量和实现农业集约化生产经营的重要组成部分,必须充分调动和发挥其生产经营积极性和主动性,要切实加强对职业农民的培养,提高生产者的科学素质和生产经营技能,加大"绿色技术"推广应用的"智力投入",使广大农民普遍掌握绿色农业和农业可持续发展的基本理论,积极推广测土配方施肥、病虫害的防控、种养结合综合利用等科学技术,使清洁生产、绿色生产成为广大农民的自觉行动。各级行政主管部门要继续做好农业领域"放管服"工作,让家庭农场具有充分的发展空间和施展才华的领域;加大绿色家庭农场建设的力度,使其成为能观摩、能复制、能借鉴的绿色发展样板。农业科研部门要围绕绿色发展开展工作,重点研发推广节本增效、优质安全、绿色环保技术,加快突破土地保护、重金属污染治理、秸秆综合利用、畜禽粪污资源化利用等方面的关键技术。政府、社会多管齐下,可以预期家庭农场定会迎来一个绿色发展的新阶段。

六、创新引领

家庭农场的建设时间还不长,属于新生事物,在培育与发展过程中要大胆探索创新,通过创新引领培育,通过创新助推发展。家庭农场的创新反映在自身建设的方方面面,同时也需要政府、社会营造一个有利于家庭农场发展的新环境、新机制。通过内外共同努力,以实现家庭农场高质量发展。

家庭农场要大力提倡思想观念的创新,用绿色发展思想和市场营销观念来引领其发展;通过发展模式的创新提升其发展质量;通过组织形态的创新提高其管理效率;通过产品服务的创新提升其市场竞争力和高质量发展能力;通过品牌及渠道创新扩大其社会影响和农产品的通达能力;通过管理制度的创新进一步提高规范化管理水平;通过产业融合的创新提升其产品的价值和提高收入水平;通过技术手段的创新保证产品质量、提升产品品质,更好地满足对高品质农产品的需求;通过管理队伍的创新让有文化、懂技术、善经营、会管理的新型职业农民为家庭农场的发展当好家、掌好舵,确保家庭农场步入高质量发展的快车道。特别要加大机制创新力度,要形成家庭农场高质量发展的"统一战线",应根据各地的实际情况,在自然资源、土地资源、人才状况、资金、技术、产品特点、市场状况等差异的情况下,积极寻找适合自身的发展模式,切忌完全复制别人的成功模式,更不能墨守成规,要在实践中不断总结经验,要敢于突破、敢于创新,以创新为动力,全面激活家庭农场高质量发展的内生动力,将高质量发展作为家庭农场发展中的自觉行为和基本遵循。

政府和社会要努力营造有利于家庭农场高质量发展的环境和氛围,通过政策法规的创新,用有利于高质量发展的政策法规来服务家庭农场的发展,保护其利益并规范其行为;通过体制机制的创新,用有利于高质量发展的管理办法和手段来促进家庭农场的快速进步;通过发展环境的创新,为家庭农场高质量发展提供良好的外部条件。尤其要在土地流转、职业农民培养、基础设施建设、融资保险、示范农场建设等方面加大工作力度,通过更有吸引力和保障力的土地流转政策和管理办法,为家庭农场的适度规模发展提供必要的土地资源;通过高水平职业农民的培养为家庭农场高质量发展提供优秀的领军人物;通过农村基础设施的建设和完善为家庭农场的高质量发展奠定更为坚实的物质基础和条件;通过农业融资和保险工作的完善为家庭农场提供较为充足的资金并降低生产经营中的风险;通过示范家庭农场建设和评比为家庭农场高质量发展树立榜样,发挥好示范带头作用,从而有效提升我国家庭农场的发展质量。

第二节　我国家庭农场高质量发展的路径及对策研究

根据我国对家庭农场发展的要求,结合家庭农场发展现状及存在的不足,借鉴国外家庭农场发展的经验,未来我国家庭农场高质量发展的路径应包括三个方面:第一,应进一步加大对家庭农场发展的政策落实和资金支持。政策落实不到位和发展资金的不足已经严重阻碍了家庭农场高质量发展,正所谓"巧妇难为无米之炊",政策不兑现,资金不到位,农田基础设施、农业技术创新、农民发展意愿等都会跟不上高质量发展的需求。加大对家庭农场高质量发展的政策支持与资金支持,一方面可以解决一些资金实力较弱的家庭农场发展起步难的问题,激发更多的家庭农场走上高质量发展之路,另一方面,通过各种扶持性政策,可以减轻家庭农场发展的经济负担,保障家庭农场的基本利益。要持续做好示范家庭农场的建设和职业农业的培养,为家庭农场高质量发展提供学习的榜样和可靠的领路人。第二,提高家庭农场高质量发展的积极性。不可否认,外部激励是推动其发展的重要动力,但家庭农场自身的觉醒和努力才是真正实现高质量发展的关键所在。家庭农场经营者必须对高质量发展有一个明确的认识,从自己做起,从现在做起,按照高质量发展的要求规范管理、提升素质、抓好农产品生产经营的全过程管理,实现绿色发展和产业链的不断延伸,为社会提供具有一定知名度的高品质产品,创造良好的经济效益、社会效益和生态效益,为我国现代农业的发展发挥自身的光和热。第三,构筑良好的社会化服务体系。良好的社会化服务体系的建立,可以为家庭农场高质量发展提供更加强劲的支持。家庭农场要实现高质量发展,面临着资金、技术、产品销售等多方面的困难,仅仅依靠政府的力量是难以解决当前诸多问题的。要充分发挥社会各方面的能量,将各种资源进行有效整合,形成家庭农场高质量发展的强大动能,通过服务模式创新、拓展服务内容、提升服务质量,为家庭农场高质量发展提供高效、优质、周到、满意的服务。

具体的对策建议涉及以下十个方面的内容。

一、加强家庭农场规范化管理,为实现高质量发展夯实雄厚的管理基础

家庭农场高质量发展在很大程度上取决于自身管理的规范化程度和水平,从国内外成功的家庭农场来看,往往都具有一定的或相当高的规范化管理水平,而我国不成功的家庭农场也大多和不重视管理有着紧密的联系。因此,从家庭农场高质量发展的要求着眼,的确到了该切实抓好规范化管理的时候。要实行规范化管理,应该从两方面发力,一是加强家庭农场内部管理,二是要从外部加大对家庭农场运行的监督,促使其完善管理。主要从以下几个方面入手。

(一) 改变以"人治"为主的管理,建立健全科学合理的管理制度

要实现高质量发展首先要改变过去"人治"的管理状况,要根据家庭农场实际尽快完成建章建制工作,做到家庭农场的每一项工作都有章可循、有法可依。根据我国家庭农场发展现状,应制定并严格执行五个制度:一是岗位责任制度,对家庭农场的所有人员都要有明确的分工,家庭农场实行农场主负责制,对农场工作负全面责任,一般下设生产主管、销售主管和财务主管等岗位,对其明确各自的工作职责,实行分工不分家。二是生产标准化制度,应根据农场自身行业特点,科学制定生产操作规范,生产优质、高效、生态和安全的农产品。特别要加强对农业投入品(种子、种畜、农药、化肥、兽药、饲料和饲料添加剂等)的管理和使用。要制定标准化生产操作规程,建立健全生产记录档案,

强化农产品质量安全监督检验,建立产品质量追溯制度。三是财务管理制度,可借鉴我国《小企业会计准则》《小企业财务管理制度》中的有关内容,从农场实际出发,建立并完善相应的财务会计制度,对生产经营情况进行准确核算。应配备专职或兼职财务人员,实行会计电算化管理,向有关主管部门提供的财务报告不得弄虚作假,对外清白,对内明白。四是雇用工管理制度,对长期雇用农工应签订规范的劳务合同,不拖欠劳务报酬,有条件的可以为雇用农工缴纳社会保险费。五是学习培训制度,应为从业人员提供学习培训的机会,以提高员工的技术水平和管理能力,形成良好的学习风气。

(二) 精心做好农场发展规划,尽快完善农场内部控制

成功的组织都有一个明确的发展规划,目前,我国多数家庭农场没有发展远景规划,也没有近期的发展目标,主要是凭经验和直觉组织生产经营活动,市场上什么挣钱就生产什么,市场上什么好卖就组织销售什么,在国家的扶持政策逐步到位的情况下,确实也取得了一些好的效果,但是从生产经营的角度看是带有一定的盲目性,是不可能保持高质量发展的。农产品的生产不同于工业产品,它有一个相对较长的生产周期,受自然条件影响较大,且替代性很强,因此,家庭农场必须有一个适合自身发展并且与市场需求相吻合的发展规划,用发展规划指导农场的发展,根据规划组织生产经营活动,依照规划来调配各生产要素,否则就会继续"脚踩西瓜皮"式地一直滑下去。建议家庭农场在当地政府的协调下利用外力做好农场的发展规划,并且在当地各家庭农场发展规划上切忌"一个面孔",要有意识地做出特色,形成差异。还必须高度重视家庭农场的内部控制工作,逐步改变过去一人说了算的做法,要充分发挥已制定的各项制度的作用,制度的制定只是走向成功的开始,贵在坚持不懈地把制度落实在家庭农场的每一项工作中。在家庭农场管理中既要反对"一言堂",也要防止"无人说了算"的局面产生。对于一些比较复杂的问题,应主动对外咨询求教,充分发挥"外脑"的作用;对于一些涉及农场发展全局的问题要充分协商,切忌"一意孤行";要充分发挥各项工作负责人的作用,强化责任意识和担当;要充分调动家庭中每个成员及长期雇工的积极性和主动性,对所有雇工的物质和精神奖励要有针对性,落实好"以人为本"的经营理念。

(三) 用营销理念经营农场,发挥好市场主体作用

家庭农场是从事商品性农业生产以及与农产品直接相关的经济组织,在满足人民高品质生活和我国农业高质量发展方面具有不可替代的作用,是市场经营的主体之一。在经营过程要恪守的营销策略有:①生产经营合适的产品,合适的产品就是符合消费需求的且在现有条件下或采取积极措施后能生产出来的产品。要根据我国农业供给侧结构性改革的总体要求,结合农场自身状况,特别要注重产品品质与特色,实行标准化生产经营,以"三品一标"的

农产品作为抢占市场的一项重要策略,在产品的差异化与特色化上做足功课,形成自己的独特卖点。②采用合理的价格,在国家有关价格政策的指导下,对农场经营的产品实行差别化定价,实行优质高价,劣质低价,更好地满足不同层次消费者的需求,通过相对灵活的价格标杆最大限度地减少农场生产的剩余,降低生产成本。③寻找恰当的销售时机,多数农产品具有鲜活性、消费时间性强的特点,其中一些产品是常年消费,另一些是季节性消费,虽然现在采用了一些技术手段来解决这些问题,但生产的季节性与消费的常年性矛盾依然存在,因此,家庭农场要把握好农产品生产的规律,在充分保证产品质量的前提下,掌握好生产的节奏,选择好产品的上市时间,通过合理的价格和畅通的渠道把产品及时销售出去。④拓宽产品的销售渠道,销售渠道的选择取决于销售利润,取决于能否在尽可能短的时间内把产品卖出去,把盈利收回来。根据农产品的特点,应选择成本最低的销售渠道,最大限度减少流通环节对农产品利润的盘剥。如不少农场或农户利用电商平台开展网络营销,采取线上线下相结合的方式,扩大了消费群体,减少了流通环节,降低了物流成本,在2020年疫情期间,在解决封城后广大百姓基本生活消费方面发挥了极其重要的作用。

(四)既要具备"抱团发展"的思想,更要具备"独立作战"的能力

实行规范化管理过程中切忌盲目排外,特别是在家庭农场发展初期,由于各方面能力的不足,尤其要注重对外的交流和合作,要掌握和农民合作社的联合技巧,要把握住和龙头企业联结的机会,特别是要学会和其他家庭农场的"抱团"发展,这种合作不仅是各经营主体发展的必需,也是家庭农场实现高质量发展的明智选择。通过"抱团"发展减少经营风险,增强发展实力,扩大社会影响,特别要主动学习和借鉴他人的成功经验,将别人的过失作为自身的前车之鉴。家庭农场的"抱团"发展可产生良好的"规模经济"与"聚集效应",为农场的发展争取更多的时间和更多的经济收益,要抱团就需要规范管理以及自律,否则"抱团"就成了一群"乌合之众"。"抱团"还需要"自强",家庭农场如果自身太弱,没有自己的特色,缺乏自身的"杀手锏",也是很难找到"抱团"的对象的,正是多个"参差不齐"而又"身怀绝技"的家庭农场聚在一起才能相互取长补短,获得"抱团"发展的成功。因此,家庭农场要具备"独立作战"的基本能力,通过"抱团"增长自身的才干。

(五)健全家庭农场法律法规,构筑规范化管理的社会网络

时至今日我国还没有出台有关家庭农场方面的专门法律法规,造成在实际工作中"无法可依"的现象,加之不少家庭农场经营者法律意识极其淡薄,影响到家庭农场规范化管理工作的开展。为此,应该尽快统一制定和完善家庭农场方面的法律法规,特别要加快对家庭农场会计核算制度的制定。要尽快制定并颁

布执行《家庭农场法》,这个法将成为我国家庭农场得以发展的根本大法,其内容要涵盖家庭农场的设立和登记、组织运行和财务管理等一系列活动,从家庭农场的确立到经营活动的方方面面都要做到有法可依,确保家庭农场是在法制的轨道上运行。同时为进一步规范管理,政府应尽快制定并颁布《家庭农场财务会计核算制度》,其中对包括总则、会计科目、会计核算方法和财务报表等内容要有较强的针对性和可操作性。在不断健全和完善相关法律法规的同时,加大对其的宣传力度,让家庭农场经营者和所有成员知法、懂法、守法,成为规范管理的执行者和法律法规的保护者,要让全社会对相关的法律法规有明确的认识,共同构筑一个维护家庭农场合法权益、规范其管理和行为的社会网络。

(六)完善外部监督机制,打造促使家庭农场规范化管理的空间

为促使家庭农场规范化管理上一台阶和进一步提高家庭农场的管理水平,促进其高质量发展,需要强化政府相关部门对家庭农场的外部监督。具体的监管工作涉及三个方面:一是各地工商管理部门要把家庭农场作为自己的管理和服务对象,应出台相关制度,家庭农场在注册登记时所出示的证明材料必须是经政府指定机构审核验资的,以保证其注册资金的真实无误;二是当地财政部门要对家庭农场是否建账进行审查,对会计核算工作进行督导检查,要督促家庭农场开立银行账户,要经过银行结算业务,财政部门要定期或不定期地组织相关人员或民间机构对其账务状况进行审计,农业农村等管理部门必须要求家庭农场定期上交财务报表并对其真实性进行审核;三是税务部门要强化家庭农场在生产、流通领域的增值税专用发票的管理,坚决杜绝偷漏税和逃税等问题的发生,对家庭农场的原始凭证进行规范化管理,从而提高财务核算的水平。通过以上措施营造一个促使家庭农场规范化管理的空间,使家庭农场努力地成为诚实守信、管理规范的经济实体,成为我国农业高质量发展的促进力量。

二、加快家庭农场绿色发展步伐,为创建生态农业和高质量发展作贡献

家庭农场绿色发展就是家庭农场在确保农产品数量安全、质量安全、生态安全、资源安全的前提下,以全面、协调、持续发展为基本原则,以提高综合经济效益为目标,采用先进的科学技术、装备,运用先进的管理理念,将标准化贯穿于农场生产的整个产业链条,在生产经营过程中提高对资源的有效利用和合理配置,注重环境保护,实现资源节约型和环境友好型的生产活动。家庭农场的绿色发展是其高质量发展的重要内容,也是实现高质量发展的重要举措。

(一)影响家庭农场绿色发展的制约因素分析

1. 思想文化

家庭农场主的思想文化水平对绿色发展产生重要影响。目前多数农场主

的年龄普遍在 45—55 岁,具有初中文化水平的占有相当比例,办农场的目的还是解决自身的生存和发展问题,是以经济利益为其追求的主要目标,而社会责任感较弱,对产品质量要求不高,往往以不出农产品质量安全事故为限,致使家庭农场从事绿色生态农业生产的意识不强,动力不足。同时由于不少家庭农场还是粗放型管理,管理水平也偏低,不能满足其绿色发展的需要,导致一些家庭农场在绿色发展问题上是"心有余而力不足"。

2. 生产技术

绿色农产品的生产受到生产技术的影响,绿色农产品的生产往往受到产地环境条件、土壤条件和气象条件的限制,在农产品品种选择、土地选择、整地、施肥、播种以及田间管理的各个环节(前期管理、苗期管理、灌水、锄草、防虫防病、收获)都涉及不一般的技术,尤其在施肥用药方面有较高的要求,而目前我国相当的家庭农场在这些方面是难以达到要求,主要是受到资金及技术推广不够等原因的影响,并且我国畜禽业还受到绿色生产资料和非转基因蛋白质饲料数量的双重制约。一些农产品的产量受到自然条件的影响,生产周期和产量也不均衡,给绿色农产品的申报也带来一定的影响。在对农作物秸秆无污染处理和对农膜地膜无害化处理的技术方法上还有待进一步提高和普及。

3. 生产规模

由于目前我国农村土地流转的限制和我国对家庭农场以家庭成员为主的规定,家庭农场的规模一般不大,再加上"各自为政"的经营方式,导致当地的农产品"同质化"现象非常普遍,很难显现地方特色,更无法形成核心竞争力,而且对地方经济的带动作用有限,往往不被当地政府重视。由于家庭农场自身土地和自有资金两方面的限制,规模偏小的家庭农场无法满足建设农资仓库、办公用房、产品包装间等绿色发展设施的需要。

4. 经济效益

家庭农场在选择农产品生产时一定会考虑最终的经济效益,而要种植或饲养一些绿色农产品,必定会增加产品的综合成本,减少经济收入,从而会大大削弱家庭农场生产经营绿色农产品的积极性。从目前绿色农产品的销售来看,由于其价格普遍较高,导致消费市场并没有达到预期火爆的局面,也是导致家庭农场对生产绿色产品积极性不高的原因之一。

5. 市场状况

随着我国百姓物质生活水平的提高,对绿色食品的消费需求也呈不断增长趋势,但从目前实际情况看,绿色食品市场尚需要不断建设和完善。虽然政府一直积极推进市场准入机制,但工作落实还不够,绿色食品特别是初级农产品进入市场的优势并不明显,导致家庭农场对绿色食品生产和申报的积极性都不高。而且国内不少城市尚未开设高端鲜食农产品市场或专柜,家庭农场生产的初级农产品仍以散装销售为主,也不符合绿色食品要求。

(二)实施家庭农场绿色发展的对策研究

1. 进一步提高思想认识,加强科学规划和顶层设计,确保家庭农场绿色发展的顺利实施

各地、各部门要增强推进农业绿色发展重要性和紧迫性的认识,主动入位,积极作为,精心谋划,务实推动。农业绿色发展事关我国绿色发展大局,关系到国家食物安全、资源安全及生态安全,影响着乡村振兴战略的实施,关系到当代人福祉和子孙后代发展。没有全民健康就难以实现全面小康,保障百姓"舌尖上的安全"是最重要的民生工程。广大家庭农场经营者特别是农村基层干部的认识要提高,要统一,这是实现农业绿色发展最根本的能动要素。地方政府要做好顶层设计,规划好农业绿色转型的路线图,明确农业绿色转型发展的重点领域、重点产业和重点区域,并配以切实可行的有效机制与政策设计,站在国家战略高度看待农业绿色转型发展。如《湖北省农业可持续发展规划(2016—2030年)》中明确了到2020年要实现的一系列绿色发展具体指标,并指出到2030年,全省的农业生态系统承载力稳步提高,基本实现农业废弃物趋零排放,基本形成供给保障有力、资源高效利用、生态系统稳定、生产环境良好、农民生活富裕、田园风光优美的农业可持续发展新格局。要根据各地资源禀赋、经济发展水平、新型农业经营主体发展状况等因素,科学引导家庭农场实现绿色发展,为其提供政策支持和组织保障。

2. 建立健全促进农业绿色发展的各项制度,为家庭农场绿色发展提供充分的制度保证

(1)完善农业资源环境高效管控制度。政府要制定具体的强化耕地、渔业水域、湿地等用途高效管控的制度,严控围湖造田等不合理开发建设活动对资源环境的破坏。要始终坚持最严格的耕地保护制度,全方位落实永久基本农田特殊保护政策措施。

(2)建立农业绿色循环低碳生产制度。以土地消纳粪污能力来确定养殖规模,逐步实现畜牧业生产向环境容量大地区的转移,科学合理划定禁养区。由于禁养区而划定减少的畜禽养殖用地可在适宜开展养殖活动的区域按有关规定给予安排,并做好后续服务。执行动物疫病净化计划,使动物疫病防控从有效控制向逐步净化消灭方向转变。

(3)逐步建立耕地轮作休耕制度。实行用地和养地的结合,全面推广绿色生产、综合治理的技术模式,在粮食安全和农民收入不受影响的前提下,对污染严重、生态功能退化、水资源匮乏等不宜连续耕作的农地要实行轮作休耕。建立耕地质量监测和耕地等级评估制度,经营者对耕地保护负主体责任。加强土地整治工作,加快高标准农田建设步伐。

(4) 建立节约高效的用水制度。实行农业灌溉用水总量控制和定额管理。严格农业取水许可管理,严格控制对地下水的采用,保护好地下水资源。全面推进农业用水价格综合改革,在总体不增加农民负担的原则指导下,建立科学合理的农业用水价格形成机制和节约用水的激励机制,保护农民合理用水权益,提高农民有偿用水意识和节约用水的主动性。

(5) 健全农业投入品减量使用制度。继续实施化肥农药使用量零增长行动,积极创造条件推广有机肥替代化肥、测土配方施肥,加强病虫害统防统治和全程绿色防控。进一步完善农药风险评估技术标准体系建设,尽快落实高剧毒农药替代计划。饲料添加剂要限量使用,要减少兽用抗菌药物使用。

(6) 完善秸秆和畜禽粪污等资源化利用制度。严格执行秸秆禁烧制度,各县要推进秸秆全量化综合利用,优先开展就地还田。实行秸秆发电并网运行和全额保障性收购,实施秸秆高值化、产业化利用,完善沼气、秸秆等可再生能源电价政策。进一步支持和加强畜禽粪污资源化综合利用。

(7) 完善废旧地膜和包装废弃物等回收处理制度。尽快推出新的地膜标准,依法强制生产、销售和使用符合标准的加厚地膜,以县为单位开展地膜使用全回收、消除土壤残留试验的试点工作。对农药包装废弃物等进行回收和集中处理,强化使用者、生产者和经营者各自的责任。

3. 创新农业绿色发展模式,提高家庭农场绿色发展水平

(1) 立体绿色养殖模式。将多种传统养殖模式进行高效结合,充分考虑环境各部分的不同属性和所种植农作物及养殖物生存所需要的特定环境的要求,将两者进行有机结合,在相同面积土地上发挥最大效益。这种模式打破了传统单一化、机械化、单独式的养殖模式,把养殖、种植进行了完美而有机的结合,使所种养的动植物均能各取所需,并能进行相互利用,更重要的是极大地提高了土地利用率,较好地缓解了土地资源紧缺的矛盾,实现了经济效益和生态效益的统一。

(2) 设施绿色农业模式。在设施工程的基础上用有机肥料逐步替代化学肥料、把生物防治和物理防治措施作为病虫害防治的主要措施、通过动植物的共生互补良性循环等技术构成的新型高效生态农业模式。它是在外界不适季节期,通过设施及环境调节,为作物创造其适宜的生存环境,以实现早熟、高产、优质、高效的集约化农业生产方式。它摆脱了自然的束缚,向现代工厂化农业生产的方向发展,进一步满足多元化、多层次、高品质消费需求的有效方法。

(3) 绿色农业旅游模式。它是在充分利用农业资源的基础上,以农村地区独特的田园风光、农事劳作及农村当地独有的风土人情为内容和线索,具有极强参与性的一种现代旅游模式。它把农业、旅游业和生态紧密结合在一起,在一个乡或村的范围内,依据所在地区独特的优势,围绕特色的农产品或产业

链,实行专业化生产经营的新模式。这种模式具有极强的综合性、多样性、高效性和持续性特征,是实现农村三产融合的理想模式。

(4)"生态农业＋互联网"模式。它是将互联网、大数据、云计算、物联网等新一代信息技术与农业实行跨界融合,使农业生产更加快速,培育更加先进,检测更加安全,销售更加方便,每一个数据都保障人的食品安全。目前,"生态农业＋互联网"模式已得到快速发展,它是获取经济效益、社会效益和生态效益的重要手段,具有较强的发展势头,有条件的家庭农场可以积极采用。

4. 完善绿色农业标准化体系建设和绿色技术的推广应用,为家庭农场绿色发展提供强有力的技术支持

(1)完善并执行绿色农业标准,为家庭农场绿色发展提供可靠的技术依据。

①科学制定并严格执行产地环境管理标准。实现绿色发展的前提是必须有生态环境,要逐步建立与国际 HACCP 计划和 ISO14000 环境管理相适应的环保评价标准,生产水源应达到国家 2 级标准,大气环境质量应保持在国家 2 级水平以上,严格农产品生产基地空气、农田灌溉水、养殖用水和土壤质量等检测,为家庭农场的绿色发展提供良好的发展空间和环境。

②科学制定并严格执行农业投入品标准。实行农业投入品最严格的市场准入制度,对农药、化肥、添加剂等农业投入品的生产、经营许可和登记要进一步从严管理,建立农业投入品的禁用、限用制度,实现农药、化肥、添加剂等农业投入品的零增长或负增长的目标。

③科学制定并严格执行生产过程标准。要坚持"产品质量是生产出来的"管理理念,要结合当前家庭农场的生产水平和绿色农产品的安全优质理念,制定肥料使用准则、农药使用准则、兽药使用准则、食品添加剂使用准则等和畜禽饲养防疫准则等,同时按上述准则制定相应具体的生产技术规程,在生产环节的各个方面按标准操作。

④科学制定并严格执行绿色产品认证体系。政府要进一步加强无公害农产品、绿色食品和有机农产品的质量安全认证管理,进一步落实农药 GLP 认证、兽药 GMP 认证、种植 GAP 认证、加工领域 HACCP 认证工作,把好绿色产品质量关。

⑤科学制定并严格执行绿色农产品包装、储藏、运输标准。按照绿色食品全程控制的要求,在包装、储藏、运输各环节要严格遵守卫生安全原则,保证资源不浪费、环境不受污染,以保证产品质量安全和努力降低物流成本。

⑥科学制定并严格执行农产品追溯编码体系。完善农产品生产、加工、销售档案登记制度,逐步建立既适合家庭农场生产实际,又能与国际接轨的农产品编码标准和产品标签管理体系,以便更有效率地参与国际农产品的交流。

⑦科学制定并严格执行农产品质量安全检测标准。要尽快制定适合我国农业实际,同时又符合国际标准要求的各种农产品的质量检测标准,它是确保农产品质量的最后关卡,是保证质量安全的关键环节。要确保质量安全检测标准的科学性、适用性、先进性和指导性。

(2)积极推广并采用绿色农业技术,为实现绿色发展提供强大的技术支持。

①大力研发和推广绿色环保新技术。要充分发挥家庭农场、科研机构和相关高等学校的各自优势,采取积极有效的措施攻克绿色技术的难关,努力降低绿色技术使用成本,促进绿色技术研发和推广应用。鼓励家庭农场抱团发展,以提高绿色技术的使用效率。

②以信息化促进绿色技术的推广应用。要充分应用信息技术,使"互联网+绿色技术"为核心的高效绿色技术的研发和推广应用不断进入新的阶段,为实现家庭农场高质量绿色发展作出新贡献。

三、确保产品质量并加强品牌建设,努力提升家庭农场的竞争实力

家庭农场的产品质量和品牌建设既是影响我国农产品销售的重要影响因素,更是维系家庭农场高质量发展的重要保证。当前,我国农业农村经济已进入高质量发展的新时期,在转变农业发展方式、提升农业国际竞争力和实施乡村振兴战略的背景下,"质量兴农、品牌强农"已成为当今农业农村社会经济发展的主旋律。

(一)切实做好农产品提质增效工作,为家庭农场的高质量发展创造可靠的物质保障

家庭农场的高质量发展是以其生产经营的农产品为基础条件的,产品质量好坏、销量的多少将是影响其可持续发展的关键所在。质量兴农不仅是满足广大消费者美好生活需求的迫切需要,也是促进农民增收致富的重要途径,更是提升我国农业竞争力、实现高质量发展的必由之路。

1. 强化投入品管理和监督,把好产品质量第一关口

基于"产品质量是生产出来"的基本观点,应将农产品质量的关口前移,要把控好投入品关口,主要从三方面入手:一是确保种子质量,种子管理要引进有检疫证明的种子,购买和使用的种子必须有种子质量合格证和种子生产许可证,确保种子质量以保证产品质量。二是在农药的使用上要选用参照《绿色食品 农药使用准则》,针对主要防治对象选用低风险、有效的农药种类,交替使用不同作用机理的农药品种。三是在肥料的使用上要严格按照《绿色食品:肥料使用准则》,按照可持续发展的原则,在农产品生产过程中,所使用的肥料

应具有保护生态环境、对环境无危害、有保持和提高土壤生物活性及土壤肥力的功能。按照安全有效的原则,肥料不能对农作物产生不良影响。政府要进一步做好对投入品的监管工作,对农业投入品市场进行经常性检查,对已售出的农药、肥料要详细登记,实施统一的监督管理。乡镇农产品质量安全监管机构要对农产品进行定期或不定期的抽样,检查农药、肥料施用与农药残留情况,确保农产品质量万无一失。

2. 加强农产品标准化生产,确保产品质量有规可依

积极实行农产品生产标准化,引导家庭农场主按操作规范生产,按标准使用农药、化肥以及食品添加剂等,将标准化作为保障农产品质量安全的关键工作来对待。要建立完善农产品质量标准体系,围绕各地区主导产业和特色农产品由地方农业管理部门牵头,参照国外同类产品标准和国家标准,制定符合当地实际的产品技术标准,特别在没有国际标准、国家标准、行业标准的情况下,要尽快建立地方标准,以确保产品质量;要建立完善农产品质量检验标准,这是确保食品安全的最后环节,是有效防止有毒有害物质进入市场的重要阶段,要科学制定标准,严格执行标准。要建立完善的生产档案制度,逐步建立健全生产管理档案、生产用地档案、投入产品使用档案、储运销售档案和财务档案。

3. 注重市场营销,完善产品质量

家庭农场主应该十分重视产品营销,要及时掌握市场状况,特别是竞争对手市场状况和消费者需求状况。根据消费者的需求制定相应的营销策略以满足市场需求。产品质量是赢得消费者的最重要的因素,农场经营者应加强质量意识,将高品质产品与极富个性化的品牌结合起来。当农产品质量已经达到或超过市场质量要求时,应制定可以体现其品牌价值的合适价格进行销售。随着人们对农产品的品质要求的提高,对农产品的包装设计也提出了高品位、个性化要求,为此家庭农场应该摒弃传统的包装方式,设计出成本较低、新颖时髦且符合现代审美要求的包装,让更多产品优良、包装合理的农产品走向市场。

4. 加强质量安全追溯管理与信用体系建设,为产品质量提升构筑高效保护网络

应尽快建立在"互联网+农产品质量安全"的背景下实施农产品质量安全追溯与信用体系的一体化平台,运用现代信息化技术,以追溯系统为平台基础,建立农产品质量信用体系,将两者有机结合起来,通过建立有效的市场信用评价体系,使家庭农场能主动参与产品质量安全溯源行为,主动承担起社会责任,在实现了农产品从种植、生产、收获、销售到食用的供应链全过程的追溯性后,又能促进家庭农场主建立良好的社会信用,提升其农产品品牌价值,形成质量促形象、形象树品牌的良性循环。

5. 完善质量安全法内容,营造追求质量的社会氛围

现行《农产品质量安全法》是 2006 年 4 月颁布执行的,现已无法适应当前

农产品质量安全管理要求,需要进行必要的修改与完善,将按照"四个最严"(最严谨的标准、最严格的监管、最严厉的处罚、最严肃的问责)的要求修订《农产品质量安全法》。构筑从源头管理、农业投入品使用到农产品的规范化、标准化生产的网络,对农产品生产经营的主体责任和政府的属地管理、部门监管提出具体要求。家庭农场主的行为将受到法律的约束和保护,政府要通过各种形式做好宣传工作,让农场主和全社会都能全面了解农产品质量安全法律相关内容,形成全社会高度重视农产品质量的气场。

(二)加强农产品品牌建设,为家庭农场高质量发展提供有力支持

品牌是实现农业现代化的重要引擎,品牌建设是提升家庭农场竞争力的重要内容,更是实现家庭农场高质量发展的重要工作。家庭农场在实施品牌创建与应用方面面临着巨大的挑战,是一项全新且艰辛的工作,作为政府相关职能管理部门及广大农场应从两个不同层面开展工作。

1. 把家庭农场作为农产品品牌建设的主攻对象,以点带面辐射经营主体和区域

政府应加大对家庭农场品牌建设的扶持力度,应给予优惠政策和切实有效的鼓励措施,凡获得绿色食品、有机食品和无公害食品品牌的家庭农场,政府应分别给予一定的奖励,同时在自营出口权方面给予优先考虑,为其开辟绿色食品通道,推动绿色食品出口创汇。对品牌建设中的家庭农场要重点在争取资金、提供技术和信息服务等方面应给予重点扶持,注重内联外援,把家庭农场做大做强。同时,政府也要加强对农产品品牌的规范管理,要组织无公害、绿色食品申报认证和技术服务,政府管理部门应加大对农产品"三品一标"品牌的管理力度,对假冒、伪劣农产品要坚决打击取缔,切实保护农产品名牌不受侵害,维护经营主体的切身利益。

2. 家庭农场要增强品牌意识,勇当农产品品牌建设的生力军

家庭农场要强化品牌意识,培育品牌文化,弘扬工匠精神,做大做强自主品牌。各家庭农场经营者由于其文化程度、年龄、家庭环境等差异,在品牌建设上的想法会有差异。因此,在短时间内,大规模推广和应用品牌战略是相当困难的,必须根据家庭农场的实际,遵循"以点带面,逐步辐射"的发展规律,逐渐形成农产品品牌的规模效应。家庭农场要尽可能做到"一地一牌"(即一个农产品生产区域的家庭农场必须有一个特色鲜明的品牌系列),以增强家庭农场和农产品生产区域的知名度和美誉度。要强化农产品的全产业链管控,从生产、加工、流通各环节推行标准化管理,以标准化促进品牌化,以品牌化提升产业化,通过品牌建设实现家庭农场的抱团发展,通过高品质产品的生产和对自主品牌的维护,实现品牌共享、利益共享、风险共担。

3. 营造全社会共创农产品品牌的氛围,促进家庭农场品牌建设的落地

政府机构特别是工商行政管理部门要积极做好宣传动员工作,让广大家庭农场主对品牌建设有充分的认识,要把农产品品牌建设变成广大家庭农场的自觉行为,从而增强品牌意识,尽可能使家庭农场注册与品牌创建同步跟进。要通过品牌知识讲座和培训班以及广播、电视专题节目等多种形式加强品牌知识的普及,提高广大农场经营者对品牌创建与应用的认识水平和能力。在家庭农场品牌创建的初期,各地应在本地区范围内树立若干个在品牌建设方面取得一定成效的家庭农场作为学习和借鉴的榜样,进行 CIS 导入运作,以此作为示范,然后通过以点带面的方式,在条件成熟的家庭农场中逐步推广。在此特别要注重各地"家庭农场协会"的作用,通过协会平台,推动当地家庭农场之间"品牌共建、品牌共享、品牌共维护"良好局面的形成,确保当地农产品品牌建设活动的顺利开展。

4. 充分发挥现代化手段和现代媒体作用,把农产品的品牌推广工作走深、走实

农产品品牌作用的发挥关键在于做好推广宣传工作。宣传推介是品牌营销的重要环节,对农产品品牌知名度、美誉度和忠诚度的提升具有立竿见影的作用。根据目前社会发展的情况,可以从三个方面入手:一是利用农产品展销平台宣传品牌。组织家庭农场的产品参加各类展销活动,充分利用农博会、产销交流会、新产品发布会等营销平台,宣传推介本地各类优势农产品,重点是做好对大中城市的市场巩固和拓展工作,使更多的优质农产品进入大中城市。通过品牌展示展销和名优产品推选推介活动,扩大品牌农产品的影响力,家庭农场参展摊位费由政府给予一定补贴。二是充分利用信息化手段宣传品牌。要发挥好大数据、云计算、人工智能等现代信息技术作用,拓宽品牌认知渠道,让品牌由少渠道的单向传播向多渠道的互动传播转变,加快品牌传播速度,提高品牌沟通能力,提升品牌影响力。三是利用新媒体宣传品牌。要丰富品牌内涵,讲好品牌故事,利用数字杂志、数字报纸、数字广播、手机短信、桌面视窗、数字电视、数字电影、触摸媒体等做好品牌营销推广,让更多优秀的农产品品牌妇孺皆知,培养并形成忠实于品牌的顾客群体。

四、加大产业链延伸力度,促进家庭农场效益的全面提升

(一)家庭农场产业链延伸影响因素分析

1. 主观影响因素分析

(1)农场主特征。农场主的年龄和文化修养是影响家庭农场产业链延伸的重要因素之一。一般来说,年龄较轻的农场主受教育程度相对较高,更容易接受产业链延伸这些新生事物,更具有主动性,对产业链延伸的意愿较为迫

切,以期获得更大的增值利润。

(2) 认知水平。认知一定程度上支配着人的行为。农户会凭借着对农场目前经营状况的判断和对市场环境的整体把握,来决定农场的发展方向。对产业链延伸好处认知度较低的农户,往往安于现状,他们更趋于目前较稳定的经营方式,缺乏对市场需求的判断,不愿冒险进行产业链的延伸。

(3) 家庭收入。家庭收入较低的农户,往往只能维持目前农场的运营。家庭收入较高的农户,由于其资金方面的优势,更有能力投资于农场产业链延伸发展,更容易形成家庭农场发展的良性循环。

(4) 核心技术。家庭农场掌握了核心技术,能降低延长产业链的成本,迅速形成家庭农场的竞争力,通过延长产业链实现增产增收的目标将会变成现实;否则会由于缺乏竞争优势,在进行产业链延伸时将面临很大的风险,往往没有能力和动机致力于产业链的延伸发展。

(5) 农场规模。家庭农场所拥有土地的面积是影响其实现产业链延伸的重要空间条件。家庭农场所拥有的经营面积越大,农场主便越能够在较充足的空间内进行生产结构调整,实现农业产业链的延伸,以增加农场的规模效应并实现产业链增值。

(6) 产品专业化程度。一般来说,专业化生产程度较高的农场,其对产品的依赖程度和未来预期也较高,产品品牌的可塑性也较强,对实现产业链延伸带来了极大的方便。实行专业化管理,农场更容易选择稳定的产业链模式,通过定向的延伸发展来提高产品的附加值,扩大生产经营规模。

(7) 经营管理水平。往往经营管理水平较高的农场会关注产业链延伸问题,因为他们不仅积累了较丰富的管理经验,而且也具备了解决产业链延伸中可能发生问题的能力。有效的管理方法有助于帮助农场降低成本,提高生产经营效率,确保产业链延伸工作的开展。

2. 客观影响因素分析

(1) 政策支持。国家鼓励支持家庭农场进行产业融合发展,提高农产品的附加值,增加农民收入,在一定程度上促进了家庭农场产业链的延伸。

(2) 土地资源。土地流转的时间及规模对家庭农场产业链延伸有一定影响,如果土地流转使用的时间有限,土地的所有权、承包权、经营权模糊,很多农场主会担心土地的突然变更会导致其整个产业链的失效,往往不敢将家庭农场进一步延伸发展。

(3) 人才培养。产业链延伸涉及面广,对专门人才的要求很高。目前,对家庭农场专业人才的培养还不能完全满足家庭农场发展的需要,如何培养专门人才来承担起家庭农场产业链延伸的重要任务需要我们认真思考和积极行动。

（4）投资融资。产业链延伸是需要大量资金投入的，从前期原料、设备的购买到后期经营管理的费用对农场主来说都是比较大的经济负担。虽然国家对家庭农场有相应的扶持补贴政策，但是融资难问题仍然是家庭农场产业链延伸中无法迈过的一道坎。国家的补助性政策，也只能暂时解决部分农场主前期经营问题，家庭农场要想进一步发展必须有大量外部资金的注入。

（5）信息服务。市场信息将会直接影响家庭农场产品的生产和销售，完善的农产品信息服务系统将促进家庭农场产业链的延伸发展。建立完善、畅通的社会各相关产业、行业间的农产品市场供需渠道，就能真正让广大家庭农场经营者在产业链延伸中获得实惠。

（6）技术支持。技术支持将会解除家庭农场主在生产技术、销售技术、信息网络技术包括在政策理解上的种种疑惑，对产业链延伸无疑起到了保障和"摧化"作用。

（7）基础设施。完善的基础设施是家庭农场产业链延伸能否实施的重要基础。便捷的交通、机械化的生产、发达的信息网络为家庭农场产业链延伸提供了很好的条件基础。

（8）市场需求。对农产品需求的数量、品种、质量以及农产品的市场饱和度等都会对家庭农场生产的产品种类、产品的价格、生产规模、产品的专业化程度发生重大影响。市场消费需求越旺盛，越有利于家庭农场产业链延伸发展。

（9）地域差异。一般来说，在经济发达地区，农村的基础设施比较完善，生活比较富裕，资金和地理的优势有利于家庭农场产业链的延伸发展，同时地域不同所造成的市场需求不同也影响着农场产业链的发展。但随着网络技术的不断普及以及交通的日益发达，地域差异对家庭农场产业链延伸的影响程度将会大大降低。

图 6-1 所示为家庭农场产业链延伸影响因素示意图。

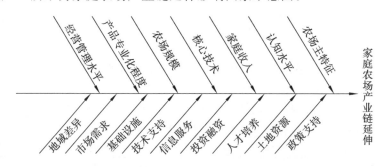

图 6-1　家庭农场产业链延伸影响因素示意图

（二）实施家庭农场产业链延伸的对策研究

实施家庭农场产业链延伸是一项系统工程，首先要做好顶层设计和组织领导，确保产业链延伸的顺利实施；要培养现代化的新型职业农民，提高农场主的综合素质；加强金融创新，拓宽融资渠道，为家庭农场产业链延伸提供充足的资金来源；建立完善的农业保险体系，为家庭农场产业链延伸保驾护航；要进一步完善土地合理有序流转工作，加大对产业链延伸项目用地支持力度；进一步加强农业科技创新，为家庭农场产业链延伸提供可靠的技术支持；培育良好的外部环境，为家庭农场产业链延伸创造良好的前提条件。这些问题已在本章相应部分探讨，在此不再赘述，除此以外还需要加强以下几方面工作。

1. 推行家庭农场主导型产业链延伸模式，提升家庭农场产业链延伸水平

把家庭农场作为生态农业发展的主体是我国当代农业发展的战略选择。家庭农场主导型产业链延伸模式以家庭农场为主体，以乡村特色产业为基础，以乡村优秀文化传承为主旨，三者互为依托建设农村三产融合的生态旅游农场。要对乡村资源要素进行整合，将现代高科技和当地富有特色的优秀传统文化要素融入家庭农场的生产经营活动之中，在当地乡村自然资源及农场特色产品的基础上，将农场建成集种植、采摘、休闲、度假、观光等多功能为一体的旅游生态区，实现家庭农场由传统种植养殖业向加工业、服务业的纵向延伸。

该模式的主要优势有三：一是开发和盘活了乡村闲置资源。农场主通过产业链的延伸，将农场产业优势与乡村资源优势融为一体，提高了家庭农场产品的附加值。二是带动了乡村经济的发展。实现了农产品生产到加工再到服务整个产业链的有机统一，显著提升了农产品产业链效率。三是为创新创业群体提供了新的机遇。向生态旅游农场的产业链延伸不仅为村民提供了就业岗位，而且还会吸引高素质农民回乡创业，为农民增收和扩大就业提供了机会。

2. 建设并完善家庭农场信息服务系统，为产业链延伸装备上"顺风耳"和"千里眼"

家庭农场产业链延伸是一个极其复杂的系统工程，是一个动态、非线性的大系统，随着时代的不断进步和全球经济一体化的发展，产业链延伸中的信息化建设就显得格外重要。因此，以下三个方面的工作必须抓紧、抓好。

（1）构建家庭农场产业链延伸信息化支撑体系。

家庭农场产业链延伸的信息化就是利用现代信息技术，围绕家庭农场及当地的农业产品生产、储藏、保管、采购、运输、配送等进行全过程的信息采集、交换和及时的处理，特别要加强云服务、大数据等先进的信息技术的应用，以实现家庭农场与农产品需求方的无缝对接，以较低的成本、较快的速度、较理

想的效益实现家庭农场的较快发展。

（2）加快农村电信基础设施建设的步伐。

要以政府为主导，加快实施农村信息化建设的步伐，要提高农户的上网率以此进一步实行增加农产品的网上交易。通过加强农产品加工企业、农产品批发市场、产业化龙头企业、农民合作社的网络信息交流和合作，让农产品信息真正进村入户，为家庭农场提供大量及时、准确和全面的市场信息，为产业链延伸提供充足的信息资源。

（3）积极采用"互联网＋家庭农场"模式。

各地应积极创造条件，建设电子商务孵化基地，基地是集贸易、物流、培训、展示为一体的多功能、多业态的电子商务的创业孵化园。通过互联网建立专门的农村社会化服务机构，开放信息，以便及时为家庭农场提供准确的市场信息，提高服务效率。家庭农场将实现电子商务的线上和线下的新发展，使家庭农场产业链延伸插上强有力的翅膀，飞得更高、更远。

3. 建立农业产业链的协调机制，确保家庭农场产业链延伸的高效运行

家庭农场产业链延伸是涉及面很广的工作，需要正确处理好家庭农场和相关组织的各种关系，协调他们之间的活动，保障各自的经济利益，以确保产业链延伸的正常进行。建议做好以下工作。

（1）建立产业链延伸的工作协调机制。

家庭农场产业链延伸要建立与相关组织与农户的工作联系机制，由家庭农场一方或多方牵头，以召开会议的形式，在充分发扬民主的基础上，对共同面对的各种问题，集思广益，在思想上达成共识，在行动上统一步骤，统一形成具有约束力的规范性意见，用以指导产业链延伸工作。家庭农场和农民合作社要签订农产品购销合同，协商收购价格，形成稳定的购销关系。合同要规范，双方权责要清晰。强化家庭农场与农民合作社的诚信意识，做好对订单农业的监管与服务工作。

（2）建立产业链延伸相关组织和个人的利益联结机制。

当家庭农场在产业链延伸中需要和其他相关组织和农户发生经济往来时，就需要建立利益协调机制。实践中可以以要素契约为纽带，农户以土地、技术、资金作为资本入股，家庭农场以生产性资产入股，双方形成以资产为纽带的"利益共享、风险共担"的联结体，通过分红使农户和家庭农场共同获利。也可以建立以商品为纽带的利益分配机制，主要是家庭农场产业链延伸中和农民合作社以及龙头企业在平等、自愿、互利的前提下签订契约，各方的责任、权利和履约条件都要在事先约定。通过以上协调机制来增强家庭农场和其他相关利益主体和个人的积极性，保障产业链延伸的顺利运行。

4. 加大产业链延伸技术的投入,为家庭农场产业链延伸提供强大的技术支撑

产业链延伸发展是一个不断递进的过程,各环节之间存在天然的紧密联系,完善、发达的产业链形成需要以强大的产业链延伸技术为支撑,应加大投入力度,形成科技实力。

(1) 加强相关技术人员的培养。

针对目前技术培训政策落实不到位的情况,建议各地政府专门招聘一批高学历、高技能的人才,对其进行产业链延伸相关技术的培训,再由各地经过技校人员对当地农户进行农业技术以及互联网知识宣传与培训。

(2) 加大对相关技术设施的投入。

目前我国多数家庭农场规模小且收益不稳定,使用农机设备的成本相对较高,不可能建立较独立完整的农机体系,因此,政府可以按照镇或村为单位投入必要的资金,建设并形成当地的农机租赁中心,中心具有农机租赁功能,家庭农场或农户可通过平台发布农机需求信息,中心经过数据分析设计并推荐合理的农机租赁使用调度方案,平台通过 GPS 系统能实时对农机位置和作业情况进行实时监测,极大地提高了设备利用率并满足了农户的需求。

(3) 完善相关基础设施建设。

要提高家庭农场宽带覆盖率,充分整合优化现有的网络资源。由政府引导进一步加强农村的物流设施建设,对农村的运输、仓储资源进行有效整合,继续做好道路、物流配送中心以及农资农产品批发市场建设。

五、充分发挥新型职业农民的作用,为家庭农场高质量发展提供高素质的智力支持

(一) 提高对新型职业农民的认识,为家庭农场高质量发展注入强有力的动能

新型职业农民是一个全新的概念,我们对此必须有一个清醒的认识。此概念与传统意义的农民相比除了符合农民的一般条件外,还具备以下特征:首先,新型职业农民是市场主体,其是从事市场营销的主体,他们要通过农业生产经营活动获取尽可能多的经济效益和个人收入,不仅是为了生计,更是为了事业的发展;其次要有情怀,他们要爱农业、爱农村,有浓厚的乡土情怀,有立志农业农村发展的宏伟志向,有对乡村故土的眷恋;再次他们要有工匠精神和创新意识,追求产品的高品质,注重工作的精益求精,不断创新、永不满足;最后是具有崇高的社会责任感,不仅自己致富,而且要带动广大农民共同发展、共同富裕,对生态、环境、社会和后人能承担责任的人,是有文化、懂技术、会经营的现代农业的领军人物。这些特征不仅是实现农业高质量发展的内在要

求,是我国家庭农场高质量发展的期盼,更为我国家庭农场的高质量发展注入了强劲的动能。

(二)明确新型职业农民与家庭农场之间的关系,拓宽新型职业农民的来源渠道

1. 家庭农场是培养新型职业农民的重要基地和施展其才华的重要舞台

培育和发展家庭农场是一项关乎我国农业现代化的重大战略任务,不断壮大新型职业农民队伍则是进一步提高农业质量效益、促进现代农业发展的关键。家庭农场是实施农业产业结构调整、发展现代农业的主要力量,在现代农业发展中发挥着越来越重要的作用,同时也是培养和造就大量爱农业、懂技术、善经营新型职业农民的重要基地和施展他们才华的重要舞台。鼓励家庭农场经营者接受农民职业教育,使他们成为带动农民、富裕农民的典范。鼓励具有职业农民资质的人投身于家庭农场的生产经营活动中去,让新型职业农民成为体面的职业,让农业成为有奔头的产业。家庭农场的发展和新型职业农民的培育是相互作用、相互影响、相互制约、相互促进的关系,两者具有极强的关联度,抓好两项工作将会产生经济效益、社会效益双提升的理想效果。

2. 拓宽新型职业农民的来源,确保新型职业农民队伍的发展壮大

新型职业农民从何而来?按现行的做法是多渠道形成的,主要来源有三:一是目前正在农村从事农业生产经营的农民,他们是目前新型职业农民的主要来源,这群人已有四五十岁,对家乡有着浓厚的感情,还具有丰富的农业知识,有些人还具有一定的文化知识,也喜欢学习,将他们培养成新型职业农民是完全可能的,也是可信赖的;二是外出打工的返乡创业者,这些人在城市打拼多年,积累了一些工作经验和人脉关系,他们中一些优秀分子眼界大开,观念超前,并拥有一定资本,加之他们对故乡故土的特殊感情,他们纷纷带着资金、带着经验、怀揣热情,回到家乡创办属于自己的家庭农场,成为新型职业农民的一员,这种事例目前在全国已屡见不鲜;三是一些致力于农业的城市居民、退伍军人和大中专毕业生等,他们对新的生活和工作充满期待,有着高度的创业欲望和激情,具有较高或一定的理论修养,特别愿意接受新生事物,他们有知识、有文化、有思想、有能力,他们对现代农业有着深刻的认识,对从事农业生产经营有着周密的计划,加上政府对他们的支持,相信他们会成为新型职业农民队伍中的重要的有益补充部分。

新型职业农民对我国农业所带来的积极作用是不言而喻的,当"职业农民"成为一种职业时,上述的第一、二两类人将工作在属于自己的农场或企业中,享受着工作和生活带来的愉悦,第三类人中有的也开办了自己的农场或企业,更多的应该进入需要职业农民但目前由于种种原因还没有职业农民的家庭农场或农业企业。为实现家庭农场的高质量发展,在规模较大的家庭农场

可考虑先引进职业农民,注入新观念、新动能、新办法,优化农场人员结构,促进家庭农场提档升级;也可以通过多个家庭农场共同聘请职业农民的办法,把职业农民作为农场发展的"顾问",将职业农民的收入和家庭农场的效益挂钩。当然,这种做法和我国当前对家庭农场的有关管理规定可能不完全一致,但从理论设计来看,在家庭农场中实行的"所有权"和"经营权"的两权分离,既不会改变家庭农场的性质,也不会改变家庭农场主在市场中的主体地位,只会提升农场的经营管理水平和农产品生产的技术能力,并且新型职业农民也通过家庭农场的实践实现了自身价值,更重要的是拓宽了新型职业农民的来源渠道,稳定和壮大了职业农民队伍,提升了职业农民的质量。因此,从家庭农场高质量发展的实际需要来看,从新型职业农民对我国现代农业发展的影响来看,我们觉得进行这方面的尝试是非常有必要的,也应该是可操作的。

(三)完善新型职业农民培育工作,为家庭农场提供高水平的智力资本

1. 加强对新型职业农民的培养与管理

新型职业农民的培养要坚持以政府为主导,相关学校或培训机构为培训主体,新型农业经营主体为补充的培养模式。政府要出资金、出政策,进行领导规划,政府在职业农民的培养过程中主要发挥领导、宣传、推动、监督作用,要建立和完善新型职业农民的激励政策,做好职业认证工作,通过有效的激励和管理,让更多符合条件的农民走进培训的课堂。政府要制订财政投入计划,确保每年都有相当的资金投入职业农民的培养工作。各农业院校和相关培训机构要结合自身特点,主动承担职业农民的培训工作,要有针对性地做好培训计划,确定培训内容,并切实抓好培训工作的每个环节,确保培训的质量。在培训结束后还应继续做好后续的服务工作,解除职业农民的后顾之忧。应对职业农民进行科学认证,使其成为人们所羡慕的职业。

2. 加大对职业农民的激励与帮助

要发挥好职业农民的作用,要让职业农民留得住、干得好,必须有相应的激励政策作保证。为此要进一步拓宽新型职业农民的增收渠道,让他们享受到改革开放的成果,感受到劳动后的喜悦。政府要积极培育家庭农场、专业大户、农民合作社等新型农业经营主体并为经营主体提供良好的社会服务,积极稳妥地推进土地流转,深入开展适度规模经营,以获取规模效益。要鼓励大学毕业生和农民工返乡创业,推进经营主体发展股份制经营。要帮助职业农民进一步挖掘现代农业增收的潜力,鼓励农民采用先进技术、绿色技术,节约成本,增加效益。充分发挥互联网等先进技术作用,有条件的地方要积极发展农产品电子商务,让先进的技术成为"小农业"飞向"大市场"的翅膀。要帮助职业农民合理有序地实行三产融合,努力延伸产业链,共享产业融合的增值收益,增加经营主体的经营性收入,增加职业农民的个人收入。

3. 加强职业农民培育的法律法规和相关制度建设

目前关于我国农村教育的法律法规还有一些，但是在职业农民培训方面的法律法规尚未出台，为确保职业农民培训的有序进行并达到预期的目的，应尽快制定全国性的职业农民培养方面的法律法规。国外在这方面经验比较丰富，有些是可以学习和借鉴的，进一步结合我国农业农村发展的实际，制定一套从职业农民的产生、培养学习、成果考核、经费支持、政策支持及师资队伍建设方面的法律法规，使我国职业农民的培养工作法制化、常态化、规范化。在制定相关法律法规的同时，还要加强配套的扶持政策的制定，为吸引人才、用好人才、留住人才营造良好的发挥职业农民作用的生态环境。

4. 花大力气打造职业农民培训的师资队伍

师资是进行培训工作的基础和关键，要培养大批高水平的职业农民就必须有一批高素质、高水平、具有良好职业道德的师资，目前我国职业农民的培训师资十分薄弱，根据我国实际，要集全社会力量来办好这件事。要从现有的高校、农校和基层选拔专职或兼职的职业农民培训师资，要尽快完善"双师型"师资培养。要建立有效的教师激励机制，大幅度地提高培训教师的福利待遇，注重对培训老师的荣誉激励，增强他们的社会责任感和社会对他们的认同感。建立完善的晋升机制，使能力强、表现突出的教师脱颖而出，让埋头苦干的教师有盼头、有希望。鼓励培训教师深入一线，准确把握职业农民的需求，努力学习新知识、新技术，丰富自己的教学内容，更好地满足职业农民培训的需要。要维护教师职业尊严和合法权益，关心教师身心健康，关心教师生活，为他们工作创造舒适的环境，为他们的成才营造发展空间，使他们专心职业农民的培养，成为培养我国农业农村人才的重要力量。

5. 充分发挥新型职业农民在家庭农场高质量发展中的作用

（1）新型职业农民要为家庭农场高质量发展引入新理念、新思路。

新型职业农民是家庭农场建设者，是高质量发展的领路人，他们在生产经营中不断创新经营思路，转变发展观念，不断提高农业市场竞争意识。面对瞬息万变的市场，他们能及时调整经营策略，具有较强的风险识别能力，具有居安思危、化"危"为"机"的思想。观念和思路的引领将助推家庭农场的快速健康发展。

（2）新型职业农民要引领特色产业发展。

要发挥好新型职业农民的"工匠精神"，以保护原生态为出发点，充分挖掘当地的资源优势，把乡村资源作为高档艺术品来精心打造。守住绿水青山就是收获了金山银山，这是新型职业农民对于乡村发展的新追求和新期盼，以乡村特有的自然资源来发展家庭农场，通过发挥自身优势的传统特色产业来提升家庭农场的竞争力。

（3）新型职业农民要引领科技创新及管理创新。

新型职业农民不仅是实施现代农业技术的先锋，也是管理创新的有力推动者。新型职业农民在家庭农场的发展中，能健全农业生产经营机制，规范农场经营行为，能调整优化产品结构，促进农业技术开发，有力地推进农场的产业链延伸，不断提升产业链价值，从而实现农产品质量和效益的全面提升。

（4）新型职业农民要带动村民创新创业。

新型职业农民能够为创新创业树立学习的榜样和标杆，应发挥好他们的示范带头作用。目前，不少成功的家庭农场就是由新型职业农民创办的，他们的成功为我国家庭农场的发展和更多农民创新创业注入了强大的正能量。随着互联网在农村的普及，他们将重点发展"互联网＋农业"等新型业态，大力推行农村电子商务，通过创新创业平台的建设以及技术入股、资金入股等形式，有效地带动更多农民实现创新创业，实现共同富裕。

六、加强示范家庭农场建设，为家庭农场高质量发展树立学习的榜样

我国的示范家庭农场建设已经开展多年，对推动我国家庭农场的建设和发展发挥了积极的作用，各地家庭农场奋勇当先，在创建国家级、省级、市级的示范家庭农场活动中取得了明显成绩，受到社会的认可。这项受到全国家庭农场普遍关注的事情如何持续开展下去？如何在现有成绩的基础上再上新台阶？如何在我国农业高质量发展，特别在家庭农场高质量发展活动中再树新典范、再做新贡献？我们要做好以下几项工作。

（一）树立"敢为人先，追求卓越"的经营观念

过去家庭农场是小农经济的产物，小农经济的思想根深蒂固，对农场的经营理念、运作方式产生着巨大影响，"自给自足""小富即安""知足常乐"的观念对家庭农场的负面影响显而易见。如今的家庭农场已成为市场经济的主体，是我国现代农业赖以发展的重要力量，是实现脱贫致富奔小康的攻坚力量，在新时代要树立"敢为人先，追求卓越"的经营观念，要敢于领先，敢于超前，不断探索，不断创新。对于家庭农场来说，这不再是一个空洞口号，而应该是一个实实在在的行动指南，特别在示范家庭农场的建设过程中，要把这种观念转换成实际的行动，把示范家庭农场作为农场奋斗的目标，将示范家庭农场作为农场学习的楷模，这种不懈追求的经营观念将内化为家庭农场发展的强大动力，将会持续地推动家庭农场各项工作不断上台阶，最终实现农村美、农业强、农民富的美好愿景。

（二）制定并完善示范家庭农场的评定标准，让先进典型熠熠生辉

示范家庭农场是我国家庭农场学习的榜样，要发挥好作用，就必须认真做

好先进典型的评选工作,要实行"优中选优、动态管理"的原则来评选。目前我国各地都围绕该项工作的开展制定了当地示范家庭农场的评选办法和条件,对评选的家庭农场提出了明确的要求,在申报程序、评审认定、监测管理等方面精心设计,特别在参与示范家庭农场评选应当具备的基本条件方面,根据不同类别家庭农场的具体情况以及当地农业经济发展的现状作了精心设计,对当地示范家庭农场的评选发挥了很好的指导作用,也基本达到了预期的效果。但从实际工作中发现,有的地方的评选条件"一成不变",家庭农场的规模变了它也"熟视无睹",家庭农场的效益提高了也"视而不见",将原有的评选条件固态化,不利于家庭农场的发展,更不利于真正先进典型的脱颖而出。因此,要根据各个地方、各个类别、不同时期的具体情况,不断完善示范家庭农场的评选条件,让评选条件既是示范评选工作的指南,也是所有家庭农场发展的风向标。通过严格的评选,选出公认的、可依赖的、可学习复制的身边榜样。而且评选结果只能说明过去,不能代表将来,示范家庭农场的评选是动态的,每一次的评选都是我国家庭农场面临的一次考试,评选结果是优中选优的结果,有上有下,有进有退,不吃"安逸饭",不坐"安稳船",正是在这样一种"百舸争流"的大潮中促使家庭农场不断追求,激流勇进。

(三)完善和进一步落实奖励政策,更好地发挥其示范引领作用

对评选为示范家庭农场的单位和个人都会给予一定的物质和精神奖励,无疑成为广大家庭农场参与评选的动力之一。这里有三个问题我们需要思考,一是奖励是否都兑现了?有无地方政府开"空头支票"的现象;二是奖励的力度如何?是否足以让广大家庭农场产生强烈的参评意愿;三是家庭农场得到的奖励和他们所期盼的奖励是否基本一致?三个问题的答案如果是肯定的,奖励政策一定能发挥它应有的作用,否则就很难达到奖励先进、提振士气的目的了。因此,在制定奖励政策时,不能一个标准或一个模式,一定要根据当地农业农村发展实际,根据各类家庭农场发展的具体情况,尤其是要了解广大家庭农场经营者的所思所盼,制定出有较强针对性和较强吸引力的奖励政策,在不违背原则的情况下应投其所好,奖其所需,可考虑采用"自助餐"式的奖励方法,特别在基础设施建设、家庭农场经营者培训、完善和落实财税政策、加强金融保险服务等方面给予尽可能多的优先考虑,让示范家庭农场真正感受到评选带给他们的真正实惠。同时政策一旦制定就必须排除万难去兑现,不要让示范家庭农场空欢喜一场,以致打击了评选积极性,降低了政府的公信力。在奖励的力度上要适当,奖励力度过大,可能政府"有心无力",反之则可能难以吸引家庭农场的注意力,不能达到预期的目的。因此,在工作中如果可能应适当加大奖励力度,以确保家庭农场的高质量发展,如果由于经济实力难以重奖,也一定要和家庭农场进行深入的沟通,让他们理解政府的苦衷,与政

府共谋发展大计。通过评选和必要的奖励,让示范家庭农场的评选活动成为我国家庭农场建设中的一件大事,成为广大家庭农场经营者追求的目标,让家庭农场成为全社会关注的对象。

(四)搞好示范典型的宣传,把学习先进工作做深做实

评选示范家庭农场并不是最终目的,是希望通过评选,发现身边的榜样,通过向榜样学习达到共同发展、共同进步的目的。因此,在评选工作结束后,应该大张旗鼓地开展对示范家庭农场的宣传,要发挥典型示范作用,以点带面,以示范促改革,以示范促发展。通过总结和推广家庭农场的典型经验,提升家庭农场发展质量。可通过多种形式、多种手段开展对示范家庭农场的宣传,可以"两微一抖"(微信、微博、抖音)为基本形式,让示范典型走进广大的家庭农场,让示范农场成为广大家庭农场看得见、学得会、做得到的样板;宣传工作不是搞运动,更不能"一阵风",应当持之以恒,应继续完善家庭农场典型案例征集活动,树立一批又一批可看、可学、可近、可亲的标杆和榜样;要组织当地的家庭农场定时或不定时地到示范农场参观学习走访,交流经验,可以结成帮扶对象,经常"串串门""拉家常",相互取长补短,提高家庭农场发展的整体水平;政府要与新闻媒体保持密切联系,利用专业平台和专业技术优势,为示范家庭农场的宣传编好"剧本"、找准"角色"、搭好"戏台",对示范家庭农场的宣传和学习要成为农村家庭生活中一件必不可少的事情,形成学习示范家庭农场浓厚的社会氛围。

七、深化农村土地制度改革,为家庭农场适度规模经营提供充足的土地资源

家庭农场适度规模发展是实现其高质量发展的关键步骤。目前我国多数家庭农场规模较小,发展困难重重,生产效益不高,存在问题较多。要实现高质量发展就必须从多方面着手,这里既需要注重各生产要素数量的投入和质量的提升,也需要抓好适度经营规模的大问题。因为没有一定的规模很难实现高收益,也就很难实现高质量发展。因此,在家庭农场高质量发展的要求下,家庭农场应首先实现规模经营,以规模经营促高质量发展,以规模经营保高质量发展,这是高质量发展对家庭农场的经营规模作出的重要要求,别无选择。

需要明确的是,我国家庭农场必须选择适度规模发展的道路,这是根据我国国情作出的科学判断,是在比较国外规模经营成功案例的基础上作出的明智选择。我国家庭农场的经营规模必须是适度的,既不能太大,也不能太小,规模过小就依然停留在传统的家庭经营阶段;如果规模过大,家庭劳动力又不够用,管理难度也增加了,多数农场经营主面对复杂的管理问题既无招架之

功,更无还手之力。那么"适度规模"应该是多大呢？这里的"适度"具有一定的特殊内涵,根据一些学者的研究,认为适度规模应该具备两个条件:一是农业经营者的纯收入等于或大于城镇职工的平均收入,以保证他们愿意留在农村长期从事农业生产;二是依靠家庭主要劳动力能够让农场正常运行,在人、财、物等方面能满足农场自身发展的需要。而且这个"适度"很难进行量化,现在多是指定一个范围,如农场经营土地的面积应该多大为好,很难明确指定一个具体的标准值,而且这个"适度"除了要满足以上两个条件外,最终要以在此经营规模上产生的经济效益为最终合理与否的判断标准,只有经济效益显著的经营规模才是"适度"的,否则都是不合理的,都要进行规模的调整,以期获得规模效益并促进家庭农场高质量的发展。

要实现家庭农场的适度规模发展,就应该适当扩大其经营土地的面积。为此要重点抓好以下几方面工作。

(一) 完善并落实土地流转政策

适度规模是家庭农场的重要特征之一,实行土地的有效流转和集中、扩大家庭农场的经营规模是实现高质量发展的重要基础。政府应在充分尊重农民意愿的基础上,推动土地向家庭农场等新型农业经营主体流动,要进一步做好三权分置改革,使农地作为生产要素在市场上能够自由流动。当前农村土地承包制度改革主要是实行三权分置,即落实集体所有权、稳定农户承包权、放活土地经营权。要尽可能促进土地按户连片流转,没有连片的土地,就难以实现现代化农业。做好土地的连片流转要将资金集中投入对零星土地的整合上,从而达到土地集中连片,打破每家农户分几块田的局面;需要成立专门的领导小组,做好引导工作并规范流转程序,搞好农业基础设施、农田水利以及灌溉系统建设的统一指导与安排;要聘请专家对土地质量进行评估,对土地连片方式作出精细规划。

(二) 落实承包地确权登记颁证工作

对农村土地承包经营权的确权登记及颁证是促进土地经营权合理有序流转、推进适度规模农业的重要基础性工作。目前从整体来看,土地承包经营权确权登记颁证工作正在有序推进中,不仅保证了农村生产生活的稳定,还较好地解决了大量承包土地纠纷和历史遗留问题,为进一步推进土地流转打下了坚实的基础。为进一步做好承包地确权登记颁证工作,应重点做好以下三方面工作:一是建立高效运转的工作机制,分工明确,职责清晰,流转工作由中央统一部署,地方全面负责,实行县乡两级责任制度,建立政府统一领导、部门密切合作、农民普遍参与的工作机制。二是坚持以农户为主体的基本思路,充分发挥农民群众主体作用,提高他们对土地流转重要性的认识并调动其积极性,改变在土地确权中的被动局面,树立"我要确权"的主动性。三是确保土地流转工作质量。做到科学规划,统筹安排,分批分步,稳妥推进,要实行全程质量管控,严把质量关,让确权登记工作经得起历史的检验,经得起人民的检验。

(三)建立健全土地流转信息平台

进一步加强农村综合产权流转交易平台建设并实体运作,以公共资源交易中心为依托,建立健全农村综合产权流转交易中心,推进土地流转信息化管理工作的开展,实现农村土地流转公开、公平、公正交易。加大招商引资力度,乡镇(街道)、村级集体经济组织对经过集中整理的预流转土地进行打捆包装项目,通过农村综合产权流转交易中心公开挂牌,发布流转面积、价格、期限、地理位置、适宜产业等流转信息。进一步加大农村信息服务系统建设的财政投入力度,实现土地流转交易管理系统的互联互通,乡镇要做好土地流转供求信息的搜集和发布工作。要鼓励和支持群众主导的内生型中介组织的发展,承担土地流转合同的签订、土地评估以及土地纠纷处理等工作。

(四)严格规范土地流转行为

要确保土地流转工作有章可循,有法可依。要结合土地流转现状完善相关法律法规,适时更新土地流转管理和服务的相关政策,要尽快完善流转双方权利与义务方面的相差法律,完善土地流转财政扶持政策,将不合时宜的政策法律进行调整和修改,加大对相关法律的宣传推广,多层次、多形式、多方位地展开土地流转相关法律的宣传,提高农民的法律意识。要进一步规范土地流转行为,重点做好以下工作:一是规范流转程序。流转应征得发包方(一般为村委会)的同意,不得私自流转,要由承包农户和流转受让方共同向村委会提出书面申请,要对土地流转主体双方资格、土地承包权属等进行核实,经当地村民委员会调查核实后,召开村民议事代表会讨论通过,并经当地土地流转交易服务中心对土地承包权属等进行核准后,再由村向镇政府以书面形式提出申请,政府批准后组织实施,然后签订合同。二是规范土地流转行为。流转合同内容应全面完整,流转双方名称、流转面积、期限及价格、特别约定、合同变更或者解除、违约责任、争议调处方式等必须列入其中,流转价格由流转双方本着实事求是、互惠互利、平等协商的原则确定,流转期限一般三年为宜,所流转的土地不得改变农业用途。合同还应在租金兑付、复垦保证金以及台账管理等方面作出明确规定。三是规范土地流转纠纷调处。一旦发生土地流转冲突,可通过协商解决、调解解决和申请仲裁或起诉三种不同方式得以合情、合理、合法解决,维护好双方的正当合法权益。

(五)实行农村土地流转重点、流转方式的创新

近年来,我国农村土地流转呈现出主体多元化、形式多样化的发展格局。流入方仍以农户为主,但向家庭农场、农民合作社等新型经营主体流转的比重

呈上升趋势;在农村集体经济组织成员之间的转包是最主要的流转形式,出租、股份合作等新的流转形式发展迅速。但个别地方还通过下指标、定任务、行政推动的方式搞土地流转,不考虑农民的合法权益,一味追求流转速度、规模和比例,还有的地方土地流转市场不健全,服务水平较低。因此,要做好以下工作:一是守住土地流转的底线不动摇。要坚持农村土地集体所有基本原则,土地流转要依法自愿有偿,要切实保护农民承包权益和相关的合法权益,不搞运动,不搞行政命令,不能瞎指挥。要确保流转土地用于农业生产,重点向以家庭农场为代表的经营主体转移,为他们的规模化经营提供较理想的土地资源。二是鼓励创新土地流转形式。鼓励农民实现承包地的长期流转和通过互换解决承包地细碎化问题,让农民以承包经营权形式入股实现农业产业化经营,切实做好土地经营权抵押、担保试点的推进工作。

(六)加大政策宣传和健全农村社会保障

要加强土地流转政策的宣传,把土地流转作为解决我国土地荒废和扩大经营主体规模的有效手段。由于农民的认识问题,对土地流转的积极性并不高,对土地流转顾虑重重,其主要原因还是对政策的了解程度不够,再加上自身所固有的传统思维模式。只有通过增强宣传力度,才能有效地解除农民的后顾之忧,才能真正调动广大农民进行土地流转的积极性,从而保证土地流转的顺利开展。同时,要尽快解决当前农村养老医疗保障制度不健全的问题,国家应加大对农村的养老医疗保障事业的投入力度,减轻农民对养老、看病的担忧。还应加快我国城镇化建设步伐,不仅要提高城镇化率,更重要的是要让进城农民享受城里人的同等待遇,让他们在城市安居乐业。要大力发展农村第二、第三产业,开拓农民新的就业途径,在当地解决农民的就业问题,使流转土地的农民有事可做,有钱能挣。通过多种途径逐步转变农民对流转土地的认识,提高土地流转的积极性。

八、加强金融创新和融资渠道创新力度,为家庭农场高质量发展提供充足的资金来源

由于家庭农场多数规模较小、经济实力单薄,难以满足高质量发展的资金需要,有非常强烈的融资要求和愿望。因此,为解家庭农场融资燃眉之急,必须尽快营造一个良好的融资环境,必须加大金融创新力度,不断拓宽融资渠道。

(一)加强政府引导和政策支持,强化政策落实并取得成效

要加强对我国农业融资政策的研究,制定出更多有利于农业农村发展、更有利于家庭农场等新型经营主体高质量发展的融资政策,鼓励政府金融机构为融资做贡献。近年来,我国通过多个途径出台了不少政策,如鼓励金融机构

有针对性地为家庭农场开发专门的信贷产品,在确保商业可持续的条件下优化贷款审批流程,确定贷款的合理额度和利率以及期限,拓展抵押物范围。对家庭农场的信用等级进行评价,通过政策鼓励金融机构对资信较好、资金周转量大的家庭农场发放贷款。动员全国农业信贷担保体系在加强风险防控的前提下,扩大对家庭农场的业务范围,提高其贷款的可得性。鼓励地方组建投融资担保机构,引导并动员全社会参与新型农业经营主体和服务主体的培育工作。要加快农业信贷担保体系创新,为新型农业经营主体和服务主体开发出针对性更强的担保产品。鼓励发展新型农村合作金融,稳步推进农民合作社内部信用合作试点工作。这些政策有的正在实施当中,效果正在逐步显现出来,有的政策还没有落实,不少金融机构还处在观望状态。作为国有金融机构应当发挥政府金融机构的职能作用,为我国农业农村发展注入必要资金,为家庭农场的高质量发展保驾护航。

(二)规范民间金融,发挥家庭农场融资的重要补充作用

通过对一些家庭农场的调查,民间金融在家庭农场的融资活动中占据较大的比重。虽然农场主在融资渠道的选择上,普遍不太看好民间金融,但实际上仍有较多的农场主参与其中。与金融机构贷款相比,民间借贷及其高利贷等民间金融方便快捷的优势明显,其中民间借贷的融资方式更是在借贷双方相互认识、相互了解以及信任的基础上进行的,亲朋好友之间的借贷也没有过多的顾虑和抵押问题,弥补了家庭农场主长久以来有效抵押不足的短板,很好地缓解了家庭农场的融资压力,但也给融资方带来较大的风险。因此,对农村民间金融实行有效监管已经成为我国农村民间金融发展中不可忽视的重要问题。各地政府相关管理部门应在借鉴国内外成功经验的基础上,联系地区实际,做好民间金融的发展规划,尤其在农村民间金融的交易形式、交易内容和交易程序等方面要做好相应规划,同时在税收减免、财政补贴和补偿风险等方面加大扶持的力度,通过"一手硬、一手软"的策略推动农村民间金融的发展。由于农村民间金融处于国家金融监管范畴之外,发生金融风险的概率大大增加,因此,必须加大对农村民间金融的监督力度,使其在操作上规范化,地位上合法化,发挥好民间金融的优势,同时制定行之有效的监管措施以降低风险,减少违约现象的出现,保障借贷双方的合法利益,做到"放"而不"乱","管"而不"死",使民间金融对家庭农场融资起到理想的促进作用,这方面的工作还需要在今后进一步探讨和深化。

(三)有序推广建设农村金融机构,拓宽家庭农场融资渠道

要充分满足家庭农场的融资需求,除了要加强金融机构的积极性外,还应该创立一些新型的农村金融机构,促进家庭农场融资。在美国的农业发展中,政府为解决农村的金融问题专门成立了社区银行,在家庭农场的融资中起到

了一定的补充作用。我国一些金融环境较好的地区也可以借鉴其经验，成立和推广专门为家庭农场融资服务的农村金融机构，诸如资金互助社或者农村社区银行。农村金融机构立足于农村，相比其他的金融机构要更加了解本地的农业行情、农场发展以及融资需求情况，可以有效解决信息不对称问题，对家庭农场的融资需求开展针对性的服务，推出适合家庭农场发展需要的金融产品。当一般的金融机构贷款无法满足家庭农场的融资需求时，农村金融机构可以起到辅助融资的作用，使农场主有更多的融资渠道选择。允许农村地方金融组织的合法化，形成多种金融形式同发展、多种金融主体有序竞争的局面。

（四）积极开发信贷产品，提高向家庭农场贷款的针对性和精准度

鉴于家庭农场资产认证特殊性以及家庭农场有效抵押严重不足的情况，遵循"实事求是""量体裁衣"的经营理念，充分考虑家庭农场的实际情况，设计更多更具针对性的涉农金融产品，以缓解农民购置农业生产资料、开展农业生产的资金需要。目前，已经开展的有苏宁金融的"惠农贷"，它是专门用于满足农业生产、销售的定向贷款，每周"惠农贷"给农户的授信金额在800万元以上，贷款解决了支付农田租金、加工设备、化肥等农业生产资料购置问题；建行福建省分行推出的"闽禽贷"，主要用来解决与福建正大食品有限公司签订了《肉鸡饲养合同书》的家庭农场用于肉鸡饲养的费用问题；山东德州禹城农商银行的"农资化肥贷"，是为家庭农场在购买化肥、农药、种子等农资产品时提供的一项"无息"贷款，它属于纯信用贷款，不用担保人，办理非常方便；湖南省益阳市桃江县桃江建信村镇银行的"三农之友"信贷产品，该产品包含了林权抵押贷款、农户（商户）联保贷款、农业订单链条式贷款、应收账款抵押贷款、股权质押贷款和担保公司保证贷款等多种创新产品。各地应大胆创新，在现有产品的基础上设计出更多有效的金融产品，以满足家庭农场在高质量发展中对资金不断增长的需求。

（五）发挥金融科技的独特作用，为家庭农场融资提供重要保障

金融科技是普惠金融发展的重要工具，它在解决服务海量客户、识别未谋面客户身份的问题上优势明显，能较好地解决金融机构在数据少和资信弱的前提下为客户提供金融服务的问题，特别适合在我国家庭农场的融资中使用。目前，在我国虽然已经开发了一些面向家庭农场的金融产品，但多数产品还比较传统，缺乏金融科技的支持，金融机构在识别农村客户信用情况、掌握其生产经营真实情况以及预判农业风险方面缺乏有效手段。我们可以利用金融科技较好地解决现在存在的这些问题，把机器学习、物联网金融、区块链、知识图谱等金融科技充分地运用在对农户的信用评分、生产和销售情况核实、农业风险预警等方面，既可以提高金融机构识别风险的能力，又可以帮助家庭农场在

金融机构增信。具体工作分为四个环节：一是采取线上线下结合的方式，建立家庭农场的信用档案。征信公司、地方家庭农场协会、基层政府通力合作，建设覆盖到县乡镇一级的征信服务站，从线上线下两方面收集家庭农场信用信息，比如民间借贷线索、邻里口碑等，然后线下和线上信息融合，借助 GBDT、XGBoost 等先进机器学习算法，从海量的大数据变量中，经分析得出家庭农场的动态信用评分，为给家庭农场提供生产性贷款提供了较可靠的信用保障。二是通过物联网金融摸清家庭农场真实经营情况。在家庭农场使用的农业科技设备上安装带有 5G 和传感器功能的物联网芯片，重点监测家庭农场的农产品情况。三是通过区块链农产品预购和溯源为家庭农场增信增额。为家庭农场农产品建立产品溯源平台，消费者可通过区块链认领、付费预购农产品。区块链溯源能扩大家庭农场产品品牌影响，增加农场收入。更重要的是，金融机构通过区块链溯源可以实时掌握家庭农场农产品的销售情况，并以此为依据及时增信增额。四是利用农业知识图谱提高信用风险预警能力。构建基于家庭农场、农资公司、农机公司、农场成员等信息的农业知识图谱，建立全产业链的农场风险预警系统，这种可视化角色之间的生产和结算关系，把农资供给价格、农产品价格变动、自然灾害、病虫害威胁和互联网舆情等信息都纳入风险预警系统中，基于自然语言处理技术筛选海量互联网信息，对早期风险识别并对相关家庭农场预警，在金融机构对家庭农场信用情况实现预警方面功能强大。

（六）实行抵押物和抵押方式创新，对融资重点对象做到应贷尽贷

金融机构要积极探索并尝试抵押品创新，切实做好对家庭农场可用于抵押物的资产认证工作，要根据家庭农场实际情况适当扩大其向金融机构融资时抵押担保物的范围，金融机构应大胆采用新的抵押贷款形式，尽可能地解决贷款抵押品匮乏的困难局面。如农村宅基地的抵押以及农村房屋的抵押、土地经营收益权的抵押、土地流转合同的抵押、订单抵押、大型农机具抵押等。鼓励有条件的家庭农场可通过股权出资、股权出质、债权出资、动产抵押、商标专用权质押等方式进行融资，拓展融资渠道，解决家庭农场乃至其他新型农业经营主体的融资困境。金融机构要根据家庭农场经营规模、示范等级采取不同的贷款优惠政策。政府可以依据家庭农场经营情况，给予客观合理的等级评定。对于经营规模大、示范等级高的家庭农场，金融机构可以适当放宽贷款额度，缓解其资金压力；对于经营规模小，有发展潜力的家庭农场，金融机构要适当扶持。应当把这些家庭农场作为贷款的重点，这不仅能更好地发挥示范家庭农场的带头引领作用，也能让那些有项目但缺少资金的家庭农场起死回生或一飞冲天，对于这些融资重点对象应尽量满足他们的资金需求，做到应贷尽贷。

九、建立健全农业保险体系,为家庭农场高质量发展保驾护航

家庭农场的发展受自然因素影响较大,而目前国内的农业保险发展还很不完善,家庭农场抵御风险的能力较弱,在一定程度上也影响其快速发展。因此,建立完善的农业保险体系对家庭农场高质量发展具有重大意义。

(一)家庭农场经营者要增加自我保护意识

家庭农场对国家和当地农业保险政策越了解、对农业保险的费率以及索赔途径等认知方面越熟悉,就越能加深对农业保险重要性的认识,其购买农业保险的意愿越强。目前家庭农场未购买农业保险或不积极购买的主要原因之一是对农业保险不了解,因此要通过多种宣传途径增加农户对农业保险的了解,增强家庭农场的购买意愿。家庭农场主自身要转变思想,摆脱过去小农思想的桎梏,改变过去农业"靠天收"的观念,现代农业既要靠科技、靠管理、靠政策引领,也要通过农业保险来降低风险、减少损失,家庭农场应积极主动地与保险公司进行交流,了解与农场生产相关的农业保险以及农业保险对家庭农场的保障作用。同时家庭农场主还应增强风险抵御意识,灵活地采用各类农业保险,做到提前防范,在灾害来临时尽可能将损失控制在最低限度。家庭农场应当成为参与农业保险的先锋,保险公司要把家庭农场作为我国农业发展中的重点保护对象。

(二)发挥政府在引导农业保险方面的积极作用

农业保险具有准公共物品属性,发展农业保险需要政府的全力支持。发达国家经验表明,无论采取何种经营组织方式实施农业保险,政策性农业保险仍是开展农业保险的重要举措。在政府的支持和引导下,将商业性保险同政策性保险结合起来,共同为农业发展提供保障。对于积极投入农场保险项目的保险公司,政府应该适当地提供税收等方面的优惠政策,以鼓励和吸引更多的保险公司参与到农场保险项目中来。农业是一个高风险行业,如果按照正常标准对农业保险收入征税的话,就会增加公司开展涉农保险业务的成本,影响保险公司的偿付能力。税收优惠政策能减少保险公司成本,提高偿付能力,让从事涉农保险的公司能更从容地应对各类农业风险。同时要进一步建立健全农业再保险机制,为农业保险公司分散风险。借鉴国外由政府或政府扶持的商业保险公司、再保险公司为农业保险提供再保险的经验,组建政府农业保险公司和民营的农业保险公司从事农业保险业务,并为其提供再保险途径,分担农业保险人承担的高风险责任,制定农业再保险分保方案,对再保险提供补贴,为农业保险模式创新做准备;政府应拨专款筹建农业自然灾害风险基金,用于补贴承保机构在赔付自然灾害损失,尤其是在大灾年景加大对农户的补偿力度,帮助农户尽快恢复生产,减少政府的财政支出,完善的农业再保险机

制有利于提高保险公司开展农业保险业务的积极性,解决他们的后顾之忧,提高其承保能力,确保我国农业保险的健康发展。①

（三）提供更丰富的农业保险产品,合理提高农业保险力度

随着我国农业生产经营方式的快速转变,以家庭农场为代表的新型农业经营主体也在加速形成,他们对农业保险的要求也日益增强,对增加险种的要求较为迫切,比如增设苗木、花卉等特色险种,开发指数保险、收入保险等新型农业保险产品已成为当前保险公司扩大经营范围的重要方向。险种的设计既影响到农户投保的积极性,同时也对家庭农场的生产经营结果产生重大影响。目前,我国不少地方的政策性保险种类较全,但大灾保险及商业性保险都只针对具有一定规模的经营主体,对更多"势单力薄"的小农户、小农场的保险仍处于空白状态,要把握区域产业发展特色,紧跟当前农业生产实际,把区域特色产品、特色小镇、区域农业发展示范单位、脱贫攻坚的重点对象等作为重要服务群体,"量身定制"符合他们需求的保险产品,结合家庭农场主的实际,制定比单一保险更具优势的种植业保险、财产保险、人身保险和信用保证保险等组合保险。在保险产品设计时应以成本保险为主,也需要考虑价格保险和收入保险,逐步实现从低层次的保成本到高层次的保收入的提升,做到"能保尽保",尽可能扩大农业保险险种,尽量满足他们对农业保险的需求。应调整我国多年在农业保险上实行的"低保额"政策,应根据以家庭农场为主的新型农业经营主体不断增强的对农业保险的现实需求,通过适当增加保费收取的办法来进一步提高保额,借鉴国外经验并紧密结合本地区农业发展实际,充分考虑家庭农场和其他经营主体的承受能力,在保费的增长和保额的增长幅度上求得平衡,既要更好地保护农户利益,又不得削弱他们参保的积极性,更不能过多地增加他们的经济负担,探索并建立更适合家庭农场的农业保险补偿机制。

（四）鼓励发展农业互助保险,促进家庭农场特色优势农产品生产

农业互助保险是由农民在"自愿参保、自主经营、民主管理"原则的基础上为其成员提供农业保险服务的一种农业保险模式。1994年中国渔船船东互保协会(现中国渔业互保协会)成立,2009年我国农机互助合作保险启动,为我国渔业和农机行业的保险作出了重要贡献,但普及率不高,一些工作需要完善。近年中央曾多次强调要发展农业互助保险,为此应抓好以下三个方面的工作。

1. 建立健全相关法律体系

进一步完善农业保险立法,以此助推各项宏观政策的落地和各类农业保险机构的不断发展。农业保险的法律规则中要对互助保险的项目、保险责任、

---

① 夏立村.关于湖北省家庭农场农业保险供需问题的研究[J].农村经济与科技,2018(16).

再保险、保险费率、理赔计算等内容作出硬性规定，建立健全与互助保险相关的农业保险法律体系，用制度引导和保障互助保险的发展。

2. 构建三方合作的运行机制

要充分调动农户、政府部门和保险公司三方的积极性，相互协作，从而让农户获得最大的收益。从目前情况看，应该形成农业龙头企业、政府部门和保险公司三方合作，形成发展与推进农业互助保险的合力。农业龙头企业应发挥好引领与组织协调工作，因为我国多数地区家庭农场规模有限、能力不足，只能参与农民合作社的经营活动或与龙头企业实现相应联结，所以家庭农场只能是农业互助保险的参与者和受益者，难以挑起农业互助保险的"大梁"。政府应当给予指导和必要的支持，尤其在开办费用、税收等方面给予适当的财政补贴，以保证农业互助保险的顺利运行。保险公司主要提供技术支持，包括保险条款的制定、提供精算技术和风险管控技术等。

3. 积极稳妥地推进农业互助保险发展

农业互助保险在我国还属于新生事物，还需要探索研究，在条件成熟的情况下可积极推进。根据以往的经验，其一是当地政府对此有政策、有行动的可以考虑推进，因为农业互助保险的推进是需要政策支持的；其二是本地区农业的产业化水平和商品化程度都较高，而且农业收入是当地农民的主要收入来源，广大农户对农业保险有着强烈的期盼；其三是当地的农业风险存在高度的一致性，这样农户投保的积极性才高，而且刚开始时险种也不可能太多，所以在区域风险一致的情况下，互助保险的优势才能得到充分彰显。

（五）把农保宣传做实做细，提供优质保险服务

要加强农业保险的宣传推广工作，创新对农户保险观念的宣传途径，主要应通过媒体播放宣传专题片，利用现代互联网手段发布农业保险信息，并邀请家庭农场代表参加互动，及时回复农户关心的问题。制作简单美观的宣传手册，用朴实的语言和生动的画面介绍农业保险的相关知识，对农业保险险种、类别、补贴比例、保险范围、合同制定、投保理赔等技术问题采取简单易懂的语言进行宣传，让农民能看懂弄清农业保险政策，充分认识农业保险给他们带来的好处。定期或不定期地组织广大农场主和农户参加农业保险相关知识的学习培训，大力宣传保险业在现代金融、社会保障、农业保障、防灾减灾、社会管理五大体系建设中取得的成绩，重点介绍参加农业保险的典型代表，让他们感受到农业保险给农户带来的实实在在的帮助，由感性上升到理性的高度，从而根据自身生产及经济状况，合理选择保险种类，参与农业保险。要增设服务网点，给农户报险提供方便，要热情接待农户，提供"店小二"式的优质服务，尽全力简化保险流程和理赔手续，合理确定保险理赔金额，综合提升农业保险服务质量，确保农业保险业持续健康发展。农业保险应在充分发挥政策性农业保

险的前提下,未雨绸缪,精心制定商业性农业保险的发展规划,扩充农业保险的新途径,确保农业的稳定发展,做家庭农场等新型农业经营主体高质量发展的"守护神"。

十、进一步完善农业生产社会化服务,为家庭农场高质量发展创造优质的社会环境

党的十九大报告中指出,"健全农业社会化服务体系,实现小农户和现代农业发展有机衔接",在2004年以后多年的中央一号文件中都对此项工作作出了重要批示。农业生产性服务业作为现代农业产业体系中的重要组成部分,已经超越了过去仅对种植业提供服务的范畴,已经延伸到产前和产后的生产营销和品牌塑造的各个环节,不再是传统农业和生产性服务业的概念,已经逐渐成为一个独立完整的产业。目前,我国农业生产性社会化服务还处于发展初期,还有许多工作需要加强和完善,应突出做好以下工作。

(一)提高农业生产性社会化服务对家庭农场高质量发展重要性的认识

过去总认为农业生产性服务属于"配套服务",把此项工作作为我国农业发展中的辅助性工作对待,往往从满足农业发展现实需求的角度来理解农业生产性服务业的发展;甚至片面地把农业生产性服务业的发展当成是农业发展的权宜之计,导致这项工作发展不理想。从农业发展实践看,农业生产性服务业属于现代农业的战略性新兴产业,对农业的中长期发展影响较大,具有需求潜力大、成长性强、知识技术密集等显著特点,对现代农业发展具有牵引作用,是引领未来现代农业发展的战略性力量。农业生产性服务业的发展将会极大增强我国农业创新驱动能力,是获取国际农业竞争力的制胜法宝。在家庭农场的发展中有许多想办的事办不了,想做的事做不好,做了的事却不经济,只有通过社会化服务才能圆满解决。农业生产性服务业在家庭农场产业链价值增值中的作用已经日益显现出来,在产业链延伸过程中发挥着主导作用,成为家庭农场高质量发展中不可缺少的重要组成部分。

(二)进一步提高政府在生产性服务方面的供给责任

目前家庭农场在农业生产投入方面的能力有限,不可能进行太多的投入,加之面临农业标准化程度低、质量效益低、抵御市场和自然风险能力低、交易成本高的实际状况,政府必须对农业生产性服务业给予大力支持和引导,加强鼓励性的政策和方案支持,逐步解决小生产与大市场、小生产与大服务之间的矛盾。要实现这些矛盾的有机统一,补齐生产服务短板,打牢现代农业发展基础。政府的主要供给责任有以下四个方面:一是加大农村地区道路交通建设力度,努力实现互联互通,为家庭农场和农户提供生产和生活的便利。二是加强农民的职业教育、培训和技术推广体系建设,为农村经济发展培养更多人

才。三是支持搞好农业综合开发,在充分科学论证的基础上,针对目标区域功能进行综合诊断,对存在的问题确定综合整治方案。积极对规划的特色农业开发区域的道路、生态保障设施、小流域治理等进行投资建设,努力降低农业投资风险,提高农业综合生产能力,提高特色农产品质量。四是实行政府补贴模式创新,既要扶持加工,又要补贴服务;既要加强利益链,还需完善产业链;不仅要引导适度规模经营,还要根据实际情况尽可能为分散生产提供优质、低成本的服务。

（三）实现生产性服务主体的多元化共同发展

家庭农场主要从两个方面获得社会化服务:其一由政府主导的公益性社会化服务,涉及政府和集体服务组织提供的公益性服务以及政府购买服务等;其二是一些经营性的社会化服务,主要包括农业生产中产前、产中和产后的社会化服务,这些服务是以市场化为导向,以获得经济效益为目标,其组织形式是多元化的,既有专业性服务公司、专业合作社、龙头企业等,也可以是"合作社＋家庭农场""龙头企业＋家庭农场"和"龙头企业＋合作社＋家庭农场"等组织形式。要实现农业社会化服务,关键是要有大批高质量的经营服务主体。从事社会化服务经营主体的发展水平和质量将直接决定农业社会化服务的水平和质量,对家庭农场和小农户的发展质量产生着重要影响。实际工作中要按照主体多元化、形式多样化、服务专业化、工作标准化的原则,尽心培育各类服务组织,鼓励有条件和能力的农村集体组织、农民合作社、龙头企业积极从事农业生产经营服务,充分发挥各自的优势和特殊功能。鼓励各类服务组织强强联合,实现优势互补、功能互补、融合发展,使服务领域不断拓展延伸,提升服务的覆盖面和服务质量。目前,应重点抓好农服平台试用,要充分调动本地区农业服务公司、服务型农民专业合作社、农村集体经济组织、服务专业户等各类农业社会化服务组织的积极性,注册农服平台并对外发布服务信息;同时组织动员本地区家庭农场、小农户和其他规模经营主体注册农服平台并发布服务需求信息,探索线上对接和线下服务相结合的高效、高质量的服务模式和路径。

（四）积极推进生产性服务社会化的经营模式创新

要创新生产性服务社会化的经营模式,从以往以一个组织为主,变为多个组织的联合,发挥团队优势。从我国实际看,可以重点抓好"合作社＋家庭农场"经营模式的创新发展,它是以农业专业合作社为依托,将生产类型相同或类似的家庭农场组织在一起,在平等、自愿、互利的基础上组成的经济利益共同体。它实行市场信息资源共享,农技农机资源共享,在农产品产业链的各个环节为家庭农场成员提供资金、技术、生产资料、统一加工储存及销售等服务,最终提高农业产业化经营的规模和效益。这种模式不仅进一步满足了现代农业发展对经营的规模化、专业化、标准化、商品化等要求，还比较好地解决了家庭农场社会化服务的问题。目前，这种模式的另一种形式也逐渐显现出来，即由多个家庭农场把各自的农业机械、装备等资源集中起来，组成专业化的农机服务合作社，首先为本社的成员提供农机服务，在力量富余的情况下还对本社以外的农户和经营主体服务，这样既满足了本社成员的需求，提高了农业机械的利用率，同时也提高了合作社的服务收益，增加了营业收入。

积极创新并采用"龙头企业＋合作社＋家庭农场"模式，该模式是以家庭农场为基础，以农业企业为龙头，以农民专业合作社为纽带，三大经营主体优势互补、合作共赢，形成实力较强的产业联合体，这种模式弥补了家庭农场在生产经营中的短板，发挥了龙头企业和农民合作社的优势，是今后我国农业经营组织发展的重要方向。产业联合体内部各经营主体通过交易联结和资产融合建立起紧密的利益联结机制，农业龙头企业负责编制生产计划和生产标准，向家庭农场提供价廉物美的种苗及生产资料，以高于市场的价格回收农产品；合作社负责向家庭农场提供技术、信息服务等；家庭农场则按照规划和标准进行生产，向农业企业提供高品质的农产品原料。分工明确，合作密切，各得其所。

（五）进一步拓展生产性服务内容并在提升服务质量上下功夫

生产性服务工作涉及内容广、工作量大、难度大、影响也较大，为此要进一步拓展服务领域并提高服务质量和水平，努力成为家庭农场高质量发展的强大后盾。首先要进一步拓展产前和产后服务的内容，将服务领域向产前和产后两端延伸，重点向农业信息、绿色生产技术和农产品销售等领域拓展。要将政府农业部门、科研院所和公共服务组织进行整合，建立统一的农业信息平台，统一发布农产品价格信息、市场销售信息。绿色生产和农业废弃物回收等服务内容的外部性较强，家庭农场非常希望得到帮助与支持，以解除他们的心头之患，但目前这项工作虽社会效益显著但经济效益较低，服务供给的动力欠缺，需要政府给予必要的扶持。针对以家庭农场为代表的新型农业经营主体，应"投其所好"，为它们提供针对性强的服务，如加强农产品加工流通企业在储藏、烘干、清选分级、包装等初加工方面的服务力度，以此提高家庭农场等经营主体的商品化处理能力。要进一步加强农产品贮藏保鲜冷链体系建设，充分发挥常温贮藏、机械冷藏、气调贮藏、减压贮藏等多种贮藏保鲜模式的优势，并尽力实现各种贮藏设施的集中连片建设，以提高服务效率和保证服务质量。其次做好农产品营销的服务工作，化解农产品"卖难"的突出问题。要大力推广农业农村电商业务，引入电子商务平台，尤其要支持淘宝、天猫、京东、顺丰等国内知名大型电商平台建设的入驻建设，引导更多家庭农场入驻并根据自己的特色产品开设专卖店、旗舰店，实现"线上交易"。支持有条件的家庭农场和其他经营主体打造网上商城,使微店、微信及其他手机App等现代新型电商微营销手段为农产品销售服务。进一步完善基层农产品质量安全监管机构建设,提高执法力度,实现农产品的追溯服务,确保"源头赋码、贴码销售、一品一码",保证农产品的质量安全。

(六)充分发挥先进科技在农业生产社会化服务中的支撑作用

科技是家庭农场高质量发展的重要支撑,更是农业生产社会化服务的重要支撑。要高度重视先进科技在农业生产性服务业的广泛应用,要强化先进装备的使用,通过农业生产性服务业加快推进生产机械化程度,在解放劳动力的同时提高服务效率和服务质量。要强化先进降耗技术的普遍使用,可通过农业生产性服务业推进测土配方施肥、统防统治、绿色防控、地膜覆盖等先进技术,减少农业用水总量,提高化肥、农药利用效率,降低农业生产成本,实现农业绿色生产,提高农产品质量安全。充分发挥物联网、区块链、人工智能、第五代移动通信网络、智慧气象等现代信息技术在农业生产性服务业中的应用,为最大限度地降低自然灾害、疫病灾害及市场风险所带来的损失发挥支撑作用,使这些高端技术成为推进家庭农场和其他经营主体高质量发展的不竭动力。

参 考 文 献

[1] 张红宇.中国农村改革的未来方向[J].农业经济问题,2020(2).

[2] 史丹,赵剑波,邓洲.从三个层面理解高质量发展的内涵[N].经济日报,2019-09-09.

[3] 王俊杰,王娟娥,方金.构建资源节约型农业综合评价指标体系研究——以山东省为例[J].中国农业资源与区划,2014(8).

[4] 钟钰.向高质量发展阶段迈进的农业发展导向[J].中州科学,2018(5).

[5] 丁声俊.站在新时代高度认识农业粮食高质量发展[J].价格理论与实践,2018(1).

[6] 谌润杰.农业供给侧结构性改革背景下家庭农场发展路径研究[D].镇江:江苏大学,2019.

[7] 叶兴庆.农村三产融合发展须牢记初心[N].经济日报,2017-04-10.

[8] 湖北省农业农村厅.推进家庭农场高质量发展[J].政策,2019(3).

[9] 尹冰清.经济高质量发展的路径思考[J].银行家,2020(2).

[10] 张岩,乔节增.中国经济高质量发展的分析与预测[J].内蒙古财经大学学报,2019(2).

[11] 汪晓梦.安徽省经济高质量发展评价研究[J].安徽广播电视大学学报,2019(4).

[12] 刘婷,杜海蓉.推动江苏家庭农场高质量发展[J].江苏农村经济,2019(3).

[13] 蒋国斌.乡村振兴背景下农业产业链升级路径[J].中国农村教育,2020(3).

[14] 梁启东,王丹.乡村振兴与农业高质量发展[M].沈阳:辽宁大学出版社,2019.

[15] 欧阳竹,王竑晟,来剑斌,等.黄河三角洲农业高质量发展新模式[J].中国科学院院刊,2020(1).

[16] 漆雁斌,韦锋,等.农业转型与绿色高质量发展研究[M].北京:社会科学文献出版社,2019.

[17] 汪晓文,李明,胡云龙.新时代我国农业高质量发展战略论纲[J].改革与战略,2020(1).

[18] 阮荣平,曹冰雪,周佩,等.新型农业经营主体辐射带动能力及影响因素分析——基于全国2615家新型农业经营主体的调查数据[J].中国农村经济,2017(11).

[19] 叶云,尚旭东.家庭农场发展的省域财政支持政策研究——基于政策文本分析[J].农业经济,2019(4).

[20] 蔡颖萍.关于家庭农场相关制度与政策的认识与思考[J].蔬菜,2017(5).

[21] 江苏省农业农村厅.江苏家庭农场呈现"三化"发展态势[J].农村经营管理,2019(3).

[22] 吴安然.四川省家庭农场面临的严峻挑战与战略思考[J].财讯,2017(25).

[23] 沈琼,李家家.土地流转对我国家庭农场发展影响实证分析[J].南方农业学报,2018(10).

[24] 李星星,曾福生.家庭农场综合评价指标体系设计——以湖南为例[J].湖南科技大学学报(社会科学版),2015(6).

[25] 姜燕飞,张艳荣,王彩红.家庭农场经营绩效及影响因素分析——以张掖市为例[J].上海农业学报,2016(5).

[26] 何劲,祁春节.中外家庭农场经营绩效评价比较与借鉴——基于湖北省武汉市家庭农场绩效评价体系构建[J].世界农业,2017(11).

[27] 赵冬,许爱萍.日本发展家庭农场的缘起、经验与启示[J].农业经济,2019(2).

[28] 樊帆,赵翠萍.家庭农场的土地支持政策:日本、法国、德国的经验与启示[J].世界农业,2019(2).

[29] 赵娴,刘佳,吕泓成.法国家庭农场经营特征、发展经验及启示[J].世界农业,2017(11).

[30] 邓军蓉,何蒲明.美国粮食类家庭农场发展经验及对我国的启示[J].长江大学学报(自然科学版),2016(33).

[31] 蔺全录,包惠玲,王馨雅.美国、德国和日本发展家庭农场的经验及对中国的启示[J].世界农业,2016(11).

[32] 李由甲.美、法、日三国家庭农场的发展经验及其启示[J].农业经济,2016(10).

[33] 应若平.国家农业科技创新体系:新西兰的经验[J].科研管理,2006(5).

[34] 高灿灿.新西兰农民教育对我国新型职业农民培育的启示[J].现代化农业,2019(4).

[35] 赵文军.新形势下企业经济管理规范化模式研究[J].经济研究导刊,2020(1).

[36] 马云倩,徐海泉,郭燕枝.中国居民食物消费结构变化及未来发展政策建议[J].中国食物与营养,2016(11).

[37] 余建斌.家庭农场发展的基础和影响因素分析——基于广东省的调查研究[J].新疆农垦经济,2014(9).

[38] 曹燕子,罗剑朝,张颖.家庭农场主贷款满意度影响因素研究——以河南省305个家庭农场为例[J].西北农林科技大学学报(社会科学版),2018(1).

[39] 李霄.阜阳市闻集镇家庭农场发展现状与建议——基于100户家庭农场的调查[D].扬州:扬州大学,2019.

[40] 汪婧,王素琴.农业产业化联合体激发乡村振兴活力[J].江苏农村经济,2019(6).

[41] 李登旺,韩磊.重要农产品价格形成机制改革背景下粮食型家庭农场发展困境与对策研究[J].价格理论与实践,2019(1).

[42] 樊帆,赵翠萍,武朝夕.传统农区种植型家庭农场经营困境与政策完善——基于河南143户种植型家庭农场的调研[J].河南牧业经济学院学报,2019(4).

[43] 唐烈英,施润.新型农业经营体系下家庭农场融资权的法律保障论[J].河北法学,2017(4).

[44] 张建雷.发展型小农家庭的兴起:中国农村"半工半耕"结构再认识[J].中国农村观察,2018(4).

[45] 曹均学,万言.对我国家庭农场的几点思考[J].经济研究导刊,2017(3).

[46] 廖鹤淳.制度变迁视角下家庭农场发展问题的实证研究[J].市场研究,2018(3).

[47] 张有龙,付金元,耿智广,等.基层农业科研管理存在的问题及对策[J].现代农业科技,2018(9).

[48] 沙琴,巩元勇,沈一.关于加强省级农科院专业所科研管理队伍建设的思考——以江苏省农业科学院为例[J].农业科技管理,2017(6).

[49] 吴春,葛汉勤,王凯,等.地区农业科研单位科研管理人员专业化路径探析[J].江苏农业科学,2016(3).

[50] 康静萍,汪阳.中国新型职业农民短缺及其原因分析——基于安徽省寿县的调查[J].当代经济研究,2015(4).

[51] 张德凯.新型职业农民培育问题与对策[J].合作经济与科技,2020(12).

[52] 许联超.提高人员素质 促进粮食产业跨越发展[J].现代面粉工业,2019(1).

[53] 王飞,马晓萍,王雪.浅析会计监督在农业科研单位中的重要性[J].现代农村科技,2017(9).

[54] 王莹滢.农村土地流转的制约因素及应对策略[J].农业经济,2017(10).

[55] 梁庆宾,冯艳玲.河北省发展家庭农场面临的困境与应对策略研究[J].农业经济,2016(5).

[56] 凌语阳,范馨予.黑龙江省家庭农场发展困境及解决方案研究[J].中国市场,2019(21).

[57] 梅晶哲,萧子扬,路幸福.家庭农场的发展状况和双重困境——基于安徽省的考察[J].福建农林大学学报(哲学社会科学版),2019(3).

[58] 王建华,杨晨晨,徐玲玲.家庭农场发展的外部驱动、现实困境与路径选择——基于苏南363个家庭农场的现实考察[J].农村经济,2016(3).

[59] 张迎春,刘韵涓,费维佳.家庭农场融资困境及一种解决新思路——基于成都市三个重点农业发展区域的调研[J].农村经济,2018(7).

[60] 房加帅.欠发达地区金融支持家庭农场的问题与对策研究——以大别山区65个家庭农场为例[J].信阳师范学院学报(哲学社会科学版),2018(1).

[61] 李龙.皖北地区家庭农场发展困境与对策研究——以宿州市为例[J].安徽农业大学学报(社会科学版),2016(4).

[62] 王燕燕.我国家庭农场发展的困境及解决对策[J].中国农业信息,2017(5).

[63] 袁梦,易小燕,陈印军,等.我国家庭农场发展的现状、问题及培育建议——基于农业部专项调查34.3万个样本数据[J].中国农业资源与区划,2017(6).

[64] 张世云,龙文军,刘洋.我国家庭农场发展现状、问题和建议——基于对浙江省223个家庭农场主的问卷调查[J].农村经营管理,2017(2).

[65] 王馨,陈颖.新时期我国家庭农场发展的困境与对策[J].学术交流,2019(7).

[66] 韩冰.发展家庭农场的三个关键问题探讨[J].农村经济与科技,2017(24).

[67] 刘守英.六问家庭农场——上海松江家庭农场的观察价值[J].中国合作经济,2017(8).

[68] 张媛.家庭农场的现状和问题及政策建议[J].经济技术协作信息,2018(4).

[69] 贺茜.家庭农场商事主体资格的建构[J].西北农林科技大学学报(社会科学版),2019(2).

[70] 潘丽,张世春,候勇,等.家庭农场生产经营成效、存在的主要问题及对策[J].农业开发与装备,2019(6).

[71] 李娜,冯双生,倪国军,等.辽宁省家庭农场发展问题及对策研究[J].农场经济管理,2019(9).

[72] 施俭,张庆香,徐培培,等.上海市崇明区发展都市型家庭农场的现状及对策分析[J].上海农业学报,2018(3).

[73] 李博洋.长沙市家庭农场发展问题及建议[J].安徽农学通报,2017(13).

[74] 邱拓宇,李大鹏.中国家庭农场发展存在的问题及对策[J].河南农业,2019(2).

[75] 邹运梅,何清泉.家庭农场适度经营规模的实证研究[J].浙江农业科学,2019(2).

[76] 杨瑞铭,郑毓岚,钟华,等.沿海都市农业中家庭农场土地适度规模研究——基于厦门市家庭农场的调查[J].中国农业资源与区划,2019(11).

[77] 钱龙,蔡荣,汪紫钰,等.雇工成本对家庭农场规模扩张的影响[J].中国人口资源与环境,2019(12).

[78] 郭敬,邢帅.劳动力转移、土地流转对我国农业生产和农民收入的影响[J].哈尔滨师范大学社会科学学报,2019(2).

[79] 张晓娟.农村土地流转价格影响因素实证分析[J].财经理论研究,2018(5).

[80] 殷志扬,韩喜秋,顾金峰,等.苏州地区家庭农场粮食作物生产效率分析[J].江苏农业科学,2017(15).

[81] 芦千文,高鸣.农业生产性服务联结机制的演变与创新[J].华南农业大学学报(社会科学版),2019(6).

[82] 卢雨蓓.农业生产性服务业发展中政府职能的转变与优化[J].农村经济与科技,2019(12).

[83] 王雨晴,韩学平.我国农业生产性服务供给优化对策分析[J].农业经济,2020(3).

[84] 夏立村.关于湖北省家庭农场农业保险供需问题的研究[J].农村经济与科技,2018(15).

[85] 张焕勇,周志鹏,浦徐进.农产品供应链视角下的家庭农场销售渠道模式选择[J].商业研究,2016(10).

[86] 马国胜,陈娟.我国新型职业农民培育的现实特征与对策路径[J].安徽农业科学,2020(4).

[87] 余子忠.乡村振兴背景下的台州家庭农场品牌化经营探析[J].农村经济与科技,2018(10).

[88] 马华,姬超,等.中国式家庭农场的发展理论与实践[M].北京:社会科学文献出版社,2015.

[89] 唐忠,曾寅初.中国农业经营转型发展研究[M].北京:中国农业出版社,2000.